KB107215

인문 지식·정보의 미래

보다 더 나은 국어사전의 미래를 위해서

저자약력

▌이상규

1953년 경북 영천에서 태어나 경북대학교 및 동 대학원에서 공부하였다. 한국정신문화연구원 방언조사 연구원과 울산대학교 조교수를 거쳐 현재 경북대학교 인문대 교수이다. 또한 국립국어원장과 동경대학교 대학원 객원연구 교수를 역임하였다. 국어 방언학 관련 저서로 『한국어방언학』(학연사), 『방언의 미학』(살림), 『시와 방언』(경북대출판부), 『경북방언사전』(태학사) 등이 있으며, 「훈민정음 영인본의 권점 분석」 등 80여 편의 논문을 발표하였다.

교육부 인문학 육성위원, 통일부 겨레말큰사전 편찬위원 및 이사 역임.

일석학술 장려상, 외솔학술상, 봉운학술상과 대통령 표창 수상.

인문 지식·정보의 미래

초판인쇄 2014년 12월 26일
초판발행 2015년 01월 10일

저 자 이 상 규
발 행 인 윤 석 현
발 행 처 도서출판 박문사
책임편집 최인노 · 김선은 · 최현아
등록번호 제2009-11호

우편주소 ㊇ 132-881 서울시 도봉구 우이천로 353 / 3F
대표전화 02) 992 / 3253
전 송 02) 991 / 1285
홈페이지 http://www.jncbms.co.kr
전자우편 bakmunsa@hanmail.net

ISBN 978-89-98468-46-0 93710 정가 27,000원

인문 지식·정보의 미래

보다 더 나은 국어사전의 미래를 위해서

이 상 규 지음

박문사

▌머리글▐

인쇄 문화가 본격적으로 발전한 중세 이후, 의사소통과 지식과 정보의 축적 방식은 고도로 변화되었다. 지난 세기에 들어서면서 방송 통신 기술의 발달은 전문 지식을 대량으로 확장시킨 동시에 인간의 기본적 권리를 신장시키는 데 크게 기여하였다. 인터넷 정보 통신과 과학 기술의 발전으로 지식과 정보 생산이 증대되었지만 사람들은 엄청나게 늘어난 지식과 정보를 습득하고 파악하는 데 오히려 어려움에 처하게 되었다.

다중이 방대하게 늘어난 지식과 정보를 잘 활용할 수 있도록 국가는 지식 정보를 체계적으로 관리하는 문제로 눈을 돌리지 않으면 그 많은 지식과 정보는 단지 쓸모없는 쓰레기에 불과하게 될지도 모른다. 인간 지식을 집대성하고 그것을 관리하려는 새로운 노력이 없다면 지식 생산을 담당하는 엘리트와 다중들 간에 격차가 더욱 커질 것이며, 선진 국가와 후진 국가 간에도 국가 지식 경쟁력 차이가 더욱 심화될 것이다. 지식 혁명의 시대에 지식 정보를 효율적으로 전달하는 다중적 방식은 사전을 통해 이루어질 수 있다. 카오스 상태로 흩어져 있는 다양한 고급 지식과 정보를 사람들이 유용하게 활용할 수 있도록 융합하고 재구성하려는 기획이 없다면 개인차는 물론이거니와 국가 간의 경쟁력은 더욱 약화될 것이다.

방대한 지식과 정보에 적응할 수 있는 유용한 새로운 지식 소통 환경을 만들어내는 일은 매우 중요한 국가 과제라고 할 수 있다.

국가 지식과 정보의 기반을 강화하는 일은 일반 다중들의 지식 능력을 고도화할 수 있을 뿐만 아니라 지식과 정보 능력이 고도화된 다중들로부터 지식 생산과 관리를 다시 협업할 수 있는 뛰어난 순환적 지식 환경을 만들 수 있다. 최근 우리나라 지식 경쟁력은 매우 뒤떨어지는 편이지만 지식과 정보 생산력은 현저하게 증가되고 있다. 대학이나 각종 연구소에서는 학술 연구의 성과, 전문 분야별 용어 사전 간행, 고전의 국역 사업의 진전, 지역 문화의 지속적 조사 및 발굴, 유입되는 전문용어의 정리, 외국 학문의 번역 사업, 디지털 콘텐츠의 융합 플랫폼 구축 등이 활발하게 진행되고 있다. 이에 따라 현재의 국어사전 지식의 외연에 방치된 기초 지식과 정보 관련 어휘들을 대거로 추출 가공하여 체계화된 사전 지식 기반으로 전환할 필요가 있다.

다중의 지식 평준화는 선진 국가로 향하는 지름길이다. 다중의 지식을 고도화하는 가장 기초적인 일은 바로 다양한 지식을 체계화하여 이를 웹기반에서 공유함으로써 가능하다. 다중의 지식과 정보 통합 능력을 인터넷을 통해 협업함으로써 중간 관리 비용을 최소화할 수 있기 때문에 국가 지식 생산을 고도화하는 하나의 방안으로 검토해야 할 것이다. 온라인상에서 누리꾼의 정보 생산에 대한 신뢰성 문제가 제기될 수 있지만 비판적 관점에서 머물러 서 있지 말고 다중의 지식 기반을 강화함으로써 다중 스스로 미래를 선택하고 만들어내는 주인공이 될 수 있도록 국가 지식 생산과 관리 방식의 혁신이 필요하다. 지식과 정보 소통의 기반인 한국어는 사용자 숫자를 기준으로 하여도 세계 10위권에 속하는 주요 언어이다. 국제연합(187개국)의 세계지식재산권기구WIPO는 2007년 스위스 제네바에서 제43차 총회 본회의를 열어 183개 회원국들의 만장일치로 한국어와 포르투갈어를 국제특허협력조약PCT의 '국제 공개어'로 공식 채택하였다. 이러한 위상에 걸맞은 국어 관리 체계 구축 전략은 한국어의 세계화와 국가 선진화로 향하는 핵심 과제이다.

미래 지향적 선진국으로서의 경쟁력을 강화하기 위해서는 새로운 지식 기반 인프라를 구축해야 한다. 지속적으로 생산된 고급 지식 정보를 다중들에게 공급할 수 있는 신지식 기반 SOC를 구축해야 하는 것은 미래 다중 지식 역량을 함양하는 기반이 된다. 정부의 정보화 역량강화의 핵심 과제는 이미 생산된 지식을 융합하고 효율적으로 관리하는 체계 구축에 초점이 놓여야 할 것이다. 정부가 고부가가치를 창출할 수 있는 미래 지향적 지식 기반 인프라를 구축하기 위해서는 국어 정보화 기반을 굳건하게 하는 일이 무엇보다 중요하다.

우리나라의 국어사전의 역사는 그리 길지 않다. 현대적 의미의 사전 편찬의 역사는 주로 외국 사전을 특히 일본 사전을 그대로 번역하는 수준이었다. 물론 현재도 영어, 일어, 중국어, 노어, 베트남어, 태국어 등 외국어 사전은 거의 대부분 일본 사전을 재생하는 수준에서 크게 벗어나지 못하고 있다.

일제 저항기를 통해 조선어학회 회원들이 자발적인 민족 구국의 운동의 일환으로 사전편찬을 위한 표기법을 통일하기 위한 목적으로 민간의 힘으로 최초의 종합국어사전이 탄생되었다. 이 종합대사전을 기반으로 하여 중사전, 소사전 등 다양한 사전이 만들어졌으며, 출판 시장에서도 국어사전을 제작하는 출판사가 여러 곳 생겨났다. 그 개인 출판사들의 자생력이 생기기도 전에 『표준국어대사전』이라는 이름으로 정부 주도형 사전이 출간됨으로써 사전 출판 시장이 도산하는 상황이 되었다. 사전 사업은 반드시 정부가 주도해야 할 이유가 없다. 출판 현장의 사전편찬 기술력이 강화되는 것이 곧 나라 전체의 발전과 함께 한다는 관점에서는 정부가 국어종합사전을 관장한 것은 문제가 없지 않았다. 더군다나 『표준국어대사전』이 기존의 사전 올림말과 뜻풀이를 오려붙인 카드를 만들어 항목별 재조정한 수준으로 불과 3년 만에 만들었기 때문에 그동안 사전 자체의 질적 문제에 대한 엄청난 비판과 항의를 받아왔다.

사전 출판의 이론적 기술적 상황이 그때와는 완전히 달라졌다. 대량 말뭉치corpus를 구축하여 다양한 낱말들을 디지털 자료로 확보하고 어휘망을 구축하여 올림말과 뜻풀이의 체계적 균형을 정보처리 기술력으로 처리할 수 있는 단계에 와 있다. 기존의 사전이 안고 있는 여러 가지 문제를 극복하는 비교적 순도 높은 사전들이 연세대학교와 고려대학교에서 발간되었다. 문제는 아직 『표준국어대사전』이 국가에서 관리하는 사전이라는 점이다. 그러므로 지금까지 지적되어 온 이 사전의 문제점들이 어떤 것이 있는지 살펴 볼 필요가 있다. 보다 더 나은 국어사전의 미래를 위해서.

첫째, 『표준국어대사전』은 매우 조급하게 만든 과정에서 기존의 사전들의 올림말과 뜻풀이를 조합한 사전이다. 따라서 개인이나 출판사에서 만든 사전 대부분이 일본 사전을 대거로 베껴온 것이 그대로 『표준국어대사전』으로 이어진 악순환을 극복하지 못했다. 특히 전문 학술 용어는 일본의 『광사전廣辭典』을 여과 없이 그대로 베껴온 부분이 한두 곳이 아니다. 혹평을 하자면 국제적 표절의 상징물이라고 할 수 있다. 국가적인 사전인 『표준국어대사전』이 일본 사전을 베껴온 문화적 후진성을 벗어나기 위해서도 이 사전의 전면적인 보완을 하루 빨리 추진해주기를 바란다.

둘째, 국어사전은 거시구조인 올림말과 미시적 구조인 풀이말과 문법, 의미 등의 정보와 예문으로 구성되어 있는데 이들 구조의 계열적 관계와 통합적 관계에 적합성이 매우 뒤떨어져 있다. 올림말은 체계적 공백이 너무 많고, 풀이말에서도 어휘망을 전제로 하지 않았기 때문에 곳곳에 허점들이 노출되어 있다.(이상규(2009), 『둥지 밖의 언어』, 생각과 나무.)

셋째, 『표준국어대사전』은 규범을 철저하게 반영하는 규범사전임을 천명하고 있음에도 불구하고 이와는 너무나 거리가 멀다. 저인망으로 기존의 사전을 긁어모았기 때문에 표준어가 아닌 올림말이 너무나 많이 들어가 있으며, '칭기즈 칸'을 '징기스^칸Jinghis Khan → 칭기즈 칸', '성길사-한成吉思汗 → 칭기즈 칸의 음역어'의 식으로 여러 가지 표음형을 올림말로 올려놓고는 회전문식 풀이를 하여 수록 항목만 늘인 경우가 한두 곳이 아니다.

넷째, 동의어 처리에 심각한 문제점을 가지고 있으며 '국민의례'는 한 낱말로 인정하고 '국위 선양'은 두 낱말로 인정하는 식의 합성어의 선정 기준이 일관성을 잃음으로 인해 혼란을 자초하고 있다.

다섯째, 규범사전이라고 하지만 올림말로 등재되지 않은 낱말의 띄어쓰기나 사잇소리의 유무를 판정할 기준이 없기 때문에 사용자들은 매우 혼란스러워하고 있다. '바닷속', '콧속', '귓속'은 단일 낱말로 인정하면서 '주머니 속', '동굴 속'은 두 단어로 처리하여 사전에 실려 있지 않다. '속'이 '안', '내부'라는 의미를 갖는 경우 '귓속'

과 '동굴 속'이 달라져야 할 아무런 이유가 없음에도 불구하고 뚜렷한 판별 기준도 제시하지 않고 있다.

여섯째, 언어는 끊임없이 변화한다. 폭발적으로 늘어나고 있는 각종 전문용어와 외국어 등 국어의 환경 변화를 전혀 수용하지 못하고 있다. 옥스퍼드 사전도 매년 증보하여 사전의 질적 발전을 꾀하고 있다. 그러나 정부 사전으로 만든 『표준국어대사전』의 근본적인 한계는 미시적인 내용에 관한 문제보다도 훨씬 심각한 문제가 관리상 거의 방치되어 있다.

필자가 국립국어원장을 맡았을 때 제일 먼저 사전 편찬실을 설치하고 내부 예산을 변경하여 사전의 질적 향상을 꾀하기 위해 노력하였으나 워낙 근본적인 문제가 많이 있었기 때문에 밑이 빠진 독에 물을 붓는 격이나 다름이 없었다.

적어도 이 사전을 발전시키려는 의지가 있다면 우선 전문 인력의 고정적인 배치와 소요 예산을 확보해 주어야 한다. 그러나 필자가 원장을 그만둔 이후 직제 개편에 따라 사전 편찬실은 해체되고 예산은 무일푼이다.

얼마 전 『표준국어대사전』의 문제점과 관리 실태를 비판한 이윤옥이 쓴 책이 출판되었다. 그 책을 읽으면서 그 책임 또한 필자에게도 없는 것은 아니기 때문에 향후 관리 방안에 대해 몇 가지 제안을 하고자 한다. 정부가 『표준국어대사전』의 관리를 전면 출판 업계에 넘기는 방법이 한 가지 방안일 수 있다. 사전 편찬 기술은 언어처리 정보화 기술력과 맞물려 있기 때문에 민간 사전 사업자를 육성할 수 있는 발판이 될 수 있는 유리한 점이 없지 않다. 그렇지 않다면 정부가 지속적으로 『표준국어대사전』의 질적 향상의 목표를 상정하고 그에 따른 인력과 예산을 지속적으로 확보해 주어야 한다.

이것도 저것도 아닌 엉거주춤한 상태로 계속 끌고 나갈 문제가 아니다. 그리고 『표준국어대사전』의 질적 향상을 위해서는 이 사전으로 끌어 올 어휘 원천을 마련해야 한다. 정부부처별 전문용어 정비, 한문 원전 해독을 통한 새로운 낱말 발굴, 방언, 신조어, 외래어, 외국어 음차표기들을 모두 모으는 한국어 기반 사전을 기획하여 여기서 모아지는 것들 가운데 규범으로 가다듬은 낱말을 『표준국어대사전』에 공급하는 순환적 시스템 구축을 할 때 규범사전은 한 단계 더 발전을 기약할 수 있다. 이와 더불어 사전 편찬의 기술력을 발전시키기 위한 한국어정보화 기획을 추진해야 한다. 문화체육관광부에서는 국어정보화 사업인 1차 세종계획이 2008년에 끝난 다음 어떤 후속 조치도 진행되고 있지 않다.

사전은 한 국가 지식·정보의 심장과 같다. 단순히 낱말의 뜻을 찾거나 표기법을 확인하는 정도로 활용되는 것이 아니라 자연언어 처리를 위한 의미적 마이닝Meaning mining 기초 정보를 확대하기 위한 정보 처리 기술력의 핵심으로 발전시킬 필요가 있다.

이제 국민 편의와 한국어를 배우고자 하는 많은 외국인을 생각하며, 국어사전의 외연을 넓히고 규범의 기계화 시대로 다가서는 실용 국어의 시대를 열어야 한다. 또한 국가 지식 경쟁력을 강화할 수 있는 국어 정보화의 초석을 마련하고 문화예술의 창의력을 키울 수 있는 창의적인 문화 국어의 시대를 열어나가야 한다. 단순한 의사소통을 위해서가 아닌 국어가 국가 지식 산업의 일부로 국가 선진화에 기여하는 새로운 창조적 국어 시대를 맞이해야 한다. 그러기 위해서는 정부와 국어단체 그리고 학계가 서로 정보를 공유하고 협업하는 시대를 만들어야 한다. 국민의 국어 능력 향상, 국어

정보화, 국어사전 지식 강화의 기반을 마련하고, 한국어와 한글을 세계 사람과 함께 나누는 넉넉한 새 시대를 우리 함께 열어갈 것을 호소하고 싶다.

국가 지식의 창조적 경쟁력 강화를 위해 노력하는 분들과, 언어 다양성 보존을 위해 활동하는 모든 분들에게 이 책을 바친다.

2015년 1월 1일 새해 아침
이상규

‖목 차‖

인문 지식·정보의 미래

제1장

언어 생태적 관점에서 본 사전 지식

인문 지식·정보의 미래

01
왜 언어의 다양성이 중요한가?

국어사전의 미래를 왜 걱정해야 하는지 2007년 11월 24일자 동아일보에 실린 권재현 기자의 "꽉 막힌 표준어… 사투리를 복권하라!"라는 글을 보며 이야기의 실마리를 풀어내 보자. 기사 내용은 필자가 쓴 『방언의 미학』이라는 신간을 소개한 글이었지만 우리나라 국어 정책의 현실을 아주 날카롭게 비판한 내용이었다. 이 글은 매우 짧은 글이지만 권재현 기자의 비판적 소견을 분명하게 서너 가지로 요약해서 담아내고 있다.

[인문사회] 꽉 막힌 표준어… 사투리를 복권하라! 입력2007.11.24 03:03

◇방언의 미학/이상규 지음/330쪽 · 1만5000원 · 살림

한국의 웬만한 대학 학과 첫머리에 오르는 것이 국어국문학과다. '언어가 존재의 집'이란 하이데거에 의해 말하자면 거기엔 국어국문학이야말로 한국 민족이란 존재의 거처를 마련하는 '제1학문'이란 의식이 숨어 있다. 거기엔 우리말 우리글까지 말살하려 했던 식민통치기에 대한 강렬한 피해의식도 숨어 있다. 이는 다시 한국인이 자랑할 만한 세계적 발명품으로서 '한글'에 대한 애착과 결부돼 특히 국어학에 대한 '신성화'를 낳았다.

학문의 도약은 '성상聖像 타파'를 통해 이뤄진다. 최근 역사학계에서 무수한 이론이 탄생하고 있는 것은 '민족'의 신성함을 무너뜨렸기 때문이다. 하지만 대한민국의 제1학문을 자처하는 국어학은 여전히 '국어'의 신성한 주술을 깨지 못하고 있다. 그들은 마치 민족의 영혼의 수호자란 착각에 빠져 어리석고 우둔한 언중言衆이 이를 오염시킬까 봐 전전긍긍하는 중세의 성직자처럼 행세하고 있다.

현직 국립국어원장이 '우리말 풍경 돌아보기'란 부제를 붙여 낸 이 책은 그런 국어학계 내부 변화의 움직임을 보여 준다. 이상규 원장은 국어학계가 신주단지 모시듯 지키고 있는 표준어 원칙의 모순성과 폐쇄성을 날카롭게 비판한다.

1933년 이래 70년간 서울지역 교양인이 사용하는 언어를 표준어로 정한 것이 결국 영어에 의해 국어가 파괴되는 현상과 같은 논리에 서 있다는 것이다. 서울 지역 외 다른 방언을 공식 언어에서 배제하는 배타적 표준어정책이 무수한 사투리의 말살을 낳은 것이나 세계 표준 언어로서 영어가 소수 언어를 포식捕食하는 것이나 같다는 말이다. 다시 말해 국어학계에서 한국에서 '영어마을'이 넘쳐나고 대통령이나 정부 관료가 직수입된 영어 표현을 선호하는 현상을 비판하기 전

에 우리 어문 정책부터 반성해야 한다는 것이다.

그것은 우리 문학 작품을 풍성하게 한 무수한 사투리가 '잘못된 말'로 규정돼 말살되는 안타까운 실태를 토로하는 것에 멈추지 않는다. 국어원에서 펴내는 '표준국어사전'이 일관된 기준이나 원칙 없이 소수 국어학자의 자의적 판단에 의해 만들어지고 있다는 현실 고발로 이어진다. 현행 표준어만을 한국어로 규정하는 한글맞춤법과 표준어 규정에 의하면 신어, 다듬은 말(순화어), 전문어, 방언은 한국어가 아니다. 외래어를 따로 사정한다며 그 원칙을 두지 않았기 때문에 외래어와 외국어를 구분할 기준도 없다.

1933년 우리 표준어정책이 채택될 당시 참조했던 일본도 1948년 도쿄 중심의 표준어정책에서 다양한 지역 방언을 아우르는 공통어정책으로 전환했다. 덕분에 우리 표준어 사전이 3권 분량에 머무르고 있는 동안 일본 국어사전은 30권 분량으로 확대됐다.

이 원장은 표준어 중심의 남한과 문화어 중심의 북한 어문 정책을 통합하는 남북 언어의 통일 과정에서 이런 폐쇄적인 어문 정책을 대대적으로 손볼 것을 제안한다. 그러나 그 전에 '한국어'의 표기와 발음 원칙을 소수 학자들의 자의적 선택이 아닌 언중의 선택에 상당 부분 위탁하는 '언어정책의 민주화'부터 이룰 것을 제의해 본다.

(권재현 기자)

첫째, 국어학계에 대한 비판이다. 일제 35년간 저항과 지배의 방식으로서 '조선어'와 '국어(일본어)' 정책이 일견 서로 상충되거나 대립되는 듯하면서도 지향하는 바가 같아서 '조선어'와 관련된 일에 종사한 사람은 모두 독립운동 지사로 평가되었으며 그러한 전통이 인문학의 제1의 학문으로서 대접을 받아왔다는 지적은 그리 잘못된 지적이 아니다. 전국에 대학교가 설립되면 예외없이 국어국문학과가 설립되고 또 서울대학교 인문대학 국어국문학과 교과과정과 유사한 교과목을 개설하였고 또 교양학부에 교양국어를 필수 교과로 개설할 수 있는 국어학의 '신성화' 작업에 어떤 누구도 의의를 제기하지 않았다. 그러나 그러한 주술이 깨어지기 시작한 것은 90년대를 들어서면서이다. 먼저 교양국어과가 필수에서 선택으로 바뀌어지면서 대부분의 대학교에서 교양국어가 글짓기 교과목으로 전환되기 시작하였다. '국어'의 신성한 주술에 대한 도전은 철학과나 국사학과 등 인접 인문학과에서도 시작되었다. 논리학과 수사학의 학문적 계기적 당위성을 갖고 있는 철학과에서 새로운 논리적 글쓰기라는 문제를 제기함으로써 국어국문학과에서는 당혹스럽지만 교양국어 과목의 권한을 이양하지 않을 수 없었다.

신성한 국어국문학과의 몰락은 이것으로 끝나지 않았다. 교양국어 교과목이 필수에서 선택으로 다시 선택에서 인문학 공동 운영 교과목으로 추락하면서 교양글쓰기나 교양국어 교과목의 시간을 얻기가 무척 어렵게 되었다. 대학원 박사과정에 들어오면 교양과목 시간이라도 넉넉하게 얻을 수 있어 명색이 대학 강사라고 명함을 내밀 수도 없게 된 것이다. 그러니까 대학원도 개점휴업이거나 서울 명문 대학은 지방 대학 출신들로 그 빈 자리를 채울 수밖에 없었다. 다종인문학문의 주인 역할을 하다가 문예창작과, 한문학과 심지어 민속학과 등 전공이 세분화 되면서 마치 지구 온난화 때문에 북극의 빙산이 부셔져 내리듯 국어국문학과는 끊임없는 분극화가 이루어졌다. 그렇다면 이러한 상황을 과연 어떻게 대처해 왔는가? 50여 년 전 내 삼촌이 사용하던 형설출판사 간행『대학국어』 교양국어책이 실린 작품만 이리저리 바뀌고 표지갈이나 한 채로 엄숙하게 우리 세대에 이르기까지 강의를 해왔다. 교수들은 상황 변화에 놀라서 전전긍긍하면서도 아무 일이 없는 듯 중세의 성직자처럼 교양국어를 강의해 왔다. 그 결과 교양국어는 대학 교양과목에서 밀려나는 신세가 된 것이다. 교육 방식에 대한 반성이나 교과 교재개발 등 교양교육의 질을 향상 시키려는 어떤 노력도 찾을 수 없다. 다만 국어국문학과를 해체하고 디지털콘텐츠학과, 문예창작과, 한국어교육학과 등으로 변신하는데 골몰해 왔다.

우리 국어학계가 아직 해결해야 할 과제가 얼마나 많은데도 불구하고 학문 후속세대를 어떻게 길러내고 위기에 봉착한 인문학을 되살려내려는 진지한 반성의 목소리를 들을 수 없다는 것이 더욱 안타까운 일이다.

둘째, 국어학계가 신주단지 모시듯 지키는 표준어 원칙의 모순성은 일제와 국어학계 그리고 국어심의위원, 대학교수 모두가 공모한 작품이다. 우선 표준어라는 공식 언어에서 배제되는 무수한 토박이말의 말살을 기도한 조선총독부 편수국에 종사한 일제와 그들의 앞잡이인 다수의 국어 운동가들이 처연하게도 일제의 표준어 정책인 “동경 산수선 내의 동경어”를 표준으로 정한 정책을 고스란히 옮겨 와서 “서울 지역의 중류층”이 사용하는 말을 표준어로 삼게 된다. 이와 함께 그들의 언어 권력은 표준어를 사정하는 권한까지 움켜쥠으로써 서울이 아닌 지방의 말은 사투리로 치부하여 열등하고 거칠고 진부한 언어로 내팽개친다. 광복이 되고 이러한 주류 국어학자들은 다시 서울대학 문리과대학 교수로 대거 진출하여 국어문화권력을 거의 독식함으로써 열악한 모국어의 어휘는 한자어와 일본어 그리고 영어라는 외국어로 뒤범벅이 된다. 거듭 국어발전을 외치면서 한자어와 외래어, 전문용어의 우리말로 옮기려는 어떤 노력도 하지 않고 외국어의 언어 이론을 도집하여 꿰어 맞추기에 급급해 왔다.

여기서 참으로 기이한 예를 들어보자. 서울대학교를 중심으로 하는 국어 문화권력을 장악한 인사들이 중심이 되어 『표준국어대사전』을 발간하게 된다.

> 소금꽃 명 《북》 땀을 많이 흘렸을 때에, 옷이 젖은 다음 말라서 하얗게 생기는 얼룩을 비유적으로 이르는 말. ¶소금꽃이 피다/소금꽃을 피우다.§
>
> 소금땅 명 《북》 소금기가 많거나 바닷물의 피해를 입는 땅. ¶소금땅을 옥토로 만들다/관수를 잘하고 소금기를 빼니 옛날의 그 소금땅에서도 많은 소출을 내게 되였다.≪선대≫ §

'소금꽃'이라는 어휘에는 두 가지 의미가 담겨 있다. 첫째는 "염전에서 소금물을 가두어서 햇살에 졸이면 바닷물이 반짝반짝하는 소금 결정체로 변화는데 바로 그 결정체"를 뜻한다. 둘째는 "땀을 많이 흘렸을 때에, 옷이 젖은 다음 말라서 하얗게 생기는 소금기"를 뜻한다. 그런데 이 '소금꽃'에 대한 뜻풀이도 엉터리이며 '소금땅'이라는 어휘와 함께 북한말이라니 어찌 이런 일이 있을 수 있는가? 사전 편찬 담당자들의 말을 빌면 이들 어휘는 서울 지역의 교양인이 사용하는 말이 아니라 염전에 염부들이 사용하는 무지한 말이기 때문에 표준어 사정을 할 때 제외되었던 것이라 한다. 그런데 북에서는 조선어대사전에 이들 어휘를 모두 챙겨 실어 두었는데 남에서 표준국어사전을 갑자기 만들면서 이 사전 저 사전 오려붙이기를 하다보니 북한 어휘로 실리게 된 것이라고 한다. 국립국어원에서 펴낸 『표준국어사전』이 이처럼 일관된 기준이나 원칙 없이 소수 국어학자의 자의적 판단에 의해 만들어진 결과이다. 한글 맞춤법이 제정된 지 70여 년이 지났다. 그동안 배척해 온 다양한 토박이말을 알뜰하게 수집·정리하여 국어사전에 실어야 한다. 씨가 말라가는 토박이말이 내준 텅 빈자리를 외국어와 외계어가 비집고 밀려들고 있다. 여기서 50년 전 한자교육을 초등학교에서 부터 다시 실시하겠다고 한다. 무슨 나라의 어문정책이 이 모양일까?

셋째, 현행 표준어만을 한국어로 규정하는 한글맞춤법과 표준어 규정에 의하면 신어, 다듬은 말(순화어), 전문어, 방언은 한국어의 자리에 앉혀놓을 어떤 근거도 찾을 길이 없다. 더군다나 외국어와 외래어도 제대로 구분하지 않고 혼탕으로 관리하는 국립국어원은 표준어로 토박이말의 씨를 말릴 것 같더니 이젠 물밀듯 밀려드는 외국어에 버젓이 자리를 다 내주고 있다. '외래어표기법'을 제정하여 외국어 가운데 우리말로 정착된 것을 외래어표기법에 따라 적은 다음 국어심의회의 심의 절차를 거쳐 외래어로 인정하도록 돼 있다.

> 캔(can) 명 ①양철로 만든 통. '깡통'으로 순화. ¶캔 커피/캔 맥주.§② (수량을 나타내는 말 뒤에 쓰여) 주로 음식물을 '{1}'에 담아 그 분량을 세는 단위. ¶맥주 다섯 캔만 주세요.§
> 캔디01(candy) 명 설탕이나 엿을 굳혀서 만든 과자. 캐러멜, 드롭스, 누가 따위의 여러 종류가 있다. '사탕'으로 순화. ¶그는 가게에서 아이들에게 줄 캔디 한 봉지를 샀다.§

'캔'이 어찌하여 외래어가 되었는가? 한국어 규범의 규정에 따른다면 외래어는 외국어가 우리나라에 들어와서 우리말로 정착된 단계에 있는 것을 외래어표기법에 따라 적고 국어심의회에 사정 절차를 거쳐야 비로소 그 자격이 인증된다. 멀쩡한 '캔'이나 '캔디'와 같은 외국어를 〈외래어 표기법〉으로 기록하여 사전에 펴 담아 둔 결과 토착 고유어와 외국어가 뒤섞여 구분이 되지 않는다. 국어원에서 펴내는 『표준국어대사전』이 일관된 기준이나 원칙 없이 소수 국어학자의 자의적 판단에 의해 만들어지고 있다.

현행 표준어만을 한국어로 규정하는 한글맞춤법과 표준어규정에 의하면 신어, 다듬은 말(순화어), 전문어, 방언은 한국어가 아니다. 외래어를 따로 사정한다며 그 원칙을 두지 않았기 때문에 외래어와 외국어를 구분할 기준도 없다. 외래어를 따로 사정한다며 그 원칙을 두지 않았기 때문에 외래어와 외국어를 구분할 기준도 없다.

특히 외국어 사전 경우 심각성이 이에 못잖다. 국민이 배우려고 목을 매는 영어와 관련된 사전들의 문제는 좋은 사례. 영어 단어번역이 사전마다 다르다. 표기도 서로 다른 등 오류투성이어서 올바른 우리말 교육이 되레 위협받을 정도다. 쉬운 우리말 대신 어려운 한자어를 사용하거나 일본의 영어사전을 베낀 듯한 흔적이 곳곳에 나타나고 있다.

성균관대 이재호 명예교수가 지은 『영한사전 비판』이란 책에는 우리 영어사전의 오류들이 잘 설명돼 있다. 그는 그 오류들을 12가지로 분류하고 있다. 순수 우리말이 빠진 점(husband를 '지아비' 대신 남편으로, other를 '남'이란 말 대신 '타인'으로 옮기는 등)을 비롯해 실제 쓰는 번역어가 많이 빠진 점, 장황한 설명, 중요 단어의 올림말 누락, 내용상 오류 등이 그것.

오늘날 '영어광풍狂風'으로 우리말사전은 팽개쳐도 영어사전은 금과옥조金科玉條로 떠받드는 현실을 감안하면 이런 엉터리 영어사전은 하루 빨리 고쳐져야 한다. 게다가 올 하반기에 초등학교 1학년부터 영어수업이 진행되면 올바른 우리말을 제대로 배우기도 전에 먼저 잘못된 말을 익히게 될까봐 걱정이다.

과거 먹고 살기 힘들고 여력 없어 남의 것이라도 베껴야만 했던 시절도 있었지만 이젠 제대로 시대가 달라졌다.

"마침 최근 우리 국어정책을 총괄하는 국립국어원의 새 원장으로 취임한 경북대 이상규 교수가 이런 우리 사전들의 문제점들 고치겠다고 하니 다행스럽다. 특히 표준국어대사전을 저학년 및 고학년, 대학생 대상의 교육용 사전으로 편찬, 보급하고 외국어 사전 편찬에도 국어학자의 참여 필요성에 공감한다니 새 외국어 사전이 기대된다. 세계무역 10위권에 전세계 6천여 개 언어들 중 열두 번째로 많은 사람이 사용하는 한국어에 걸맞은 사전의 탄생을 기다려 본다."는 권재현 기자의 이야기를 위안으로 삼아본다.

01 | 언어 순환과 신조어

한 개별 언어에서 새로운 낱말이 생성되면 일부는 언중들에게 받아들여지지 않은 채 소멸되기도 하고 일부는 언중들 사이에 널리 확산되어 사용되기도 한다. 신조어는 한 개별 언어의 새로운 낱말의 공급원이라고도 할 수 있다. 신조어 가운데 사용자의 폭이 확대되어 일반어로 사용되면 사전에 올려 일반어로 사용된다. 그러다가 시간이 흘러 사용되던 낱말이 퇴화하여 언중들로부터 외면을 당하게 되면 고어로 처리된다. 마치 우주에 화이트홀과 블랙홀이 있다면 우주에는 현재 사용하는 낱말로 채워진 사전이 있고 화이트홀에서는 그 사전에 올라가기를 바라는 신조어가 끊임없이 생성되어 공급이 된다. 또한 사용율이 떨어진 낱말은 블랙홀로 빠져나와 고어사전에 실리는 과정을 거치게 된다.

언중들의 의사소통에 활용되는 낱말로 진입하기 이전 상태의 금방 만들어진 낱말을 신조어라고 한다. 그런데 이 신조어는 여러 가지 측면에서 정의를 내릴 수 있다. 먼저 사전 편찬 기술을 기준으로 하여 사전의 올림말로 올려지지 않은 상태의 등재 후보의 낱말을 신조어라고 할 수 있다. 그런데 이 등재 후보의 낱말은 신조어 생성 시점을 중심으로 하여 최초의 발생 시점부터 수집된 낱말을 '신조어'라고 할 수 있는데 만일 최초 발생 시점이 지난 뒤에 수집된 낱말은 '미등재어'로 규정된다. 신조어는 잠시 나타났다가 사라지기도 한다는 점에서 일회적인 낱말, 유행어와 같이 가치가 낮은 낱말에서부터 새로 생겨난 사물과 현상에 대응되는 낱말이나 외국 차용에 의한 낱말이나 전문용어와 같은 낱말도 포함된다. 신조어는 미등재어 상태로 있다가 영원히 소멸되는 일시적인 낱말과 사전에 등재되어 제대로 대접을 받는 낱말로 구분된다.

신조어는 다시 낱말의 용도처에 따라 구분되기도 한다. 우리말의 어법에 어긋나게 만들어 남의 이목을 끌도록 인위적으로 만든 유행어, 인터넷에서 생산해내는 소위 외계어, 비속어, 임시어, 비유적 표현, 순화어, 전문용어 등으로 구분된다. 신조어는 다시 어떻게 만들어 지는가 곧 조어 방식에 따라 합성어, 파생어, 의미 변화(확장), 준말, 혼태의 형식이 있고 조어 형식의 단위를 기준으로 해서는 낱말 구성뿐만 아니라 구 구성의 조어에 따라 만들어지기도 한다.

개화기 시대에는 새로운 지식과 정보가 넘쳐남으로 이에 대응되는 새로운 개념을 표현하기 위해 신어가 대량으로 생성되는 경향을 보였다. 그러나 정보화 사회로 접어들면서 글쓰기의 환경도 바뀌었지만 인터넷 지식정보와 서구 과학문명이 물밀 듯 밀려 들어옴에 따라 삶의 방식의 변화와 함께 새로운 신조어가 대량으로 만들어지거나 유입될 수밖에 없었다. 근대화 시기의 신조어는 주로 외국에서 유입되어온 외래어나 전문용어들이 주종을 이루었지만 최근 들어서는 언중들이 보다 적극적으로 새로운 말을 만들어내는 데 가담하고 있다.

신조어라고 하면 새로 유입되어온 외래어나 전문용어도 다듬은말과 함께 신조어라고 할 수 있다. 그러나 새로 유입되어온 외래어나 전문용어는 이미 특수한 언어 부류로 다루고 있어 마치 신조어의 범위에서는 제외된 듯한 느낌이다. 곧 언어정책 상 외래어나 다듬은 말, 전문용어는 그만큼 전문성이 필요하고 이를 관리하는 데에도 매우 신중하게 처리해야 하기 때문에 별도의 대우를 받고 있는 셈이다. 그러면 신조어는 외래어나 전문용어 그리고 다듬은 말을 빼고 남은 것이 여기에 해당한다. 실제로 국립국어원(2000)에서 간행한 『신조어사전』에서도 이와 같은 경향을 보여주고 있다.

외래어나 다듬은 말과 전문용어를 제외한 신조어란 사실 언어의 쓰레기 하치장이라고 해도 과언이 아니다. 특히 신조어를 수집하는 대상이 소설이나 시집과 같은 문예물이 아닌 신문이나 공중파 방송 또는 인터넷 언어일 때 그 신조어의 속살은 엄청나게 파괴적이거나 심지어 외설스럽기까지 한 모습을 보여주고 있다. 아마 국립국어원에서 『신조어 조사 사업』을 시행하는 이유는 이러한 왜곡된 언어 현실을 파악하고 그것을 바로잡기 위한 것이라 판단되며, 그 가운데 살아남는 생명력이 있는 낱말은 사전에 등재하기 위한 곧 국어의 생성과 소멸의 괘적을 추적하기 위해 신조어 조사 사업은 꼭 필요한 것이다.

02 | 신어와 국어사전 관리

신조어를 조사 수집 관리하는 이유와 목표가 뚜렷해야 한다. 특히 국립국어원에서 신조어 관련 사업은 넘쳐나는 새로운 말을 국민들에게 어떻게 소통시키는가라는 근본적인 목표와 부합하도록 적절한 정책적 고려가 필요하다. 외래어나 순화어, 전문용어가 포함된 신조어의 경우는 그들의 생명력과 소통력을 측정하여 적정한 기간이 지난 후에 사전에 올림말로 올려야 하겠지만 순화어나 전문용어 그리고 사정한 외래어를 제외한 신조어의 문제는 사전 올림말의 대상 자료로서 고려하는 일을 보다 신중하게 처리해야 한다.

우선 『표준국어대사전』을 기준으로 할 때 “표준어”와 “사정한 외래어”를 제외한 ‘신조어’나 ‘개인어’, ‘방언’, ‘순화어’, ‘전문용어’를 비롯한 새로 생겨나는 많은 언어 자료를 사전 올림말로 올릴 수 있는 어떤 규범상의 근거도 찾아볼 수 없다. 논리적으로는 새로운 말이 널리 쓰이게 되면 우리말의 일부로 인정되고 또 국어사전에 올라갈 수 있지만 국어사전에 올라가 있다고 해서 반드시 “표준어”로 인정되는 것은 아니다. 『표준국어대사전』은 그 제목이 “표준국어"를 대상으로 하기 때문에 〈한글 맞춤법〉의 제1장 총칙 제1항 규정에 위배된다.

박용찬(2006)은 "국어사전은 표준어 모음의 성격을 갖는 것이라서 특별한 경우를 제외하고는 국어사전의 올림말은 모두 표준어로 봐야 하기 때문이다."라고 했는데 이는 논의의 전제가 아주 왜곡되어 있다. 국어사전은 우리 국어의 모든 자산이 실려 있는 사전이어야 하고 『표준국어대사전』의 올림말은 표준어로 볼 수 있는 것이지 '국어사전'과 '표준국어대사전'을 동일한 관점에서 둔다는 것은 우리 모국어를 표준어로만 제한하는 매우 위험한 발상이라고 하지 않을 수 없다.

이러한 전제 아래에서 신조어를 '국어사전'의 올림말로 올릴 것인가 또는 '표준국어대사전'의 올림말로 올릴 것인가라는 문제는 전혀 별개의 문제다. 곧 언어 자산으로서 처리하느냐 또는 규범적인 언어 자료로 처리하느냐의 문제는 본질적으로 전혀 다른 문제이다. 지금까지 사전 편찬자의 주관에 따라 임의로 올림말을 선정하던 관행이 『표준국어대사전』까지 미침으로 인해서 신조어 처리에 대한 정책 혼선이 야기된 것이다. 더군다나 외래어나 순화어와 전문용어를 제외한 신조어는 말 그대로 조잡하고 거친 날말일 수밖에 없다. 이것은 여러 가지 다단계의 여과 장치를 거쳐 정착된 낱말만 국어사전에 올리고 그 가운데 규범성이 보장되는 것만 엄격하게 심의하여 '표준국어대사전'에 올릴 수 있는 것이다.

홈프로젝트, 홈패션, 홈팀, 홈터미널, 홈인, 넥(좁은 해협을 이르는 말)

네퍼(neper), 네페르툼(Nefertum), 네펜테스(nepenthes), 네프론(nephron)

이러한 외래어나 전문용어가 과연 표준어인가? 또는 표준어로 인정받을 만한 올림말들인가? 이처럼 표준어로 인정되지 못할 낱말이 올림말로 올라가 있기도 하고 그 반대로 '새내기, 모꼬지, 홈페이지, 네티즌, 꽃미남'과 같은 신조어는 사용빈도가 높지만 어떤 사전에서도 올림말로 등제되지 않았다.

〈한글 맞춤법〉이나 〈표준어 규정〉에서 대상으로 삼고 있는 '표준어'와 '사정한 외래어' 이외의 언어 자산을 어떻게 처리할 것인지 그리고 신조어를 표준어로 처리하느냐 단순히 국어자료로 처리하느냐의 기준조차 마땅하지 않다.

이제라도 엄격한 『표준국어대사전』을 규범에 적합하도록 재편하지 않으면 이러한 혼란은 끝없이 가중될 것이다. 국가의 표준과 규범의 기준이 이렇게 흔들려서는 않된다. 『표준국어대사전』을 규범사전으로 전화하고 규범에 맞지 않는 것은 다 골라 내어 별도의 종합국어대사전을 기획해야 한다. 종합국어대사전은 우리 국민들의 모든 말글살이를 포괄하여 담아내는 소위 우리 말글의 뒤주 역할을 하도록 한다면 신조어는 잠시 큰 우리말글 사전에 담아 두었다가 사용범위가 확대되면 엄격하고 적절한 사정을 거쳐 규범사전에 올릴 수 있는 것이다.

혼란과 혼선은 엄격하고 적절한 기준을 잃어버리거나 그 기준을 무시했을 때 발생한다는 점을 고려하여 국어 어문 정책의 새로운 준비가 필요하다.

02
언어 지배와 공존

언어를 비트는 것만큼 인간의 영혼에 상처를 남기는 일은 없다.

필리핀의 국민작가인 프란시스코 시오닐 호세는 장편 소설『에르미따』의 서문에서 미국 작가 제임스 펠로즈의 말을 인용하여 오늘날의 필리핀의 불행은 '손상된 문화' 때문이라고 밝히고 있다.

필리핀의 '손상된 문화'의 속성을 호세는 이렇게 표현하고 있다. "한 젊은 작가가 제게 타갈로그, 일로카노, 비사야 말로 글을 쓰는 작가들과 한 무리로 평가받는 것에 대해 모욕감을 느끼지 않느냐고 물었습니다. 영어로 글을 쓰며 예술가인 체하는 작가들, 그중의 일부는 대학에 몸담고 외국에서 최신 문학의 흐름에 영향을 받았는데, 제가 그들 중에 속한 사람이었다면 그러했을 거라고 대답했습니다." 스페인에서 일본, 미국으로 이어진 오랜 식민지, 필리핀의 언어 혼란이 바로 그들의 문화의 손상을 일으킨 주범이라는 말이다. 언어의 다양성이 조금이라도 줄어들면 우리가 끌어와 쓸 수 있는 지적 기반도 함께 낮아지기 때문에 인류의 적응력은 현저히 감소된다. 원주민의 언어는 지구에서 한 번 없어지면 대체가 불가능한 천연자원과도 같은 것이다.

『현대문예』 10월호에 실린 필자가 쓴 「에르미따(6)」라는 시 작품이다. //기억이라는 것은/유통 기간의 횡포라는 것이 없다./욕망의 전율하는 풍경을 증언하는/유품이 보관된 이유 하나로/거침없이 어둠을 향해 내달리기도 한다./현재가 영원하리라는 믿음의 착종으로/놓쳐버린 오랜 열망과 꿈들이/구원받기를 기다리고 있을지도 모른다./평범한 사람이/한 시대에 상처받은 채 좌절한/그 패배는 부조리하고 탈골된/언어 탓이다./잃어버린/타갈로그말, 세부아노말, 일로카노, 비샤얀말/곰팡이나 부식된 습기에 뒤섞여 있는/헛바닥이 굳고 구강이 봉인된/USA/욕망의 잉글리쉬 말로 살림 차린 후 광은/엇갈리고 충돌하는 언어들/어깨를 비비며/먼지처럼 흩어지는 죽음이 순례./아시아는 사람이 만든 마지막 남은/위대한 순례지이다.//

필리핀의 사람들은, 언어 침탈의 슬픔을 노래하고 있다.

지난 세기 아시아는 이 지구 상에서 가장 많은 상처를 받은 지역이다. 식민지배로부터 벗어난 순수한 사람들이 살아가는 마지막 남은 위대한 순례지이기도 하다. 몇 해 전, 전주에서 개최된 AA문학 페스티벌의 의미는 아시아와 아프리카의 언어를 회복하여 다시 인류를 위한 치유治癒의 언어로 환원하는데 있다.

우리 주변의 다양한 언어와 방언이 두려우리만큼 빠른 속도로 소멸해 가고 있는데도 그 누구도 위기를 느끼지 못하고 있으며, 특히 언어학자들은 이러한 상황을 총체적으로 이해하려고 하지 않는데 문제의 심각성이 있다. 50여 년 전 아프리카의 콩고, 알제리, 차드가 처했던 식민 상황과 세계화의 물결로 밀려드는 영어의 언어적 억압과는 다르다. 제국주의가 일상적으로 휘두르는 가장 큰 무기가 언어 침탈이다. 언어 제국주의는 언어 침탈뿐만 아니라 호명의 수단인 이름, 그들의 역사와 문화유산, 그들의 결속력, 그들의 지적 능력과 그들이 자신에게 가진 믿음마저도 무력화시킨다.

최근에 출판된 존 A. 워커와 사라 채플린John A. Walker, and Sarah Chaplin이 쓰고 임산이 번역한 『비주얼 컬처』(Visual Culture : an Introduction, Mancherester, Manchester UP, 1977)라는 책의 한 대목을 읽어보자.

> "'비주얼 컬처 스터디스'는 우리 학계에 그리 익숙한 명칭은 아니다. 간단히 말하자면, 그것은 '비주얼'한 '문화' 전반을 연구 대상으로 삼는 연구 동향이다. 그러나 그 속에는 회화와 조각 같은 대문자 '아트'도 있고, 포퓰러 컬처, 매스 컬처, 서브 컬처로 표현되는 다양한 문화 연역의 생산물들도 포함된다. 뿐만 아니라 영화 · 비디오 · 텔레비전 등 기계 미디어의 영상, 포스터 · 만화 · 도서 등의 그래픽디자인에 이르는 '비주얼'한 모든 이미지들이 '비주얼 컬처 스터디스'라는 복수형으로 씀으로써 상호학제적 다양함을 확보한다. 이미 국내 대학에 문화학과 Cultural Studies, 큐레이트학과 Curatorial Studies 등의 학문이 복합적인 학제간의 연구를 교육하고 있다. 즉 기호학, 마르크스주의, 정신분석학, 포스트 콜로니얼리즘, 페미니즘, 필름 스터디스(영화연구), 미디어 스터디스(매체연구) 등의 분석 방법을 취하면서, 비주얼한 문화의 영역을 횡단하고 그것의 접합과 분절을 시도한다."

위의 예문을 읽고 난 다음 뜻을 정확하게 파악할 수 없는 어휘가 몇 개인지 스스로 평가해 보자. 줄친 어휘를 어휘별로 다시 분류를 하면 정확하게 영어 어휘 3개와 외국어 18개가 등장한다. 웬만한 지식인이 아니면 'Cultural, Studies, Curatorial, 그래픽, 디자인, 마르크스, 매스, 미디어, 비디오, 비주얼, 서브, 스터디스, 아트, 컬처, 콜로니얼리즘, 큐레이트학과, 텔레비전, 페미니즘, 포스트, 포퓰러, 필름'과 같은 외국어와 외래어 가운데 몇 개나 제대로 이해할 수 있을까? 그런데 이처럼 모르는 낱말이 있어도 예사로 여기고 훌쩍 지나가는 데 문제가 있다. 대충 사는 방식이 책 읽기에서 통하는 나라가 바로 우리가 살고 있는 이 나라 사람들의 독서 방식이다. 외국사람들이라면 반드시 사전을 곁에 두고 꼼꼼하게 모르는 낱말의 뜻풀이를 찾아본 다음 책을 계속 읽을 것이다. 외국어와 외래어가 사전에 실렸느냐 실리지 않았느냐에 따라 구분되는 것은 결코 아니지만 사전에 실리지 않은 외국어로 된 전문(학술) 용어가 엄청나게 늘어나고 있는 현실은 국민의 언어 생활에 큰 어려움을 주고 있다.

중고등학교 시절에 영어 사전을 너덜너덜해질 때까지 들춰보지 않은 사람은 아마 드물 것이다. 그러나 우리 국어사전은 내 평생 몇 권쯤 곁에 두고 찾아보았는가? 아마 국어국문학과 교수나 또는 글을 쓰는 전문 작가가 아니면 국어사전을 가까이한 사람이 많지 않는 데 문제가 있다.

다시 본 이야기로 되돌아 가보자. 'visual culture studies'라는 용어를 굳이 외국어로 쓰지 않을 수 없는 변명을 아래와 같이 늘어놓고 있다.

"이 책은 영국과 미국에서 최근 몇 년간 활발하게 논의되고 있는 '비주얼 컬처 스터디스 visual culture studies'라는 새로운 연구 방향을 개설적으로 소개하는 입문서(John A. Walker, and Sarah Chaplin, Visual Culture : an Introduction, Mancherester, Manchester UP, 1977)를 번역한 것이다. 'Visual Culture'를 굳이 원어 발음 그대로 옮긴 이유는, 그 명칭이 오늘날 우리나라에서 학문적으로(몇몇 대중적 학술기관의 강좌명이나 학술단체, 대학의 학제명으로 '시각문화 연구', '영상문화학' 등이 쓰이고 있다), 혹은 상업적으로 다양하게 해석되어 옮겨지고 있기 때문이다. 특정한 번역어를 사용했을 경우 그 번역어의 개념 자체의 고립된 의미에 과도하게 집착하게 되어 자칫 그 학문적 연구 대상을 독자들이 오해할 소지가 있고, 또 이 책에서 다루는 내용적 범위까지 미리 편견을 가지고 제한시킬 우려가 있기 때문이기도 하다."

놀라운 일이다. 우리말이 표음주의적이기 때문에 한자어나 영어보다 낱말의 의미 전달력이 부족한 것은 사실이다. '이상理想'이라는 낱말을 들으면 그 낱말이 나타내고자 하는 뜻이 머리에 또렷이 떠오르는데 '이상'을 우리말로 풀어보라면 누구든지 망설여진다. 이러한 이유를 들어서 우리 모국어보다 외국어로 나타내면 무언가 모르게 멋있어 보이고 의미 전달이 더 분명하다는 괴변을 늘어 놓는 사람이 많다는 데 문제가 있다. 'visual culture studies'라는 외국말을 우리말로 바꾸려는 진지한 노력을 얼마나 했던가? 일제시대에 많은 생물학자들은 식물이름이나 동물이나 곤충 이름의 학명을 우리말로 바꾸려고 피나는 노력을 기울였다. 부족한 기초어휘를 만들어내어 사용하려는 노력은 전혀 하지 않고 마구잡이로 외국어를 퍼온다면 우리말은 얼마 가지 않아서 이 지구상에 소멸될 것이다.

어릴 때부터 국어사전을 찾아보는 습관을 기르도록 교육시켜야 할 것이다. 우리 낱말을 활용할 줄 아는 국어교육이야 말로 창의적인 교육의 출발점이 될 수 있다. 우리말을 부리는 능력이 하루아침에 하늘에서 떨어지는 것이 아니라 부지런히 우리낱말을 사전에서 찾아 정확하게 익힌다면 우리말에 대응하지 않는 외국어를 즉각 우리 낱말로 만들 수 있는 창의적인 재능이 생겨날 수 있다.

1927년 프랑스 식민 통치 아래에 있었던 아프리카의 코트디부아르 출신인 아마두 쿠루마Ahmadou Kourouma가 쓰고 유정애가 번역한 소설『열두 살 소령』(미래인, 2008)에 이런 대목이 있다.

> "나는 네 권의 사전을 갖고 있다. 라루스 사전, 쁘띠 로베르 사전, 아프리카 대륙에서 쓰는 프랑스어가 나와 있는 특수 어휘 사전, 그리고 하렙 사전이다. 내가 똥 같은 내 인생, 빌어먹을 내 인생에 대해 다른 사람들이 그럭저럭 들어줄 만한 프랑스어로 말할 수 있는 건 이 사전 덕분이다. 이 사전들은 내가 말하기 어려운 말을 설명하고 싶을 때 도움을 줄 거다. 이 사전으로 내가 사용하는 속어나 중요한 말들을 찾고 확인하고, 그 뜻을 설명할 것이다. 내가 떠들어 댈 이야기는 식민지의 백인 지배자들과 아프리카 흑인 토착민들은 물론 프랑스어를 쓰는 온갖 부류의 사람들이 읽어야 하기 때문에 설명을 잘할 필요가 있다. 라루스 사전과 쁘띠 로베르 사전으로는 프랑스에서 쓰이는 어려운 낱말들의 뜻을 찾아 아프리카 흑인 원주민들에게 도움을 줄 수 있을 것이다. 그리고 아프리카 프랑스어 특수 어휘 사전을 잘 이용하면 아프리카의 어려운 말들을 백인 프랑스인들에게 알려 줄 수 있다.

한편 피진 영어를 전혀 이해하지 못하는 프랑스어권 사람들에게 피진 영어 속어들을 설명하고 싶을 땐 하랩 사전을 찾아 볼 것이다. 〈중략〉 여기서 잠깐 부족에 대한 설명을 좀 해야겠다. 우리가 사는 호로두구에는 밤바라와 말랑케, 두 부족이 있었다. 쿠루마, 시소코, 디아라, 코나테, 디울라 같은 가문들은 우리 말랑케족에 속했고 이슬람교도였다. 말랑케족은 원래 이방인이었지만 알라의 말씀을 섬겨온 사람들이다. 하루에 다섯 차례 기도를 했고 야자 열매로 담근 술은 마시지 않았다. 돼지고기는 물론, 발라 같은 물신 숭배자가 잡은 짐승의 고기도 먹지 않았다. 다른 마을에는 밤바라족이 살았는데, 이들은 우상 숭배자들이었고 이슬람교를 거부한 카프로들이었다. 또 미개인인데다 토착 종교를 믿는 마법사들이기도 했다. 밤바라족은 로비나 세누포스, 또는 카비에스라고 불리기도 했다. 여기가 식민지가 되기 전에는 발가벗고 다녔다는 이들이야말로 진짜 토착민들, 곧 진짜 옛날 땅주인들이다."

그렇다. 아프리카의 코트디부아르의 한 마을에는 밤바라족과 말랑케족, 그리고 그 옛날 토착민들이 프랑스의 지배 아래 살면서 그들의 원활한 의사소통을 위해서 네 가지의 사전을 사용하는 소통의 질서를 이야기하고 있다. 물론 이 소설은 이러한 내용을 주제로 다룬 것은 아니다. 식민 지배의 언어 침탈에 대한 고발과 지배자의 언어와 토착민의 언어 간의 갈등과 또 종교의 충돌을 통해 망가져가는 12살짜리 주인공의 처참한 삶의 모습을 그리고 있다.

네 권의 사전을 가지고 있어야 소통이 가능하다는 점은 대단히 불편하고 비생산적이라고 할 수 있다. 지배자의 언어인 프랑스어를 습득하면 될 일을 왜 이처럼 여러 가지 언어를 학습해야 하는가라고 물을 수도 있다. 그러나 이 물음에 간단하게 해답을 줄 수 있는 실마리는 이 소설의 어디에서도 찾아 볼 길이 없다.

지난 15세기 이후 서구 유럽의 자본 강국을 중심으로 피지배 국가나 민족 또는 부족에 대한 언어 지배가 강력하게 또 줄기차게 진행되어 왔다. 제국은 기호를 지배함으로써 완성된다. 그러나 기호를 지배해왔던 어떤 제국도 결코 영원하지는 않았음을 우리는 인류 역사를 통해 알고 있다.

응구기 와 시옹오Ngugi wa Thiongo가 쓰고 박혜경이 옮긴 『마음의 탈식민지화-내 마음 담는 그릇, 모국어Decolonising the Mind』(수밀원, 2007)에서 "권력이 다른 사람의 영혼을 매혹시키고 사로잡아 포로로 만드는 데 있어 가장 중요한 매개는 언어이다. 총탄은 육신을 종속시키는 수단이고, 언어는 정신적 종속 수단이다."라고 말하고 있듯이 언어(기호 곧 문자, 그림, 텍스트, 아이콘, 오디오, 비디오, 영상 등을 총칭)의 지배 방식은 독수리의 발톱과 같이 제국의 논리에 감추어 둔 무기이다.

21세기에는 최소한 세계 언어의 절반 정도가 절멸해 버릴 수 있다고 한다. 무슨 일 때문에 이 다양한 목소리가 침묵하게 되는 걸까? 지난 세기 서방 유럽의 몇몇 국가 언어가 아프리카와 오스트레일리아, 뉴기니, 아메리카에 살던 수많은 원주민들의 토착 언어를 포식Glottophagie하였다. 언어의 식민지화는 여기에서 멈추지 않고 영어의 세계화라는 이름으로 전 세계의 국가와 민족 그리고 부족들에 이르기까지 영어가 지배할 기운이 보인다. 이미 영어 그 자체가 엄청나게 다양한 변이형을 가진 변종Variety이나 혼종의 영어로 둔갑하여, 지난 세기에 죽어간 토착민들이 사용하던 언어의 자리를 무서운 속도로 메우고 있다.

토착민의 언어는 지구에서 한번 없어지면 대체가 불가능한 천연 자원과도 같은 것이다. 언어의 다양성이 조금이라도 줄어들면 우리가 끌어와 쓸 수 있는 지적 기반도 함께 낮아지기 때문에 인류의 환경 적응력은 현저히 감소된다. 우리 주변의 다양한 언어와 방언이 두려우리만큼 빠른 속도로 절멸해 가고 있는데도 그 누구도 이런 위기를 느끼지 못하고 있다. 특히 지난 2백 년 동안 식민 지배, 벌목, 채광, 다국적 기업 등 다양한 요인에 의해 언어의 절멸을 초래하는 과정이 가속화되었다. 이처럼 언어의 절멸은 다양한 생물 종의 절멸 위협과 마찬가지로 인류가 당면한 매우 심각한 문제라고 할 수 있다. 생물 종의 다양성이 무너지는 것으로 지구의 위기를 예견할 수 있듯이 언어 다양성의 절멸 현상은 인류의 지적 문명의 재앙이자 다가올 불행을 예고하는 신호라고 할 수 있다.

지배 언어가 피지배 언어를 포식하는 언어 식민주의와 마찬가지로 한 국가 안의 사정을 들여다보면 도시 언어(표준어)가 변두리 언어(방언)를 포식하는 관계가 성립된다. 곧 도시 언어가 지배 언어로, 변두리 언어가 피지배 언어의 관계로 대응된다. 한 국가 안에서도 중심의 공동체가 변두리 공동체보다 훨씬 우월하다는 것을 이론화하는 데 성공함으로써 언어 지배의 시도를 정당화하고 있다. 중심에 자리한 표준어와 문화어, 그리고 변방에 자리했다는 이유로 죽어가는 방언들을 바라보면서 지금 우리는 무엇을 해야 하는가. 죽어가는 강물, 물고기, 새들, 사라져 가는 나무와 들풀처럼 변두리의 방언도 함께 저 세상으로 보내야 할 것인가. 이상규・조태린 외 공저인 『한국어의 규범성과 다양성』(2008 : 31-32, 태학사)에 실린 김진해 교수의 논문 「중심 지향의 문화 넘어서기」에서는 표준어와 방언과의 인력引力 문제일 뿐만 아니라 표준어는 자본 지배의 언어인 영어에 다시 지배되지 않을 수 없음을 아래와 같이 밝히고 있다.

> "거대한 사회체제로부터 자신의 언어를 포기하고 지배언어를 습득할 것을 강요받을 때 개인은 그것에 저항하지 못하고 힘없이 항복하게 된다.
> 이 깊은 절망은 민족어 내부의 문제(표준어와 지역어의 관계 설정)로만 제한되지 않기에 그 내상은 상상 외로 깊고 치명적이다. 언어를 매개로 한 중심 문화와 주변 문화에 대한 논의는 표준어와 지역어 간의 문제로 단순 귀결되지 않는다. 표준어와 지역어를 '민족어'라는 이름으로 묶는다면, 진정한 거대 지배언어인 영어가 모습을 드러낸다. 영어 앞에서 민족어는 옹색하게 쪼그라들어 버린다. 전체로서의 한국어가 내부의 다양한 방언들을 어떻게 공존시킬 것인지를 고민하기 전에, 토착 언어에 대한 지배언어로 작동하는 영어를 살펴보아야 한다."

우리 국민 대다수는 한글날을 전후하여 아름다운 우리말과 글을 가꾸자는 말을 일시적인 표어에 지나지 않는 것으로 여기는 대신 영어를 '네이티브 스피커와 프리토킹(김진해 교수의 글에서 따옴)' 할 수 있어야 한다는 뜨거운 욕망에 사로잡혀 있다. 잘 살기 위해서, 출세하기 위한 내면의 욕망으로 영어를 정복하려는 꿈을 가진 한, 모국어는 눈에 보이지도 않는다. 그 꿈은 지난 조선조 5백 년 동안 이어져 온 한문의 표기화의 꿈이 전복된 지 불과 백 년도 되지 않는다. 다시 생존의 이유로 온 국민이 '방언>표준어>영어'로 상승하려는 꿈을 어느 누구가 막을 수 있겠는가. 거기다가 정부가 가담하여 그 욕망을 부채질하는 마당에 지역어를 보존하자는 이야기는 가히 미친 소리나 다름없는 허공의 메아리로 들릴 것이다. 그러나 조금만 더 곰곰이 생각해보자. 그러면 자국어가 소멸된 나라치고 멸망하지 않은 나라가 없다는 이치를 이해할 수 있을 것이다. 나라를 바로 세우기 위해서는 자국의 말과 글이 시퍼렇게 살아 있어야 한다.

한국은 지난 50년 동안 정치 제도의 민주화와 산업의 첨단화 등으로 눈부신 발전을 이루었다. 또한 한국 기업의 국외 진출이 늘어나고 한국 기업체에 고용된 외국인들의 증가와 문화 생산 역량이 강화되면서 자연스럽게 한국어를 배우고자 하는 외국인들이 급격하게 늘어나는 추세를 보이고 있다. 한국어의 위상도 그만큼 올라가 경제, 문화, 스포츠 등 여러 가지 지표와 함께 세계 10대 권으로 진입하였다. 그뿐만 아니라 외국인들의 국내 취업 증가와 국제결혼 이민 여성의 증가로 우리나라도 이미 다문화 사회로 진입하였다. 한국어의 세계 보급이 빠르게 진행되고 있는 상황에서 국제 기준에 맞는 한국어 교육 방안 정책과 연구 방법에 대한 논의가 활발하게 진행되어야 할 시점이다. 지난 세기 '문화 교류'는 국가 간에 지배와 피지배의 방식으로 전개되어 왔다. 그러나 최근 유네스코 헌장에 국가 간의 문화 교류의 목적을 '상호 호혜성Reciprocity'이라고 명시하고 있는 것은 언어 소통이 지배적인 방식이 아닌 상호 교류의 방식으로 진행되어야 함을 말해주고 있다.

최근 필리핀의 경우 그들 민족어의 하나인 타갈로그 어가 공용어인 영어의 위세에 눌려 중류 계층에서는 타갈로그 영어와 같은 혼종의 영어가 나타나고 있으며, 교육에 소외된 하위 계층의 사람들은 타갈로그 어밖에 모르는 상황으로 전개되었다. 언어의 다양성이 조금이라도 줄어들면 우리가 끌어와 쓸 수 있는 지적 기반도 함께 낮아지기 때문에 인류의 환경 적응력은 현저히 감소된다. 언어와 방언의 건강한 공존은 두 가지가 서로 경쟁의 관계가 아니라 상호 보완적이며, 언어와 방언이 공존할 경우 상호 이득이 그만큼 커질 수 있다.

지난 세기에 비해 21세기는 언어적 억압을 받는 사람이 기하급수로 증가하고 있다. 물론 그 지배 방식에서도 많은 차이가 난다. 착취당하고 억압받는 이들은 문화적 식민주의의 끊임없는 위협을 받는다. 식민주의가 일상적으로 휘두르는 가장 큰 무기가 문화 폭탄이다. 특히 언어 제국주의는 언어의 침탈뿐만 아니라 호명의 수단인 이름, 그들의 역사나 문화유산, 그들의 결속력, 그들의 지적 능력과 자신이 가진 믿음마저도 무력화시킨다. 각양각색인 아프리카 부족들은 언어와 종족 그리고 그들의 고유 문화가 분열되는 피할 수 없는 상황으로 몰려가고 있다. 소수 민족이나 부족의 언어를 조직적으로 멸시하고 짓밟는 언어 식민지화에 대해서는 일말의 문제점도 의식하지 않고 언어의 미시구조의 체계화에 골몰해 왔던 언어학자들은 이제 지난 시대를 한 번쯤 되돌아보아야 한다.[1]

---

1 본 내용은 필자가 2006년도 asia africa 문학 페스티벌 주제 발표문 「Linguistic Imperialism and Trans-language」(2007 Asia Africa Literature Festival in Jeonju) 『asia africa, 2007 : 150-155』 영문 논문을 수정 보완하여 2008년 8월 제18차 세계언어학자대회에서 「절멸위기의 언어」 분과에서 발표한 내용을 정리하여 요약한 것이다.

03
위기에 처한 언어의 다양성

01 | 식민지배와 언어의 위기

일제 시대에 일제는 식민지배 방식으로 '국어'와 '민족'이라는 이념이 필요했듯이 민족주의자들은 저항의 방식으로 '국가'와 '민족'이라는 이념이 필요했다. 이러한 식민주의적 방식으로 표준어를 설계하는 일과 그 당위성을 지배자인 일본 당국과 피지배자를 대표하는 민족 운동가가 함께 공유하고 인정할 수밖에 없었다. 근대화의 환영幻影은 '경성京城-서울'을 중심으로 하는 표준어를 채택하였고 다른 모든 방언은 경성 표준어에 비해 열등한 것으로 간주하는 이른바 표준어가 방언을 포식하는 구조가 생성되었다. 이와 같이 동경東京-경성京城의 관계가 표준-방언의 관계로 치환하면 경성의 말을 없애버려야 할 존재로 전락한 것이다.

표준어와 방언은 모두 고유한 어휘, 문법, 그리고 음운 체계를 가지므로 표준어와 방언 사이에는 국어라는 측면에서는 동등하나 '권위 획득'이라는 면에서 표준어가 방언보다 존중된다. 이 점은 국어가 규범적인 언어인 표준어와 일치한다는 편견은 방언이 국어가 아니라는 오해를 낳는다. 엄밀한 의미에서 우리의 '국어'는 '국가어'이다. 표준어가 국가어인 '한국어'와 문화어가 국가어인 '조선어'를 합쳐야 민족 단위의 하나의 '국어'가 될 수 있다. 민족어가 남과 북으로 분단되어 있기 때문에 두 개의 '국가어'를 합쳐야만 진정한 하나의 통일된 '국어'라는 개념으로 통합될 수 있다. 현재 한반도에 모국어를 관리하는 정부가 두 개가 있다는 현실은 우리들의 모국어를 항시 반쪽만 사용하도록 강요하는 동시에 이를 통한 이데올로기의 대립과 갈등을 우리들에게 다시 폭력의 수준으로 증폭시키고 있다.

김형수(2006)는 "남과 북에서 서로 대결 의지를 높여 온 위정자들이 반공 정책과 반자유주의 정책을 강제한 결과, 억압에 의한 언어의 자살 현상도 극심했다."[2]라고 평가하고 있다. 중심에 자리한 표준어와 문화어 그리고 변방에 자리한 죽어가는 방언을 관찰하고 바라보면서 지금 우리는 무엇을 해야 하는가? 자본주의 '비즈니스 문명'의 유통 질서의 세계를 거꾸로 되돌려 버려진 것, 변두리의 것, 소외된 것들에 대해 이름을 불러주고 관심을 갖게 하는 일이 필요하다. 질리언 비어가 쓰고 남경태가 옮긴 『다윈의 플롯Darwin's Plots』(휴머니스트, 2008)에서 "진화하는 인간이 사는 세계는 언어가 정치, 경제, 테크놀로지, 가족, 성, 우정 등 개별적으로 재생산의 성

2 김형수, 「변두리가 중심을 구원할 것이다 - 한국 문학이 아시아 연대를 꿈꾸는 이유」, 『ASIA』, VOl 1. NO.3, 2006, pp. 16-17.

공에 핵심적인 역할을 하는 요소들의 복합체로 직조되는 세계다." 라며 언어의 중요성을 말하고 있다.

낡은 언어로는 어떤 세상도 바로 볼 수 없다. 그런데 우리는 끊임없이 우리의 문화와 언어를 단일화하고 획일화함으로써 지속적인 발전을 스스로 가로막고 있다. 한 언어는 한 민족의 독립성과 자주성을 확립하는 선결 조건이다. 빌려 온 외국 언어로 어떻게 우리의 고유한 삶과 경험의 무게를 온전히 실어 낼 수 있을까?

지난 수세기 동안 실개울처럼 흐르던 언어 절멸 현상이 이제는 홍수가 되어 숱한 원주민의 언어를 휩쓸어가고 있다. 언어의 절멸이 고대 제국이나 낙후된 오지奧地에서만 이루어지는 현상이 아니라 우리 이웃에 있는 숱한 언어가 절멸되거나 그 위기에 처해 있다.

우리에게는 이름도 낯선 '카프카스 북서부의 우비크 어, 미국 캘리포니아주의 팔라 쿠페뇨 어, 와포 어, 맨섬의 맹크스 어와 콘월어, 오스트레일리아 퀸즐랜드 북부의 음바바람 어, 메로에 제국의 메로에 어(미해독 비문), 영국 고대의 컴브리아 어(세 낱말만 남아 있음), 켈트 어(아일랜드 어, 스코틀랜드 게일 어, 웨일스 어, 브르타뉴 어), 켈리포니아의 포모 어, 유키 어, 메인주 퍼노브스컷 어, 나바호 어, 체로키 어, 모호크 어, 매사추세츠(인디언 부족의 이름)어, 왐파노아그 족의 알곤킨 어 등 수 많은 원주민 부족들의 언어가 절멸해 가고 있다. 1492년 콜럼버스가 북아메리카를 처음 발견했을 당시만 해도 300여 종의 원주민 언어가 있었으나 지금은 175종 정도가 명맥만 유지하고 있다. 아마 한 세대가 지나기 이전에 이들의 대부분은 절멸하고 말 것이다. 아일랜드 어는 유럽의 라틴어와 그리스어 다음으로 오랜 문헌을 가진 언어이지만 학교에서만 아일랜드 어로 학습하고 집에서는 거의 사용하지 않는다. 아일랜드 서부

해안을 따라 분포하는 시골 농촌 농부들의 언어로만 일부 남아 있다. 젊은이들에게 전해지지 않는 언어는 결국 절멸하고 말 것이다.

이처럼 세계의 많은 언어들이 무서운 속도로 죽어가고 있다. 지난 5백 년 동안 우리에게 알려진 세계의 언어 가운데 절반 가량이 이미 사라졌다. 언어가 이 지구상에서 사라지는 현상을 '죽음', '사멸', '소멸', '절멸' 등의 용어로 표현한다. 언어는 생물체처럼 새로 태어난다거나 그 생명이 다해서 죽는 것과는 전혀 다르다. 언어가 존재한다는 것은 그것을 말하는 사람들의 정신에 그 언어가 존재한다는 뜻이다. 그뿐만 아니라 언어는 그 언어를 소통하는 사람들 사이의 의사소통 체계인 것이지 언어 그 자체가 스스로 존재하는 것은 아니다. 언어는 일차적으로 사용자인 화자와 그 말을 알아들을 수 있는 청자가 있어야 한다. 또 언어를 사용하고 전해 줄 수 있는 사회가 존재해야 한다. 언어는 그 사용자가 존재하지 않을 때, 죽듯이 그 언어를 전승할 사회(가족 사회)가 없으면 또한 죽게 된다. 또 언어 사용을 확산시키는 교육 제도는 매우 주요한 인자다.

언어는 자연사하는가, 살해당하는 것인가? 그랜빌 프라이스와 같은 학자는 아일랜드 어는 영어에 의해 살해당한 것이라 하고 다른 이들은 아일랜드 어가 자살했다고 말한다. 게일인이 그들의 정교하고 아름다운 언어를 스스로 포기하여 내던졌다고 말한다. 세계 도처에서 벌어지고 있는 언어 절멸의 요인은 도대체 무엇인가? 사회에 미치는 다양한 유형의 압력에 대한 반응 때문이다. 그 압력은 사회적, 문화적, 경제적, 심지어 군사적 압력일 수 있다. 지난 2백 년 동안 언어 절멸을 초래하는 과정은 가속화하여 21세기를 지나는 동안 6천여 가지의 언어 중에 절반 가량이 절멸할 것으로 추정하고 있다. 언어의 절멸이 생물 종의 멸종과 유사한 과정과 속도로 진행된다는 사실은 매우 심각한 문제이다. 왜 어떤 언어는 확산되는데 어떤 언어는 위축되게 되는지 그 역사적 사건에 대해 이해할 필요가 있다. 그리스인은 수천 년이 지나서도 그리스어를 아직 사용하는데 아일랜드, 스코틀랜드, 웨일스 사람들은 자신의 언어를 왜 잃어버린 것일까?

1932년, 엘살바도르에서 농민 봉기가 일어난 뒤 군인들은 인디언 차림을 한 사람들을 무차별 검거하고 살해했다. 1970년대 이후 역설적으로 인디언이 아닌 사람들이 그들의 언어를 문화유산의 일부로 보존해야 한다는 주장이 일기 시작하였다. 일제 시대에 사하린 조선 동포들이 조선어를 사용한다는 이유로 이마에다가 먹으로 선을 그리는 탄압을 가하였다. 또 케냐 작가 응구기 와 시옹오는 아프리카 부족 언어인 키쿠유 어로 글쓰기를 했다는 죄목으로 투옥 당한 사례도 있다. 또 흑해 동쪽 연안을 따라 뻗어 있는 소치 지역에서는 1860년대 카프카스 무슬림이 정복을 하는 과정에서 러시아의 우비크 족 대학살로 인해 우비크 어가 절멸되었다. 러시아의 카프카스 무슬림 정복이 진행되면서 체첸 지역 역시 민족과 그들의 언어가 절멸 위기에 처했다. 터키에서도 쿠르드 족 박해와 쿠르드 어 사용 금지령을 내린 것도 정치적인 이유에서 발생된 사건들이다.

이러한 정치적 요인 외에도 대량 학살, 강제 추방, 창씨개명, 교육 저지, 도로 개통, 종교, 자발적 노력, 엘리트들의 기득권 유지, 출세, 마음의 식민성 등이 토착 언어의 절멸 요인이 된다. 언어의 다양성은 때로는 문화적 다양성의 척도가 된다. 한 언어가 절멸하면 그들의 생활 양식도 사라진다는 점에서 언어의 절멸은 매우 불행한 문화 절멸의 징후라고 할 수 있다. 특히 응구기 와 시옹오가 "우리의 정치와 문화에 또 우리 문학 안에 우리가 어떻게 해서라도 공략할 수 없는 숙명적 논리를 받아들이는 데까지 이르게 되었다 …… 칼과 총알의 밤은 분필과 칠판의 낮으로 이어졌다. 전쟁터의 물리적 폭력은 교실의 심리적 폭력으로 이어졌다."고 말한 것 같이 피지배민족 스스로가 자기 언어를 배척하는 모습을 보인다는 점이 무엇보다 심각한 문제이다. 일제가 우리나라에서 행한 창씨개명과 조선어 말살 정책이나, 1879년 '류큐 처분琉救處分'에 따라 오키나와 섬 전체에 유구어를 사용하지 못하도록 금지하면서 유구 방언을 사용하는 이에게 '방언찰方言札'을 붙여 차별화한 사례들을 세계 여러 곳에서 찾아 볼 수 있다.

박완서의 『두부』에서는 일제 식민 치하에서 자국어에 주눅이 든 우리 민족들의 내면적 식민성을 극복하려는 작가의 의지를 다음과 같이 묘사하고 있다.

> "엄마는 선생님에게 90도로 허리 굽혀 인사를 하고 나서 교실을 한 바퀴 두리번거리다가 나하고 눈이 마주쳤다. 엄마는 나를 가리키며 저애 엄마라고 자기소개를 하고 나서 시골에서 할아버지가 위독하시다는 전보가 와서 딸애를 데리러 왔다는 요지의 말을 통역 없이 곧바로 우리말로 했다. 일인 선생님이 알아들었을 리가 없다. 그러나 엄마의 조선말은 품위 있고 장중했다. 나는 일인 선생님 앞에서 조금도 주눅 들지 않고 조선말로 극상의 예절을 갖추어 하고 싶은 말을 끝가지 하는 엄마가 자랑스러운지 부끄러운지 자신도 이해할 수 없는 감동으로 오싹 소름이 돋는 것 같았다. 나는 선생님의 얼굴에 나타난 여태까지 본 적 없는 낯선 표정, 외경 같은 것도 놓치지 않았다. 그건 직선적인 군인 선생님답지 않은, 혼란스럽고 조금은 겸손하기까지 한 표정이었다." (박완서의 『내 안의 언어사대주의 엿보기』, 「두부」에서)

문화의 다양성과 생물 다양성은 서로 관련되어 있을 뿐만 아니라 종종 불가분의 관계를 띠고 있다. 생물 다양성이 나타나는 지역과 언어 다양성이 높은 지역들 간에 매우 유기적인 관련성이 있다는 사실은 충분히 입증된 바 있다. 대체로 토착민이 많이 거주하는 지역일수록 생물 다양성이 높게 나타난다. 생물의 멸종이 언어의 절멸과 긴밀한 관계를 맺고 진행되어 온 것은 결코 우연한 일이 아니다. 언어는 인류가 축적해 놓은 풍요로운 지혜의 원천이다. 기술은 다른 기술로 대체가 가능하지만 언어는 그렇지 않다. 각 언어마다 세상을 바라보는 창窓이 있다. 모든 언어는 살아 있는 박물관이며, 언어가 스스로 일구어 낸 모든 문화유산의 기념비와도 같다. 다양성의 일부라도 상실되는 것은 우리에게 손실을 의미한다. 모든 사람은 자신의 언어를 가질 권리가 있고 또 그 언어를 문화 자원으로 보존하고 자손들에게 물려줄 권리를 갖고 있다. 영어가 아메리카 원주민, 오스트레일리아 원주민, 켈트인 등의 토착 언어를 몰아낸 빈자리를 당당하게 차지하고 있을 어떤 권리도 없다.

자연 환경과 긴밀하게 접촉하면서 발전해온 집단의 언어 속에는 자연 환경에 대한 상세한 지식이 담겨 있다. 이러한 지식이 어떤 식으로든 우리 모두가 의존하는 자원을 관리하는 데 유용한 통찰력을 줄 수 있다. 생약 의약품의 1/4이 세계의 열대 우림에서 생산된다. 태평양 연안의 주목나무 껍질을 이용하여 난소암 치료제인 택솔Taxol을 생산할 수 있다. 과학 발전을 위한 다음 단계의 정보가 오지의 삼림 속에 있는 어느 이름 없는 언어에 담겨 있을지도 모른다. 또 다른 사례로 북극 이누이트 족의 생존 방식을 살펴보자. 얼음과 눈을 다양한 이름으로 불러오고 있다. 에반 티 프리처드가 쓰고 강자모 옮긴 『시계가 없는 나라No Word for Time』(동아시아, 2006)에 따르면 미국 원주민 언어인 미크맥 어(시간의 개념이 없는 언어)에서는 가을 나무 사이로 불어오는 바람 소리로 나무의 이름을 붙였다. 해양 생물학자 R. E. 요하네스는 1894년에 남태평양 팔라우군도에 사는 어부를 만났는데 이 어부는 컴퓨터 용어를 단 하나도 알지 못했지만 3백 가지 이상의 물고기의 이름을 기억하고 있었다. 이것으로 보아, 이들 언어 속에서 입으로 전해오는 그들 나름대로의 독특한 문화적인 요소들이 언어의 절멸과 함께 사라질 수 있다. 언어 다양성과 생물 다양성이 상실되는 과정 간에 비슷한 점이 매우 많다.

과거에는 생물 다양성의 상실은 인간의 개입 없이 진행되었으나 최근에는 인간이 환경을 바꾸어 놓음으로써 유래가 없는 대규모의 멸종 사태가 이어지고 있다. 언어의 붕괴 현상도 전 세계적인 생태계의 붕괴 현상의 일부로 이해되는데 인위적인 언어 정책에 따라서 언어의 절멸을 가속시키는 요인이 되고 있다. 1452년 유럽의 해외 진출, 18세기 산업 혁명, 19세기 도시화된 국가, 20세기 과학 혁명과 같은 인류 역사의 대변혁이 환경 변화와 함께 인간의 삶의 방식을 획일화시켰다. 21세기에는 대량의 환경 파괴와 개발, 국제 언어화, 전자 매체, 통신 위성, 초고속 정보망-광섬유 전자 통신 기술의 진보로 언어의 획일화가 더욱 가속화되고 있다. 국제 무역 언어의 획일화도 언어 절멸의 한 원인이 된다. 지구촌에서의 대규모의 사회적 변화로 인해 사용자의 규모가 큰 언어는 생존하지만 그렇지 않은 대부분의 언어는 절멸 위기에 빠질 수밖에 없다. 이처럼 지배적 언어가 등장한 것은 사회적 변화가 불균등하게 일어난 결과이며 선진국과 개도국 간의 현저한 자원 불균형의 결과이다.

지금까지 언어 절멸의 문제가 중요한 주제로 받아들여지지 않은 이유는 언어의 종류가 많으면 의사소통, 경제 발전이나 현대화에 장애가 된다는 잘못된 생각 때문이다. 예를 들면 다중 언어 사용을 유해한 결과로 연결하려는 경향을 자주 볼 수 있다. 인도가 다중 언어로 인해 분열되었고 영어권은 단일 언어여서 단합을 이루었다는 것은 착각이다. 공통 언어를 사용하고 있어도 정치적 단합이나 통합을 이루지 못한 북아일랜드나 소말리아, 구소련 공화국의 사례를 쉽게 찾을 수 있다.

예루살렘의 거리 표지판은 다중 언어로 되어 있다. '영어, 아랍어, 히브리 어'가 아래위로 배치되는 정치적 과정은 매우 흥미 있는 일이다. 1919년부터 1948년 사이 팔레스타인이 영국 통치하에 있을 때에는 '영어, 아랍 어, 히브리 어'의 순서였지만 요르단 사람이 예루살렘을 점령했을 때에는 '아랍 어, 영어'의 순으로 1967년 이스라엘이 예루살렘을 탈환했을 때에는 '히브리 어, 영어, 아랍 어'의 순위이었다. 이처럼 언어는 전 세계에 걸쳐 정치적 독립 투쟁의 과정에서 핵심적인 역할을 한다.

언어의 변종은 생태적 경쟁의 상태에서 때로는 충돌한다. 우리나라에서도 '표준어'가 인권의 탄압적 요소로 보고 '헌법' 소원을 한 사례가 있다. 근대 국민 국가의 국경은 자의적으로 구획되었다. 대부분의 경우 서구 식민 국가들의 정치, 경제적인 이해 관계에 의해 국경선이 그어진다. 웨일스 인, 하와이 인, 바스크 족, 이라크와 터키 내의 쿠르드 족처럼 많은 토착민들이 국가를 건설하는 데 아무런 발언권을 갖지도 못한 것처럼 국민 국가의 소수 민족에 대한 탄압을 통해 강요된 동화와 자발적인 동화를 받아왔다. 중앙 집권적 공산주의 체제는 소수 민족의 지역적, 민족적 결속을 약화시키기 위해 이들이 사용하는 언어를 무참하게 짓밟아버렸다. 구소련 연방의 많은 국가와 민족어는 급격한 절멸 위기로 접어들었다. 문화적, 언어적 다양성을 포용하는 국가가 그 존재를 부정하는 국가보다 더 풍요로운 나라라고 말할 수 있다. 언어가 서로 차이가 난다는 사실을 받아드리면서 그 가치를 존중하는 마음이 결여된 것이 문제이다.

1970년 이후 매년 개최해 온 '지구의 날'과 같은 활동을 통해 환경 위기를 일반인에게 알려온 방식으로 많은 사람에게 언어 절멸의 위기에 대해서도 관심을 갖도록 해야 한다. 환경에 부정적인 영향을 주는 인간 행위가 결과적으로 환경 재해를 불러오듯 절멸 위기에 처한 언어들과 멸종 위기에 처한 생물 종 사이에는 많은 유사성이 있다. 그 중 가장 명백한 점은 절멸한 언어는 대체 가능하지 않다는 점이다. 작은 규모의 군집 사회를 보존하고 새로 조성하는 노력이 언어와 문화를 보존하고 지원하는 방안이 될 것이다. 유네스코를 비롯한 세계 각국에서는 절멸 위기의 언어를 보존하기 위해 다양한 활동을 전개해 왔다. 이러한 노력들이 아직은 미시적인 효과밖에 거둘 수 없지만 일반인에게까지 확산될 날이 올 것으로 기대한다.

생물 다양성을 보존하고 있는 나라는 주로 개발도상국들이다. 열대 우림이 파괴되면 직접적인 여파는 열대 국가가 받지만 그 여파는 인류 모두에게 미친다. 산림이 파괴되면 지구 온난화의 원인인 온실 가스가 대기 중에 쌓이게 된다. 전 세계적으로 언어의 다종성이 보장되는 언어의 온상은 주로 적도 부근이나 남반구에 밀집해 있는데, 이들이 절멸의 위기에 처해 있다. 21세기에는 세계 언어와 생물 종의 절반 이상이 절멸될 것으로 예상하고 있다. 세계적으로 최고 수준의 생물 다양성이 보장되는 지역과 최고의 언어 문화적인 다양성을 보이는 지역이 놀랍게도 일치한다. 이런 놀라운 상관 관계를 통해 언어 문화적 다양성을 상실한다는 것은 지구상의 생물 다양성을 위협하는 주요 과정이다. 언어의 위기에 관한 문제는 지구 생태계 보존에 유용하게 활용할 수 있는 지식을 지킬 수 있느냐는 문제와 직결된다.

02 | 언어적 자산의 불평등성

언어적 자산은 다른 모든 형태의 자본처럼 배분이 불평등하다. 특정 언어의 지식을 가짐으로써 얻을 수 있는 이익이 크면 클수록 그 언어는 더욱 습득할 가치가 높아지는 것이다. 예를 들어 영어를 사용하지 않으면 세계적인 경제 혜택으로부터 추방당하는 위험에 처하는 것으로 인식한다. 식민 종주국의 언어를 강화하는 것도 이러한 이유에서 비롯된다. 또한 엘리트층은 교육을 통해 지배 언어를 습득하고 그 지식을 이용해서 그 지배 언어를 모르는 대다수의 국민에 대해 권력을 행사할 수 있는 지위를 유지한다. 조선시대에 한자와 한문이 그러했고 또 오늘날 영어 사용 능력자가 그러한 엘리트층을 형성하고 있는 사례를 통해서도 이러한 전제의 타당성은 충분히 입증된다.

1966년에 이미 세계 우편물의 70%, 텔레비전 방송 점유 60%, 국제 무역, 금융, 고등 교육, 과학 부문에 영어가 독점적인 언어로 자리매김하고 있었다. 전 세계 4% 미만의 언어만 공식적인 지위를 인정받고 있다. 최근 웨일스 어, 마오리 어, 아이마라 어 등이 국가 공식 언어로 인정되었으나 이들 언어는 모국어 사용자가 1천 명도 되지 않는 위태로운 상황이다. 언어 세력이 약한 언어에 공식적인 지위를 부여하더라도 이미 그 언어가 되살아날 기미는 보이지 않는다. 가정에서 세대 간에 전승될 수 있도록 하거나 학교에서 교육이 이루어지지 않는다면 언어 절멸 위기를 탈출하기란 매우 어려운 일이다.

대륙 간의 언어 사용자의 실태를 보면 오스트레일리아와 태평양, 아메리카 대륙에서는 150명 미만의 사용자를 가진 언어가 20% 이상이고 나머지 대부분의 언어 사용자가 10만 명 미만이다. 아프리카와 아시아, 유럽의 대다수 국가는 사용자가 10만에서 100만에 이르는 거대 한 규모, 내지는 중간 규모의 언어를 사용하고 있다. 오스트레일리아와 태평양 지역의 상황은 더욱 어렵다. 이들 지역의 언어는 거의 절멸 위기에 처해 있다. 놀랍게도 이들은 모두 발생적, 유형적 다양성을 띠는 생태계의 온상이다. 대규모 언어라도 외부 압력이 크면 급격하게 절멸될 수도 있고 규모가 작더라도 사회가 안정되면 언어가 절멸될 위험성은 적다. 그러나 일반적으로 규모가 작은 언어가 절멸될 가능성이 더 높다.

생물계가 멸종하는 시간이 그 다양성을 복구하는 데 필요한 시간보다 훨씬 더 빠르게 진행되고 있다는 점이 위험한 것이다. 생태계는 멸종보다 진화에 소요되는 시간이 훨씬 더디기 때문이다. 나일스 엘드리지는 생물 종이 하루에 한 종의 생물체가 멸종한다고 추산하고 있다.

E. O. 윌슨은 연간 멸종 속도를 약 2만 7천 종으로 추산하여 한 시간당 약 세 종이 멸종된다고 주장하고 있다. 이런 추산치를 보면 생물학적 다양성의 멸종이 얼마나 심각한 문제인지 가늠할 수 있다. 생물 종 다양성의 멸종 속도를 정확하게 파악하기 힘든 것과 마찬

가지로, 언어의 절멸 역시 정확한 통계치를 알지 못하고 있다. 언어학자들 또한 사람들이 친숙하게 사용하는 언어만 집중적으로 연구를 해왔고 사람들에게 익숙하지 않은 소수의 언어에 대한 이해가 부족하기 때문에 언어의 절멸 위기에 대한 계량적인 설명을 하는 것을 피하고 있다. 아프리카 남동부 말라위의 니아사 호수에 사는 물고기종의 다양성이 대서양의 모든 어종을 합친 것보다 많다고 한다. 또 파푸아 뉴기니에 사는 토종 물고기는 세계 다른 어떤 곳에서도 서식하지 않는다는 점을 고려하면 파푸아 뉴기니의 원주민들 언어가 얼마나 중요한 것인지 이해할 수 있다. 파푸아 뉴기니는 전 세계 육지의 1%에 지나지 않지만 생물학적 다양성으로 볼 때 전체의 약 5%(40만 종)가 넘는다고 한다. 지구 상에 살고 있는 생명체의 복잡한 양상을 완전히 파악할 수 있는 측정 방법이 없듯이 언어 역시 마찬가지이다.

생물학적 다양성은 열대 지역에 집중되어 있고 양극 지방으로 올라 갈수록 줄어든다. 물리적인 환경이 이질적이면 이질적일수록 더 많은 수의 다양한 환경이 존재하며, 더 많은 생물 종을 부양할 수 있는 터전이 된다. 어떤 생태적 체계가 다른 체계보다 풍부하고 복잡할수록 그 체제는 더 안정적으로 유지되는 경향이 있듯이 언어의 종이나 생물계의 종 역시 다양한 환경일수록 풍부하다. 언어의 다양성은 이런 풍부함과 안정성이라는 구도에서 고도의 적응력을 가진다. 투구게가 북아메리카 동부 해안의 오염된 강어귀에서 제일 마지막까지 생존하는 이유는 온도의 변화와 염도에 대한 적응력이 다른 생물 종보다 더 뛰어나기 때문이다. 위도가 높을수록 생물 종의 활동 평균 영역인 위도 상의 범위가 넓어지듯이 위도가 높은 지역에서는 상대적으로 적은 수의 생물 종이, 위도가 낮은 열대에 서식하는 수많은 종보다 훨씬 더 광범위한 영역에서 활동한다.

열대 생태계에서는 고위도 지역과 달리 생물 종류가 많은 반면, 생물 개체 수는 적다. 개체 수가 적더라도 풍부한 생물 종이 분포하는 것은 안정적인 생태계가 지니는 또 하나의 특징이다. 이는 마치 열대 지역에서는 소수의 사람들이 매우 다양한 언어를 사용하는 것과 흡사하다. 프란츠부로스 위머가 쓰고 김승욱이 옮긴 『문명과 대량 멸종의 역사』(에코리브르, 2006:13)에서는 생태의 멸종은 '대량 멸종'과 '배경 멸종'으로 구분하는데 생태 순환고리에 따른 죽음은 '배경 멸종'이지만 그 외의 인위적 환경 파괴에 의한 멸종은 '대량 멸종'이라고 하여 구분을 하고 있다. 대량 멸종은 온도의 변화나 인간의 개입에 의한 벌목, 광산, 자원 채취, 환경 오염 등의 요인으로 급격하게 생겨난다. 농업은 인구를 폭발적으로 증가시킨 산업 혁명으로 식량 생산을 위한 훼손으로 생태 환경은 급격한 변화를 초래하지만 인간은 지역의 생태적 한계를 벗어나 살게 된 지구상의 유일한 종이 되었다.

현재 세계 선진국들은 생물 다양성을 유지하고 있는 서식지를 급격하게 파괴하고 있다. 보르네오의 우림 지역에는 거대한 딥테로카르푸스(차나무에 속함)가 마지막 생존의 보루로 남아 있다. 그러나 1990년대에 이르러 다국적 기업의 진출로 인해 열대 우림의 파괴 속도는 두 배로 빨라졌다. 아마존 우림지대, 말레이시아 열대 우림 등의 위기는 생태계 파괴의 주범이라고 할 수 있다. 시라와크 북동부 밀림 속 일자형 공동 주택인 롱 하우스에 사는 페난저 족이 잡아먹을 원숭이와 물고기마저 씨가 말라가고 있다. 그들이 사용하던 언어는 서식지의 파괴와 함께 절멸되어 가거나 현대 문명에 동화되어 가고 있다. 20세기에 들어서 브라질의 인디언 부족 270개 가운데 90개 부족이 사라져 버렸다. 남아 있는 부족마저도 인구가 천 명이 채 되지 않는다. 순록을 치며 살아가는 북극 사미 부족의 경우 생태 변화로 원주민들이 이미 다 해체되었고 그들이 사용하던 언어도 증발해 버렸다.

인도 대륙의 펀잡 어는 비교적 안정된 지위를 누리고 있지만 영국으로 이주해 간 펀잡인의 펀잡 어는 쇠락해 버렸다. 스페인어 또한 스페인이나 라틴 아메리카에서는 잘 견디고 있지만 미국에서는 적응하지 못하는 것도 생태계의 현상과 동일한 것이다. 맹크스 어와 타이압 어, 바스크 어는 절멸과 동시에 언어의 텅 빈자리만 남겨두게 되었다. 인간의 언어와 문화와 생물 종과 그리고 지구의 생태계가 근본적으로 서로 연결되어 있다.

언어도 생물 종과 마찬가지로 환경에 대한 고도의 적응력을 갖고 있으며, 생태계의 변화와 마찬가지로 언어도 변화한다. 생태계나 언어의 절멸의 원인이 환경 변화에 있다면 이 환경 변화는 다시 인위적인지 자연적인지 구분해서 논의할 필요가 있다. 다른 문화나 언어가 점차 잠식해오는 상황에 노출되면 언어가 해체되고 붕괴되어 산산이 부서지는 과정을 겪게 된다.

언어의 '급진적 절멸'은 언어 사용자의 몰살, 자연환경의 급변(인도네시아 숨바와 섬에서 1815년 화산 폭발이 일어나 탐보란 어 사용자가 모두 죽음), 대량 학살(캘리포니아 야히족의 이사가이 언어의 절멸), 언어 제국주의(18세기 유럽인들과 원주민들의 접촉. 오스트레일리아 시드니, 브리스베인, 애들레이드, 퍼스, 멜버른, 태즈메이니아 지역의 원주민의 절멸)와 같은 요인에 의해서 진행된다.

언어 절멸의 기점은 마지막 사용자의 죽음으로 한다. 콘월 어의 경우, 1777년 돌리 펜트리드의 죽음 이후에도 1875년 콘월 어를 구사할 수 있는 노인 6명을 발견한 적도 있다. 아서 앤더슨은 1908년 유키 어를 마지막으로 사용한 사람으로 알려졌고 로라 피시 소머설은 1960년대 와포 어의 마지막 사용자로 보도되었다. 1974년 언어학자 라일 캠벨은 엘살바도르에서 절멸 언어로 알려졌던 카코페라라 어의 사용자를 몇 명 찾아냈다. 이와 같이 언어가 완전히 절멸한 시점은 찾기 어렵다.

죽어가는 언어가 여러 세대에 걸쳐 점차 쇠퇴해 가는 것을 '점진적 절멸'이라고 한다. 파푸아 뉴기니의 시골 마을에서는 그들의 구술 전통인 설화를 전승하지 못하는 상황이며, 오스트레일리아나 일부 지역에서 구술 전승의 이야기가 원주민의 언어가 아닌 영어로 변화한 경우도 있다. 아네테 슈미트는 오스트레일리아 젊은이들의 다르발 어 사용자를 대상으로 연구한 결과, 말을 유창하게 하는 사람과 그렇지 못한 사람 간에는 상당한 어휘력의 차이가 있다고 한다. 또한 자신들의 언어로 된 새로운 신조어가 생산되지 않는 특징을 보인다. 죽어가는 언어를 사용하는 사람은 자연스러운 대화보다 기계적이고 판에 박힌 말씨에 의존한다. 죽어가는 언어의 생산 능력은 마지막 사용자들이 새로운 말을 창조적으로 만들어 사용하기보다는 점점 더 고정된 구문에 의존하도록 만든다. 리처드 엘리스가 쓰고 안소연이 옮긴 『멸종의 역사no turning back』(아고라, 2006)에서는 세계에서 가장 외롭고 희귀한 새인 '스픽스앵무새'나 천상의 새인 '북미두루미' 등 절멸한 많은 종의 복원을 위해 지속적으로 노력하고 있는 상황을 소개하고 있다. 마치 절멸 언어를 복원하려는 것처럼.

다르발 어 사용자 중에는 600종이 넘는 나무 이름을 기억하는 자도 있었다. 그들의 언어에서 한때 친족 범주어가 20여 가지가 되었으나 갑자기 급격하게 줄어들었다. 틀링깃 족, 하이다 족, 침시아 족의 친족 명칭은 이미 영어로 바뀌었다. 전통적 친족 호칭과 씨족의 이름이 절멸되면 이는 분명, 부족 구조의 해체와 관련된다. 문명의 변화 때문에 토속 언어가 신문명어로 교체된다는 것은 차세대와의 연결고리가 약화된다는 것을 의미한다. '불름반bulmban(침상용으로 깔아 놓은 풀)'이 유럽식 '침대'로 교체되었고, 모래를 뜻하는 '와퀴waquy'는 '설탕'의 의미도 포함한다. 외래어가 한 언어의 어휘로 채택되는 정도는 문화적 접촉의 빈도에 비례한다. 뤼세뇨 어는 캘리포니아 남부에서 소수자들이 사용하는 유토아스텍 어족의 한 갈래인데 마지막 사용자들에게서는 관계절의 사용 빈도가 현격하게 줄어 복잡한 구문은 사용하지 못한다. 언어가 죽어가고 있는 사회에서는 문어체에서 배울 만한 표현법을 습득할 기회가 줄어든다. 언어 구조가 복잡할수록 배우기 힘들 듯이 절멸 위기의 언어는 복잡성이 자꾸 줄어간다.

태평양 사람들은 다양한 물고기의 형태와 생태에 대한 축적된 지식을 구전으로 전해오고 있다. 이러한 토착 지식의 규모는 서양 과학자들이 결코 배울 수 없을 정도로 많은 양이다. 정약전의 『자산어보玆山魚譜』에 기록된 어류에 대한 지식은 현대 어류 분류학자들보다 더 정확하고 소상한 토착 지식을 보유하고 있음을 보여 준다. 타히티 섬 사람들은 침착하지 못한 사람을 '투나하바로tunahaavaro(뱀장어의 한 종류)', 찾기 힘든 사람은 '오후아ohua(바위 밑에 숨는 물고기)'라 부르고 "물고기가 카누 안에 들어오고 나서야 인생을 생각할 수 있다."라는 속담 등 그들의 모든 삶은 물고기와 어부, 고기

잡이 등과 관련되어 있다. 그들은 육지에서 발견할 수 없으나 바다에서만 사용하는 비밀스럽고 특수한 어휘나 언어 규칙을 갖고 있다. 다르발 어 사용자는 수백 종 이상의 식물 이름을 알고 타히티 사람들은 수백 종의 물고기 이름을 알고 있다. 영어나 다른 거대 언어를 사용하는 국가의 사람들 중에 이처럼 생태적 토착 지식을 많이 이해하고 있는 사람이 어디 있는가?

루츠 판 다이크가 쓰고 안인희가 옮겼으며, 데니스 도에 타마클로에의 그림을 실은 『처음 읽는 아프리카의 역사』(웅진 지식하우스, 2005)에 기술된 피그미 사람들의 이야기로 눈을 돌려보자. 중앙 아시아의 원시림에 살고 있는 피그미 사람들은 정치적 투사가 아니다. 그들에게는 무기가 필요 없을 만큼 평화적이다. 그들의 언어에는 '전쟁'이나 '투쟁'과 같은 단어는 아예 존재하지 않는다. 그들의 아이들은 모두 공동으로 양육되지만 '죄 없는 야만인' 또는 '멍청하고 열등한 사람'이 아니다. 비록 숲 속에서 수렵을 할 때에 개가 짓는 것과 비슷한 낮은 음을 내어 의사소통을 하더라도 그들의 언어는 그들에게 최선의 친숙한 의식이다. 선진국의 기준으로 그들이 누리는 삶과 언어를 부정해서는 안 된다.

토착 이름인 꽃 이름, 나무 이름, 날벌레 이름을 10가지 이상 알고 있는 학생은 20%도 안 되지만 영어로 된 정보 통신 관련 어휘는 수백 가지를 인지하고 있다는 최근 K대학 1학년들을 대상으로 조사한 어휘능력 조사표를 보면 한국어의 어휘 생태계가 얼마나 심한 불균형을 보이고 있는지 짐작할 수 있다. 부족 국가의 언어는 불과 수백 가지의 어휘가 다일 것이라는 선입견이 문제인 것이다. 19세기 언어학자들은 인도 유럽어가 가장 선진화한 언어로 믿고 이들 언어가 확장되는 것이 적자생존의 원리라고 신봉하였던 데 문제가 있었다.[3] 토착 언어가 열등하다는 증거는 어떤 곳에서도 찾아볼 수 없다. 언어 간에 우월과 열등이라는 이항적 대립의 잣대는 존재하지 않는다.

한 언어의 어휘는 세상을 이해하고, 지역 생태계 내에서 생존하기 위한 지식과 사물들의 목록의 총체이다. 언어는 인간 정신의 무궁한 창의성을 들여다볼 수 있는 통로이다. 개개의 언어는 인간이 외부 세계를 이해하고 그것을 표현할 상징 체계를 만들어 내어 말하고 사고할 수 있도록 해 주는 방식이며, 창의성의 기반 동력이다. 토착 언어와 문화를 원시적이고 후진적이라고 무시하면서 그것을 서구의 언어와 문화로 대체하는 것이 현대화와 진보화의 선행 조건이라고 생각하는 사람들은 모든 사람이 하나의 언어만을 사용하는 미래를 이상적인 세계라고 생각하는 것과 같다.

언어는 복잡한 생태계의 일부이다. 따라서 생물 다양성을 유지하려면 반드시 언어를 지원해야 한다. 기획되지 않은 엄청난 양의 토착 언어의 지적 자원을 내버려두어서는 안 된다. 세상에는 우리가 상상하는 것보다 훨씬 더 다양한 종족과 언어가 존재한다. 인류 역사를 통해 어떤 연유로 그렇게 많은 언어들이 생겨났다가 절멸되었는지, 다양성이 생겨나는 과정과 유지되는 사회적인 힘 그리고 그것이 파괴되는 요인이 무엇인지 알아보자.

언어는 허공에 존재하는 것이 아니라 사람이 살고 있는 생태 환경의 일부로 존재하기 때문에 언어와 생태학Ecology을 연결 짓기에는 안성맞춤이다. 생태학의 어원은 '집'을 뜻하는 그리스어 'oikos'이다. 언어라는 말 역시 로고스Logos에서 유래된 말인데 하이데거는

3 앨프리드 W. 크로스비가 쓰고 안효상과 정범진이 옮긴 『생태 제국주의』(지식의 풍경, 2002)에서 생태 제국주의의 피해에 대한 논의를 참고.

인간 존재의 집이 곧 언어라고 말했다. 언어가 형이상학적인 존재의 집이라면 생태계는 물질적 세계의 존재의 집인 셈이다.

제국주의에 의해 자원과 사회 통제권이 빼앗긴 사회의 변화도 문화와 언어 영역의 큰 변화를 초래할 수 있다. 1987년 후반 브라질의 야노아뫼 인디언의 거주 지역인 북부 열대림 지역에서 금이 발견되자 3만여 명의 채굴꾼이 몰려들어 인디언들을 추방하였고 결국 인디언들의 언어가 절멸될 수밖에 없었다. 언어가 절멸하는 일차적 원인은 언어 그 자체에 있는 것이 아니다. 언어 사용에 일어나는 변화에는 환경, 경제, 정치적인 원인으로 인한 사회적인 격변이 내재되어 있다. 언어 절멸에는 감춰진 폭력과 말 못할 사정이 있는 것이다.

언어와 사회의 연관성을 밝힐 수 있는 사례를 태평양 지역에서 찾아보자. 토착어가 300개 넘는 고도의 다양성이 유지되는 태평양 지역은 가히 언어의 원시림이라 할 수 있다. 뉴기니 섬은 세계에서 두 번째로 큰 섬인데 천 가지가 넘는 언어가 소통되고 있다. 전 세계 6천여 가지의 언어 가운데 1/6이 이 섬에 분포하고 있다. 어쩌면 대단히 비효율적으로 언어를 사용하고 있다고 해도 과언이 아니다. 그러나 이 지역은 인간 언어의 다양성을 설명하는 보고이다. 파푸아 뉴기니는 뉴기니 섬 동쪽 반과 뉴브리튼, 뉴아일랜드, 부갱빌 등을 포함하는 600여 개의 부속 섬으로 이루어진 나라이다. 세계 인구의 0.1%, 육지 면적의 0.4%의 면적인데 세계 언어 종의 13.2%를 차지하고 있는, 언어의 다양성의 유지되는 온상과 같은 지역이다. 다니엘 네틀과 수잔 로메인이 쓰고 김정화 옮긴 『사라져 가는 목소리들』(이제이북스, 2003:141)에서는 파푸아 뉴기니를 이른바 '천국의 바벨탑'이라 부르고 있다. 결코 이 세상의 어떤 언어가 다른 언어보다 우수하다는 것을 입증해 줄 이론을 정당화할 수 없을 것이다.

언어가 생성되고 절멸하는 이유를 언어 자체로만 볼 것이 아니라 그 언어를 사용하는 사람들의 전체적인 삶의 모습으로 살펴봐야 한다. 이러한 견해가 바로 생태학적 언어관이다.

03 | 인류 언어와 생태 환경

언어는 복잡한 생태계의 일부이다. 따라서 생물 다양성과 언어의 다양성은 함수 관계를 유지하고 있기 때문에 기획되지 않은 엄청난 인류의 토착 언어의 지적 자원을 내버려두어서는 안 된다. 이것은 자연 생태 보전의 안정성을 기하려는 노력과 동일한 것이다.

세상에는 우리가 상상하는 것보다 훨씬 더 다양한 종족과 언어가 존재한다. 인류 역사를 통해 어떤 연유로 그렇게 많은 언어들이 생겨났다가 절멸되었는지 그 다양성이 생겨난 과정과 그 다양성이 유지되는 사회적인 힘과 그리고 그것이 파괴되는 요인이 무엇일까? 세계의 많은 언어학자들은 21세기에 세계 언어와 생물 종의 절반 이상이 절멸될 것으로 예측하고 있다. 그런데 생물 다양성이 보장되는 지역과 언어와 문화적인 다양성을 보이는 지역이 놀랍게도 일치하고 있으며, 이처럼 생태 다양성과 언어 다양성이 공존하는 지역이 동반 절멸의 상황에 내몰려 있다.

또한 언어나 생태가 복잡성을 띄고 있는 지역은 대체로 문화가 뒤떨어진 토착민 거주지이라는 공통성을 가지고 있다.

세상에는 우리가 상상하는 것보다 훨씬 더 다양한 종족과 언어가 존재한다. 인류 역사를 통해 어떤 연유로 그렇게 많은 언어들이 생겨났다가 절멸되었는지 언어의 다양성이 생겨난 과정과 그 다양성이 유지되는 사회적인 힘과 그리고 그것이 파괴되는 요인이 무엇일까? 21세기에는 세계 6천 여 종의 언어와 생물 종의 절반 이상이 절멸될 것으로 예상하고 있다. 생물 다양성이 보장되는 열대 우림이나 저개발 지역의 언어와 문화적인 다양성을 보이는 지역이 언어의 다양성을 보이는 지역과 놀랍게도 일치하고 있다. 그런데 이처럼 생태 다양성과 언어 다양성이 공존하는 지역이 생태와 언어가 동반 절멸의 상황에 내몰려 있는 이유가 무엇일까? 지난 세기 말까지 유럽의 몇몇 제국들이 펼쳐온 식민 지배에 의한 침탈의 결과이거나 혹심한 전쟁과 자본 경쟁에 밀려나서 소수언어는 언어적 자립 기반을 잃게 된 결과였다. 아프리카나 호주, 남태평양의 여러 군도 중남미 대륙의 원주민들의 언어가 서방 제국의 식민 지배와 전쟁, 살상, 강제 이주, 벌목 등으로 원주민들의 추방과 함께 그들의 언어도 절멸의 길을 걸어오게 된 것이다. 중심과 변두리의 대응을 우월과 열등, 문명과 비문명이라는 배타적 문명관에 기반을 두고 있다. 변두리를 타자화한 이러한 문명관에 대한 변화가 없이는 그 어떠한 노력도 성공할 수 없다.

모든 인류가 축적해 놓은 풍요로운 지혜의 원천이 바로 언어이다.[4] 변두리 국가나 종족 혹은 부족들의 언어에는 그들의 생활 체험에 기반하고 있는 지식 · 정보가 녹아 있지만 그들의 문화와 언어

4 유럽 의회에서 채택한 〈지역 또는 소규모 언어들을 위한 유럽 헌장(European Charter for Regional or Minority Languages)〉, 1992.

를 타자적 시각에서 열등하고 덜 세련된 문명화의 결과로 평가됨으로서 변두리 토착민들의 언어는 급격한 몰락으로 이어지게 된 것이다.

멸종으로 치닫는 생태계의 현상과 같이 죽어가는 강물, 물고기, 새들, 사라져 가는 나무와 들풀처럼 그들을 명명하던 변두리의 언어나 방언도 함께 저 세상으로 떠나보내야 할 것인가? 내버려진 것, 변두리의 것, 소외된 것들에 대해 이름을 불러주고 관심을 갖게 하는 일이 필요하다. 급격하게 변화하는 시대에는 낡은 언어로는 미래의 세상을 바로 볼 수 없다. 어떤 발전이든 그 발전은 다양성이 전제되어야 하며, 오직 다양성이 보장될 때만이 진보적 발전이 가능하다. 언어도 생물 종과 마찬가지로 환경에 적응하는 고도의 능력을 갖고 있으며, 생태계의 변화와 마찬가지로 언어도 변화한다. 생태계나 언어 절멸의 원인이 환경 변화에 있다면 이 환경 변화는 다시 인위적인지 자연적인지 구분해서 논의할 필요가 있다. 다른 문화나 언어가 점차 잠식해 들어오는 상황에 노출되면 언어가 해체되고 붕괴되며 산산이 부서지는 과정을 겪게 된다.[5]

지난 세대의 이러한 문명관은 나라 안으로도 서울과 지방(변두리)이라는 이분법적 방식으로 서울의 바깥은 단순한 변두리로 타자화함으로써 서울 중심의 표준화 정책으로 일관해 왔다. 그러나 일제 식민 기간 동안인 1933년 〈조선어학회〉(한글학회 전신)라는 민간 학술 단체가 제정한 『한글 맞춤법 통일안』은 국어사전 편찬을 위한 기획이었음에도 불구하고 국어의 지배적 규칙 혹은 틀로

5 Lee Sang Gyu, 『Gyeoremalkeunsajeon: An Alternative to Inter-Korean Commun ication』, 『ASIA』 Vol, 2, No 3.

고착됨으로써 국어 규범이 오히려 소통에 도리어 불편한 존재가 되었다. 또한 표준어와 방언의 관계 또한 좋고 나쁨의 잘못된 고정 관념으로 굳어지게 되었다. 『한글 맞춤법 통일안』과 우리말 『큰사전』의 기초를 닦은 당시 환산 이윤재 선생이나 외솔 최현배 선생은 가능한 지역 방언을 최대한 조사하여 살려내려고 노력하였다. 환산은 지역 방언을 '전등어'(어원적 분화형)와 '각립어'(음운 분화형)로 구분하여 어원이 다른 전등어는 비록 서울의 말이 아니더라도 표준어로 살려 쓰기 위해 노력하였다. 그리고 최현배 선생은 『시골말 캐기 잡책』을 만들어 전국적인 규모의 조사를 시행하였다.[6] 그러나 식민 상황에서 충분한 인력이나 조사 비용이 마련되지 않았기 때문에 완전한 성과를 거두지는 못했다. 그 후 1946년 이후 어문 규정을 국가가 관리하기 시작하였고 또 민간 출판사들이 만들었던 국어사전을 1999년 국가 사전인 『표준국어대사전』으로 전환하면서 규범을 마치 국민들이 모두 이해해야 하는 전범으로 여겼으며, 방언은 표준어에 비해 열등한 존재로 인식하도록 강요했다. 국가 중심의 언어 관리는 철저하게 "오늘날 서울을 중심으로 한 교양인들의 말"을 근간으로 하고 있어 '표준어'는 권위는 더욱 견고해졌다. 다수의 규범주의자와 그들에게 매료된 학자들은 서울 언어는 '옳고', 지방의 언어는 '그름'으로 확연하게 편을 갈라놓

6 이윤재, 「사정한 조선어 표준말 모음의 내용」, 『한글』 제4권 제11호, 1936. "표준어를 될 수 있으면, 전 조선 각 지방의 사투리를 있는 대로 다 조사하여 여기에 대조하여 놓는 것이 떳떳한 일이겠으나, 이것은 간단한 시일에 도저히 성취할 수 없는 것일뿐더러, 분량이 너무 많아 인쇄에도 곤란을 면하기 어려울 것이므로, 그리 못된 것을 매우 유감으로 생각하는 바이며, 여기에 유어로 대조한 것은 다만 서울에서 유행하는, 즉 서울 사람으로서 여러 가지 쓰는 서울 사투리만을 수용함에 그쳤습니다. 그리고 각 지방의 사투리 전부를 조사 수집하는 것은 이후 별개의 사업으로 할 작정입니다."

았다.

결과적으로 지난 광복 이후 국어 어문 정책은 민간과 정부의 협력 체계로부터 차츰 멀어지게 되었다. 전 세계적으로 한국의 '표준어'처럼 융통성 없이 국가 언어 정책을 펼치는 나라는 어디에서도 찾아 볼 수 없다. 우리나라의 '표준어'의 개념 자체도 메이지 유신 이후 "일본 동경의 야마노테센(NR전철선) 내의 교양인의 말을 일본 표준어로 한다"는 근거 위에서 만들어졌지만 그동안 일본 동경시의 규모가 확대되고 인구도 급격하게 증가함에 따라 1946년부터 일본의 표준어 정책은 '동경 표준어' 정책에서 '동경 공통어Common language'로 선회하였다. 그런데 한국은 1960년대 이후 산업화와 도시화의 과정에서 급팽창한 '서울' 지역의 외연과 그 속에 유동하며 살아가고 있는 '교양인'이라는 정체를 규정하기가 어렵게 되었음에도 우리 어문 정책의 틀은 결국 한정된 '서울' 지역과 '교양인'으로 묶어 버린 것이다.

상대적으로 풍부하고 다양한 방언은 열등한 것으로 비하되고 공익성이 없는 것으로 여기면서도 〈외래어 표기법〉에 근거한 다량의 외국어 음차표기를 대량으로 수용함으로써 한국어의 어휘 기반은 매우 혼란스러운 상황에 직면해 있다. 나라 안의 구성원들이 사용하는 지역말을 내팽겨 치면서 외국말을 대량으로 수용함으로써 자국 언어의 생성 능력이 급격하게 저하되는 결과를 초래하게 되었다. 그 결과 우리 글자는 읽을 수 있지만 그 내용의 뜻을 파악하지 못하는 난독의 형상이 우려스럽게 확산되고 있다. 언어에 대한 왜곡 현상은 학습자 개인의 언어 습관의 문제에 국한되지 않고, 그들이 살아온 지역 문화에 대한 정체성 내지는 자긍심 형성에도 영향을 미친다. 가공적으로 만들어진 표준어와 방언을 대립적인 관계

로 고정해온 국가의 언어 기획, 이것이야말로 문화적 폭력이라고 하지 않을 수 없다.[7]

7 이상규, 『방언의 미학』(살림출판사, 2007), 방언을 존중하는 일은 지역민들의 자긍심을 고취시키는 동시에 그들이 오랜 삶의 경험에서 만들어온 지식 · 정보를 존중하는 일이다. 언어의 통일이라는 관점과 언어의 공존이라는 관점에서 이 둘은 별개의 문제가 아닌 것이다.

04
다양한 언어의 정원

01 | 표준어와 방언

1970년대 말, 한국정신문화연구원(현 한국학중앙연구원)에서 정부 사업으로 처음 전국 방언 조사 계획을 수립하여 남한 약 130여 군 단위별 방언조사가 실시되었다. 필자는 경상북도 지역 현지 조사원으로 조사에 필요한 교육을 받은 다음 실제 방언조사 현장을 3년간 쫓아 다녔다.

방언조사는 늘 현지의 나이 드신 토박이 어르신을 만나 적어도 일주일 정도 함께 지역 방언을 묻고 그 답을 전사하면서 녹음을 해야 하는 매우 고되고 힘든 공정이다. 대학원을 마친 20대 후반에 시골의 어르신을 만나는 과정은 내 인생에서 참 중요한 시간이었다. 시골 어르신들 삶의 진정성도 배우고 또 겸손한 예절도 익혔으니 조사에 지친 청춘의 보상은 다 받은 셈이다. 대학 시절에 술을 그렇게 좋아하지 않았는데 조사과정에서 피곤함과 지루함을 달래기 위해 어떤 제보자는 꼭 2홉짜리 소주를 사 오라는 주문을 받기도 했으며, 어르신과 함께 소주잔을 나눈 덕분으로 소주 몇 병 정도는 거뜬 마시게 되었다.

경상북도 군위군 조사를 하다가 제보자인 어르신이 술을 어찌나 좋아하시던지 매일 2병 정도의 소주를 드시면서 내가 묻는 답을 또박또박 답변해주셨다. 그 분의 자제분이 당시 세계기능장 대회에 나가 금상을 탄 것을 자랑스럽게 여겨 청와대에서 박대통령과 함께 찍은 기념사진을 내놓고 자랑하곤 하였다. 그런데 읍내 여관에서 자고 아침 일찍 노인 분을 찾아가니 돌아가신 것이다. 거의 일주일 동안 말로 고문하듯이 고생을 시키고 술까지 많이 드시게 한 내 책임이 아닐까 벌컥 걱정이 되었다. 할머니와 집안 어르신들이 와서 읍내 시장도 봐 달라고 하고 집안 부고를 내는 일도 나에게 맡기셨다.

조사를 마치지 못하고 3일 동안 장사를 지내드리고 서울로 되돌아 왔다. 지금도 그때의 일이 지난날의 추억이 되어 머리를 스쳐 지나간다. 방언 조사는 삶을 배우는 길이라고 생각한다. 자동차가 오늘날처럼 많지 않은 시절이라 10리길 시골길을 걷다가 장마를 만난 일, 초등학생이 녹음기를 들이대며 자기도 다 아는 빤한 질문을 하는 내 모습을 보고 간첩이라고 신고를 했던 일, 온갖 추억 어린 경험을 하였으니 그 시절의 경험이 내가 살아가는 지금에도 지대한 영향을 끼치고 있다. 늘 나보다 가난하고 헐벗은 이웃들을 아끼고 사랑하는 마음으로 살고 있다.

성호 이익(1681~1763) 선생이 쓴 『성호사설』 자서에서 보면 "아무리 천한 분양초개糞壤草芥라도 '똥糞'은 밭에 거름하면 풍요로운 곡식을 거둘 수 있고, 겨자풀은 아궁이에 불로 때면 맛있는 반찬을 만들 수 있다"고 하였다. 바닷가에서 소금을 굽고 배를 타고 고기를 잡고 사는 이들이나 지게를 짊어지고 땔감을 구하고 절기에 맞추어 씨를 뿌려 농사를 짓는 이들이라도 그들의 언어에 담겨 있는 누적되어온 체험적 언어 지식·정보가 얼마나 소중한지를 깨달아야 한다.

서울 표준말은 옳고 지방 사람들의 방언은 잘못이라는 편협된 가치가 우리 사회를 지배하고 있다. 물론 국가의 어문 정책은 나라 안 사람들의 말씨가 분화되지 않고 의사소통에 장해를 받지 않도록 하는 것은 매우 옳은 일이다. 그러나 우리나라의 경우 방언적 차이가 그렇게 심한 편이 아니며 그동안 학교 공교육의 확대와 방송 언론의 덕분으로 방언 때문에 언어의 차등을 느낄 정도는 아니다. 하지만 국가 중심의 언어 관리는 철저하게 "오늘날 서울을 중심으로 한 교양인들의 말"을 근간으로 하고 있어 '표준어'의 권위는 더욱 견고해졌다.

한편, 외국어 한글표기를 무작정 유입하여 우리말의 근간은 한자어 80%, 외국어 10% 정도 차지하고 있다. 우리 고유한 말이 설자리를 잃어 버렸다. 〈외래어 표기법〉의 용례에서 'september'를 국가별 표기 용례로 넣어 '셉템베르', '셉텝버' 등을 모두 표준어로 인정하고 있으면서 '부추'의 표준어로 '졸', '솔', '정구지'는 왜 내다버려야 할 것인가? 우리말의 어휘기반이 지극히 취약해진 이유가 바로 여기에 있다. 잃어버린 우리의 변두리 말을 표준어와 어깨를 겨누며 언중들의 사용의 힘에 따라 어문 정책을 운용한다면 우리말의 생태적 기반이 더욱 튼튼해 질 수 있다. 하지만 우리말의 다양성은 무시하고 외국말만 존중하는 풍토가 생겼다. 결국 우리나라는 제말로 새로운 조어를 할 수 있는 역량이 가라앉게 된 것이다.

다양성을 인증하고 그 다양성을 잘 살려 쓴다면 언어를 토대로 한 지식정보를 더욱 공공하게 해줄 수 있게 될 것이다. 그 사례를 들어보자. 세상은 급변하고 있지만 우리들의 삶 속에서 가장 더디게 변하는 것이 바로 제의祭儀와 관련된 말이다. 이는 까마득한 신석기 시대에 우리들 선조들의 말과도 현재 방언과 맥을 잇고 있는 경우가 허다하다. 임란 이전까지 경상도 도감영이 있었던 경북 상주군 사람들은 서울에서 수십년 생활을 했더라도 고향사람들을 만나면 지독한 사투리를 사용한다. 상주 공검면 조사를 가서 제의 절차 관련 조사를 하다가 매우 재미있는 방언을 하나 찾았다. 결혼식 음식으로 콩나물을 삶아 콩가루에 부빈 음식을 반드시 준비한다고 하는데 이를 '콩나물힛집'이라고 한다. 무심코 흘러 넘길 말이 아니다. 과년한 처녀에게 "너 언제 시집 가려고 하느냐"라는 말 대신에 "니 언제 국수 주노?"라는 말을 곰곰이 생각해보면 우리 민족의 고대 농경문화의 유산임을 알 수 있다. 농경 사회에서는 자식을 많이 낳아야 노동력의 경쟁력이 생기기 때문에 국수 가락처럼 아이를 많이 낳고 또 국수 가락처럼 물만 주어도 쭉쭉 잘 자라라는 염원이 담겨 있는 것이다. '콩나물힛집' 또한 마찬가지의 의미를 담고 있다. 콩나물 가락처럼 아이를 많이 낳고 콩나물 가락 엉키듯이 건강하게 공동체를 위해 잘 살라는 농경문화의 유산의 흔적이 담긴 것이 아닐까?

경북 포항 아래 장기라는 마을이 있다. 마을 가운데에는 장기읍성이 위용을 자랑하고 있으며, 가파른 읍성 고갯길 가에는 복분자 딸기밭이 줄지어 서 있다. 음성 아래에 장기초등학교 운동장에는 다산 정약용 선생과 우암 송시열 선생의 유허비(선인들을 기리기 위하여 세운 비)가 우뚝 서 있다. 장기는 조선 시대 유배 지역일 만큼 변두리였음을 알 수 있다. 그런데 이 장기 읍성은 5~6월 무렵 왜구가 출몰이 잦았던 지역이다. 일본 관서지방에서 5월의 봄바람과 함께 해류가 밀려오기 때문에 바다 물길을 이용하여 조선을 약탈하는 조선의 주요 관방읍성의 하나이다.

몇 해 전 청와대에서 '과메기' 파티를 한 이후 과메기가 일약 명물이 되었다. 과메기는 원래 포항 영일만 지역 해안 사람들이 한 겨울 동안 잡은 청어를 덕장에 널어 찬바람에 얼리면 고기의 내장 육즙이 고기 살에 골고루 퍼져 영양가도 높을 뿐만 아니라 아주 맛있는 요리 안주이다. 아마 소주와 함께 들면 술도 적게 취할 뿐만 아니라 아침이 되면 얼굴에 기름기가 번들거릴 정도의 고급 식품이다. 바로 다산 정약용 선생이 장기읍에서 유배를 할 때, 이 마을 어부들이 잘 건조한 과메기를 소쿠리에 담아 다산선생에게 보냈다. 예나 지금이나 장기사람들의 넓은 인심은 변하지 않고 있듯이 다산 선생이 경상도 사투리 '가메기'를 보고 멋진 이름을 하나 선사하였다. '貫目-+-이(파생접사)'로 구성된 곧 눈을 꼬챙이를 꿰어 얼린 고기 곧 '관목어〉과메'로 바뀐 사투리 대신 근사한 '비유어肥儒魚'라고 불러주었다. 그리고 경상도 사람들의 풍요로운 인심과 생경한 사투를 시로 지어 우리들에게 남겨주었다.

최근 과메기를 더욱 청결하게 만들어 전국에 공급할 뿐만 아니라 일본 시장을 진출할 준비를 하고 있다고 한다. 사투리로 명명된 과메기가 효자 노릇을 할 것 같다. 마치 안동 간고등어가 전 세계 시장에 팔려 나가듯이. 그리고 식량이 부족하던 시절, 밀가루를 빼낸 밀기울을 뭉쳐서 밥솥에 익힌 것을 밀개떡으로 밥 대신 허기를 때우기도 하였다. 아무리 곱게 빻아도 밀기울은 꺼칠꺼칠하여 목으로 넘어갈 때면 까칠까칠한 느낌이 있었다. 밀기울로 만든 밀개떡 역시 지난 보릿고개의 가난의 추억이 서려 있는 음식 가운데 하나이다.

경상도는 지금도 지체 높은 가문에서는 4대봉제사 뿐만 아니라 분천의 제사를 지낸다. 경상도 방언에는 전라도 고유어 보다 한자로 된 방언형이 많이 남아 있다. 특히 '참기름-참지름', '길가-질가', '콩기름-콩지름'처럼 ㄷ-구개음화를 양반가에서는 철저히 외면한다. 그뿐만 아니라 '간장'을 양반가에서는 '장' 혹은 '장물'이라고 하지만 일반 사람들은 '지렁'이라고 한다. 이렇듯 말 속에 은근하게 계급을 가르려는 내밀함을 가지고 있었다.

경북 지역에서는 찰쌀을 밥으로 쩌서 누룩 물에 삭힌 식해를 '점주'라고 하고 멥쌀로 만든 것은 '감주'라고 하여 그 재료 차이에 따라 이름이 분화되어 있다. 그런데 안동 지역에 가면 일반 식혜에 고추 가루와 배를 썰어 넣고 잣을 동동 띄워 '식혜'라고 한다. 아마도 처음 먹는 사람에겐 거북할 수도 있지만 막상 먹어 보면 매우 깊은 맛을 느낄 수 있다. 지난 무더운 여름 안동을 찾아가서 안동 식혜를 몇 통 싸와서 무더위를 식히며 마셔 보니 맛이 아주 좋았다. 그 뿐 아니라 옛 선조들이 누렸던 음식의 호사를 함께 느껴보는 기쁨도 가질 수 있었다.

옛 말에 동해에서 잡히는 문어 80%는 안동 장에서 팔린다는 말이 있다. 경북 안동과 의성 지방과 동해안 영덕을 잇는 34번 국도를 따라 옛날 안동 양반님들과 영덕 무안박씨, 재령이씨, 호지마을 남씨와 영덕에서 좀 더 올라가면 울진 황씨(해월당 황씨)들의 혼반을 잇는 길인 동시에 온갖 물류들이 교역을 이어주는 길이기도 하였다. 역시 이 길을 따라 보상들이 10리마다 초속 배달을 하면 붐한 새벽녘 안동 양반들은 펄펄 뛰는 생선을 먹을 수 있었던 것이다. 팔다가 남은 고기들을 간잽이의 손길을 거쳐 맛있는 간고등어가 탄생한 것이다. 안동 사람들은 문어 없이는 제사를 지낼 수 없다고 할 만큼의 필수품이다. 남의 제사상에 놓인 문어의 다리 굵기가 그 집안의 경제력의 정도를 측정하듯이 문어는 제사상에 올리는 필수 제수품목이다. 그러나 같은 경상도 문화권이라도 경주 영천, 포항 사람들은 문어 대신 돔배기 없이는 제사를 못 지낸다고 할만큼 필수 제수품목이다.

그런데 경상도 영천의 방언인 '돔배기'는 『표준국어대사전』에 다음과 같이 실려 있다.

> 돔배기 명 《방언》 '도막01'의 방언(경남).
>
> 돔배기 명 《방언》 '돔발상어'의 방언(경북).
>
> 돔배기 명 《방언》 '도마01'의 방언(함남).

변두리의 말이라는 이유 때문이다. 특히 '돔배기'는 '돔발상어'의 방언이 아닌 제사용으로 납작하게 썰어 놓은 상어고기 편육을 뜻한다. 그런데 놀랍게도 제사용으로 돔배기를 사용하는 지역이 경상북도 내부에서도 고도 경주를 중심으로 포항, 영천, 대구, 경산, 청도 지역에 분포되어 있다. 이러한 지역의 문화적 차이가 무엇을 의미하는지 살펴보자. 경산지량 고분에서와 대구 불로동 고분에서 상어의 등뼈가 발굴된 것으로 보아 이미 신석기 시대 이 지역의 선주민들이 제사 음식으로 돔배기를 사용했다는 증거이다. 돔배기라는 하나의 방언형이 이 지역의 선주민을 유추할 수 있는 매우 중요한 지식 · 정보를 가지고 있다는 점을 우리는 너무 쉽게 간과해 온 것이다. 그래도 표준어만 옳은 것이고 방언은 잘못 된 것이라는 말인가? 터무니없는 서울 중심주의적 사고가 아닌가?

일반 국민들의 사용율이나 인지율이 0.5%에 미달하는 수만 개의 외국어 한글 표기를 〈외래어 표기법〉을 통해 양산하고 심지어는 『표준국어대사전』의 올림말로 올려 두면서 언어의 통일을 위한다는 명목 아래 지방의 다양한 변두리를 내친 결과 우리 모국어의 생태계는 위험의 수준에 와 있다.

한국어의 사용자는 세계 주요 언어에 속하지만 그 언어 내부의 문제는 '병든 언어'로 규정할 수 있는 여러 가지 사회언어학적 증거들이 나타나고 있다. 소수 언어나 절멸 위기의 언어를 분류하는 방법에는 여러 가지 방식이 있다. 프란츠부로스키 위머(2006)는 『문명과 대량 멸종의 역사』에서 인위적으로 언어가 살해되는 '대량 멸종'과 생태적 순환 고리에 의한 자연 멸종인 '배경 멸종'으로 구분하기도 하고, 키비릭Kibrik A.(1992: 67~69)은 ① '건강한 언어', ② '병든 언어', ③ '절멸위기의 언어', ④ '사어(절멸언어)'로 구분한다.[8]

건강한 언어란 언어 사용자가 자생적인 조어 능력을 가진 언어로 모든 국가 제도상 활발하게 사용되는 언어를 말하고 '병든 언어'는 언어 사용자가 자국어의 조어 능력이 바닥남으로써 외래적 다른 나라의 언어를 대체로 대량으로 끌어들이고 언어 사용자 간의 소통 능력이 사회 계층적 차등을 보이는 언어를 말한다. '사어'는 그 언어가 소멸된 상황 정확하게 말하면 언어 사용자가 이 지구상에서 사라진 상황의 언어를 말한다. 예컨대 건강한 조어력의 기반이 될 수 있는 방언을 비표준어로 구획하고 억제하는 정책을 펼쳐 오는 동안 한국어의 어휘력의 생존 기반이 대단히 약화되어 있다.

8 Kibiric A. Je, 「Ocherki po obshchim I prikladnym voprosam jazykoznanija」, 1992.

그리고 외국어의 한글 표기를 무제한 허용함으로써 70%가 넘는 한자어와 10%에 가까운 외국어 한글표기가 현재 한국어의 낱말의 총체적인 기반이 되어 있다. 이는 자국 고유어의 기반이 거의 붕괴된 상태나 다름이 없다. 이러한 결과는 그동안 지극히 모순된 국어 정책에 기인하고 있을 가능성을 충분히 예측할 수 있다. 이러한 문제 제기에 대해 언어 정책 수립자들이나 국어 사용자 모두 사려 깊은 우려와 경종의 목소리로 받아들이지 못하고 있는 점이 무엇보다도 더 위험한 일이다. 한국어라는 말은 살아 있으나 그 말 속에 담긴 낱말은 한자어, 영어, 약어, 신조어, 난해한 한자어, 폭력적 언어 등으로 구성된 혼종의 상황이라는 점이다.

이처럼 다양한 언어 자원의 붕괴는 언어의 우열성과 관계없이 인류가 축적해 온 인류의 지적 자산의 몰락으로 이어지게 된다. 문명과 야만, 지배와 피지배, 다수와 소수라는 대립의 문제가 결코 아니다. 변두리 사람이나 비록 소수인들이 나름대로 조화롭게 쌓아 온 언어 지식·정보를 포기하거나 잃어버리는 일은 결국 인류 지식 · 정보의 부분적인 손실이라고 할 수 있다. 특히 21세기에 들어서면서 다문화·다인종 사회에 직면한 여러 국가들이 지난 세기동안 진행해온 정치적 식민화와 자본 중심의 문화 침식의 결과, 소수 부족이나 종국 혹은 국가의 언어 붕괴의 문제와 생태 환경의 파괴의 문제를 어떻게 조정하고 발전시킬 것인지 중대하게 관심을 갖고 있다.

국어 정책은 마치 저수지에 모은 혼탁한 물이 여과 단계를 거쳐서 식수로 공급하듯이 오늘날 우리 국민들이 사용하고 있는 다양한 말들을 모아 의사소통의 능률을 향상시킬 수 있게 한다. 그동안 정수 처리 과정을 소홀히 해온 국어 정책이 당면하고 있는 거시적인 문제점들을 짚어 보고 그 문제점을 극복할 수 있는 미래 발전 방안을 제시하고자 하는 것이 본고의 목적이다. 국어 정책을 통한 국어의 인위적 조절 기능은 그 사용자들이 지향하고자 하는 바에 부합하면서 동시에 문명화의 방향으로 나갈 수 있도록 그 실현 가능한 대책을 모색하는 일은 매우 유의미한 것이라고 판단한다.

02 | 사전 둥지 바깥 언어

사전의 바깥에 방치된 국어가 절멸 위기Endangered에 처했다면 한국어는 잠재적 위기Potentially endangered에 처해 있다고 할 수 있다. 지금 한국어는 사회적, 경제적으로 불리한 위치에 있고 더 큰 언어로부터 커다란 압박을 받고 있으며 앞으로 젊은 층의 사용자가 줄어들 징후를 보이고 있다. 데이비드 크리스탈이 쓰고 권루시안이 옮긴 『언어의 죽음Language Death』(이론과실천, 2005:42)에서는 언어의 위기에 대해 스티븐 웜이 분류한 5단계 분류법을 소개하고 있다. 그에 근거한다면 외국어가 물밀듯이 들어와 지배하고 위협하는 상황에서 한국어는 점점 죽어가는 언어라고 진단할 수 있다. 특히 외래어와 외국어의 어휘 침식Lexical erosion과 영어 공교육 강화 움직임은 이를 더욱 가속화 시키고 있다. 그러나 이러한 상황에 대해 어느 누구도 심각하게 받아들이는 사람은 찾아보기 어렵다.

다양한 부족과 국가의 언어가 절멸해가는 원리와 마찬가지의 논리로 한 언어의 내부를 들여다보자. 근대 국가주의 이념과 결합하면서 표준어가 초중심 언어의 자리를 차지하고 변방의 방언은 주변 언어로 인식하게 되었다. 방언은 국어를 견고하게 하고 국어의 위엄을 갖출 수 있도록 역사성을 뒷받침해 주는 데도 불구하고 방언을 타자화하거나 희극화 또는 열등화의 대상으로 치부하고 있다. 앤드류 달비가 쓰고 오영나가 옮긴 『언어의 종말Language in Danger』(작가정신, 2008)에서는 로마제국의 방언이었던 '아시리아 어'나 '아람 어'가 일상 언어로 다시 회생한 희망적인 사례를 들고 있다. 방언이 새로운 언어 지형도 상에서 중심 언어로 등극하는 사례도 종종 있다. 어쩌면 국어와 방언의 차이는 언어 영역의 문제가 아니라 정치 영역에 속하는 것일지 모른다.

언어학자들이 모호하게 혹은 잘못 규정했던 '방언'을 식민 지배자들은 '알아들을 수 없는 모호한 말'로 그 가치를 폄하하고 훼손해왔다. '표준어'는 잘 분화되고 규범화된 형태이고 '방언'은 가치가 떨어지는 다양한 하위 변이형으로 잘못 이해해왔다. 민족적 특성을 드러내는 규범어로서의 표준어는 정치 · 문화 영역에서 우위를 점유하여 동일한 위상을 가졌던 방언을 포식하면서 발전했다. 언어와 언어가 지배 종속 관계로 변환되는 언어 식민주의 현상과 마찬가지로 개별 언어 내부에서도 국어와 방언, 또는 표준어와 방언, 중심 언어와 주변 언어가 상호 지배 또는 포식의 관계로 변화했지만 대부분 언어학자들은 팔장만 끼고 관망해왔다. 언어 식민주의와 언어 포식은 결국 언어나 방언의 다양성을 깨뜨리는 주범이라고 할 수 있다.

국어와 방언이라는 용어를 정확하게 정의 내리기 힘 들지만 그 용어가 언어의 식민화와 언어 포식을 정당화하는 수단으로 사용된다면 국어와 방언이라는 이분법적인 명칭을 버려야 한다. '방언'은 억압을 받은 하나의 언어이며, '국어'는 정치적으로 성공한 하나의 방언일 뿐이다. 표준어와 방언의 관계 역시 국어와 방언의 관계와 마찬가지이다. 언어학이 공인되지 않은 제국주의를 수호하는 수단으로 탈 없이 그 들러리를 해낼 수는 없다. 벨기에 가수 쥘 보카르느Jules Beaucarne는 "만일 루이 14세가 나뮈르Namur에서 거주하였다면 프랑스 전역에서 나뮈르의 발론 어가 표준어로 되었을 것이다. 그러나 프랑스 왕국의 언어인 시엥 방언이 파리의 표준어로 발전하였다. 프랑스 어, 그것은 성공을 거둔 으뜸가는 지위를 인정받은 하나의 방언이다."라고 말했다. 그 말은 '방언'의 피지배적 학대 현상을 잘 드러내는 말이다.

지난날 우리는 삶의 편의를 위해 모든 것을 표준화함으로써 편리함이라는 것을 손에 쥐었지만 다른 한편으로 비표준의 것들은 인간들의 관심 밖으로 밀려나 절멸의 운명을 맞이해야만 했다. 이 표준화라는 함정 때문에 지구에 존재하는 생물들의 종의 다양성이나 인류 문화의 다원성이 무너지는 불균형이 증폭될 수밖에 없었다. 그리고 자본이 지배하는 중심부는 거대하게 발전하였지만 변두리는 차츰 생명력을 잃고 퇴락하는 운명의 길을 걷게 된 것이다.

이제 거시적 관점에서 미시적 관점으로, 표준화에서 다원화의 관점으로, 자본 중심에서 변두리로 우리의 눈길을 되돌려야 한다. 지난 세기 수수방관하여 잃어버린 인간 언어 유산을 다시 복원하고 이를 불러 모아 새로운 생명력을 불어넣어야 한다. 죽어 가는 강을 살려 내고 사라진 새와 물고기가 다시 되돌아오도록 노력해야 하듯이, 소수의 언어인 변두리 방언의 미학이 우리의 일상 속에 소생할 수 있도록 해야 한다.

식민지 시대에 일제와 함께 민족 언어학자들 다수가 합의하여 만든 '표준어'는 한동안 우리의 근대화를 위한 여명의 이정표 역할을 해왔다. 나라 안의 다양한 방언을 포식했음에도 불구하고 권위와 신비주의로 감싼 표준어의 절대 권위에 어떤 누구의 비판도 허락하지 않는 학단의 종속적 도제주의를 개혁해야 한다. 이데올로기와 정치적 긴장 관계로 버텨 온 남한의 '표준어'가 북한의 '문화어'를 표준어의 사생아 또는 인위적으로 왜곡한 표준어의 변종쯤으로 인식하거나 또는 그 반대로 표준어는 외세의 언어에 찌들고 오염되었기 때문에 주체적인 민족어의 수치로 받아들이는, 남과 북의 차이나는 이 언어관의 긴장을 어떻게 풀어낼 수 있을 것인가? 이러한 남북 간의 언어 이질화를 오히려 공통 민족 언어의 풍부화로 해석할 수 있는 가능성은 없는가? 남북의 언어를 하나로 담아낼 수 있는 방안은 과연 없겠는가? 그러한 측면에서 방언의 풍부한 미학을 통합적 개념으로 서술해야 한다.

엄민용 기자는 "지금 사투리나 비표준어로 다뤄지고 있는 말을 쓰지 않으면, 결국 우리말은 오늘의 의미로 화석처럼 굳을 수밖에 없어. 그러다 보면 우리말의 가짓수가 줄어들고, 먼 훗날에는 남의 나라 말을 빌려야만 겨우 뜻을 전할 수 있게 될 거야. 그것이야말로 우리 말글을 죽이는 일이 아니겠어."라고 참 건방질 정도의 바른말을 하고 있다. 표준어의 외연에 거주하는 말들도 모두 우리 언어의 쓸모 있는 자산이고 또 표준어의 자양분임에 틀림이 없다.

데이비드 크리스탈이 쓰고 권루시안이 옮긴 『언어의 죽음Language Death』(이론과실천, 2005:56)에서도 지역 언어는 지역 공동체의 결속력과 활력을 촉진하고 문화에 대한 자긍심을 심으며 지역 공동체에 자신감을 부여하기 때문에 매우 중요한 것으로 평가하고 있다. 방언은 지역의 문화와 전통과 관련 있는 언어 유산으로서 무한한 가치를 지닌 것이 아닐 수 없다. 규범을 중심으로 한 사전에서 이들 어휘는 올림말로 고려할만한 대상에서 멀리 있었다. 그러나 전통 문화의 의식을 반영하고 있는 지역 방언형의 대표적인 어원 형태는 비록 사용자의 수가 적거나 사용 지역의 범위가 좁더라도 올림말로 올려야 할 것이다.

국어사전의 올림말을 선정하는데 어휘 발달의 역사와 지역적 분포 문제를 도외시한다면 우선 다양한 겨레말의 유산을 잃게 되는 결과를 가져오게 된다. 표준어 또는 문화어 중심으로 하는 언어 소통의 획일성이 지나치게 강조된 언어 정책의 결과 방언이 마치 언어 분열의 주범인 것처럼 인식하고 이를 버려야 할 대상으로 여겨온 것이다. 더욱 문제가 되는 것은 국어사전뿐만 아니라 방언사전에도 등재되지 않은 방언 어휘에 대한 의미를 확인할 길이 없다는 점이다. 언어의 분열을 막는다는 명목으로 지나친 표준어 중심 언어 정책이 사전편찬에까지 영향을 미침으로써 표준어가 아닌 지역 방언을 올림말로 선정하는데 많은 제약이 가해진 결과이다. 표준어 중심의 사전 편찬의 결과 다양하고 풍족한 민족 언어 유산이 위축의 길로 들어선지 오래다. 그뿐만 아니라 향토색이 짙은 방언을 많이 활용한 각종 문학 작품에 나타난 방언 어휘도 우리들의 관심 밖으로 밀려나게 된 것이다.

한 민족어는 다양한 방언 곧 지리적, 계층적인 분화형의 총합이라는 측면에서 남북『겨레말큰사전』의 기본 방향이 민족 언어문화 자산인 방언을 대폭 수용하도록 한 것은 매우 바람직한 결과라고 할 수 있다. 앞으로 국어사전 편찬의 대원칙으로 변두리 방언을 최대한 올림말로 살려내도록 해야 할 것이다. 이들 다양한 방언 분화형 가운데 어디까지 사전 올림말로 올려야 할 것인지 그 원칙과 기준에 대한 진지한 연구가 진행되어야 하리라 본다.[9]

---

9 Lee, Sanggyu, 「Gyeoremalkeunsajean : An Alternative to Inter-Korea Communication」,

언론사에서 우리말과 글을 오랫동안 지켜온 홍성호 기자가 쓴 『진짜 경쟁력은 국어 실력이다』(예담, 2008)에는 국어의 많은 어휘 가운데 규범과 사전, 그리고 현실 사이에 방황하는 것들을 규범 주의에 입각하여 바르게 쓰여야 할 자리와 형태를 잘 설명하고 있다. 국어와 관련된 교양서로서 한번 읽어볼 만한 정갈한 책이다. 특히 규범이나 사전이 어휘의 생사여탈권生死與奪權을 쥐고 있음을 극명하게 설명한 예인 '겻불'이 한 작가나 사전 편찬자의 개인적 판단에 의해 '곁불'로 바꾸어놓은 사례를 설명하고 있다. 곧 '겻불'은 '겨를 태우는 미미한 불'의 의미로 '양반은 얼어 죽어도 겻불은 안 쬔다.'는 속담이 『표준국어대사전』에서 '곁불'로 둔갑하여 '선비는 죽어도 곁불은 안 쬔다.'로 바꾸어놓았다. 생태계가 자연 생태 환경에서 경쟁하듯이 언어도 생태학적 경쟁을 해야 함에도 사전 편찬자 임의로 어휘들을 절멸시킨 사례라 할 수 있다.

'가마니'도 이와 유사한 사례 가운데 하나인데 일본어 '가마스'에서 비롯된 '가마니'에 대응되는 고유어로 '짝거리'라는 어휘가 있다. '짝거리'는 곡식이나 소금 등을 담기 위해 짚으로 엮어 만든 용기이다. 개화기 이후 이 전통적인 어휘가 방언 분화형이 많다는 이유로 일본어를 차음한 '가마니'를 마치 우리말인 것처럼 사용하도록 사전 편찬자가 호도해왔다. 그러나 이 '가마니' 역시 머지않아 우리 곁을 떠날 어휘이다.

홍성호 기자는 "'현대 서울말'이 아니라는 이유로 수많은 방언들을 표준어와 차별해 온 것은 우리 언어 정책의 실패 중 하나로 꼽힌다."라고 하는데 단순히 '서울말'과 '지방말', '교양인의 말'과 '대중의 말'이라는 이항적 대립이 문제가 아니다. 자연스럽게 진화하는

『ASIA』, Vol. 2, No3. Asia publishers, 2007.

언어 생태계를 교란시켜 멀쩡하게 사용되는 어휘를 절멸시키는 것이야말로 인위적인 언어 살해 행위이다. 사전 편찬자들은 사전의 둥지 밖에 있는 수많은 어휘가 부당한 사전과 규범이라는 틀 때문에 도태되도록 해서는 안 된다. 사전 편찬자들이야말로 고도의 학식과 사전 편찬 기술, 그리고 철학이 필요한 사람이어야 한다.

03 | 토착 언어의 절멸

방언을 포함한 언어는 나름대로 가치를 지닌 인류의 자산이다. 인간의 집단적 삶의 지혜와 생존 지략이 반영되어 있으며, 어떻게 사회적 결속을 하고 있는지를 보여주는 거울이다. 시인 오탁번은 『헛 똑똑이의 시 읽기』(고려대학교출판부, 2008)에서 "신화적 상상력은 그 민족의 민족어가 지니고 있는 숨과 결에서만 찾아지는 것이다."라고 말한다. 표준어가 '숨'이라면 방언은 그 빛살이 살짝 숨기고 있는 '결'이라고 할 수 있다. 민족 고유의 생활양식이 깃들어 있는 언어의 '숨결'을 표준어로만 재단할 수 있는 것은 결코 아니다. 전통 문화 가운데 의식주와 관련된 다양한 토착 어휘가 사전에서 어떻게 관리되는지 그 내면을 한번 들여다보자.

의복과 관련된 방언은 지역적으로 매우 다양하다. 옛날부터 안동 지방의 안동포는 유명했다. 이 지역에는 '창살고쟁이'라는 여성 속옷이 있다. 한여름 조금이라도 더 시원하도록 허리 단에 창문 살처럼 천을 파내어 만든 고의이다. 북한에는 '어깨마루', '어북', '긴고름', '짧은고름', '소매전동', '소매끝', '옆선', '치마기슭단', '아래깃', '아래깃끝', '깃줄앞', '깃마루뒤갓', '조끼' 등 의복과 관련된 다양한 방언 어휘가 있다. '버선'의 경우도 '목, 뒤꿈치, 바닥, 버선코, 수눅' 등의 부분 명칭이 지역에 따라 다양하게 분화되어 있다. 이런 소중한 어휘들이 사전에는 대부분 없다. 베 짜는 일은 오늘날에는 일반 사람들의 기억에서 희미해져 다만 추억의 흔적으로 남아 있을 따름이다. 이른 봄 들판에 목화씨를 뿌리고, 삼밭에 대마씨를 뿌려 이들을 거두어 한 올 한 올 실로 만들고 또 이것으로 베틀에서 베를 짜고 또 고운 쪽빛이나 감색 물을 들여 옷을 짓는 모든 과정이 바로 우리 선조들이 살아왔던 삶의 방식과 흔적이다. '눌룰대, 도투마리, 비개미 · 비게미, 비테, 비틀(베틀)연치'와 같은 이런 지역 방언은 언어학적으로 그렇게 유용한 것이 아니기 때문에 중요하지 않은 것인가? 사람들이 살아온 삶의 방식이 세월 따라 변화하면서 그들이 사용하던 각종 일상 용구들도 변화하게 되는 것은 당연지사. 그러면서 이전에 사용하던 용구들의 이름도 우리 기억 속에서 희미해져 가고 있다. 그러다 보니 요즘은 '엄마 아빠 어렸을 적엔…….' 등의 인형전과 같은, 추억을 파는 전시회나 민속박물관에 박제되어 녹슬고 먼지 묻은 전시물의 이름표 속에서 만날 수 있을 따름이다.

최수연이 쓴 수필집인 『논 -밥 한 그릇의 시원』(마고북스, 2008)에서 지난 농경 생활의 모습을 그려내고 있다. 농촌 생활에서 사용되는 다양한 용어들이 많이 있다. 농경 시절에 사용한 용어들은 농경 사회가 해체됨에 따라 하나씩 사라지고 있다. 농경 사회의 용어들은 지역 문화에 따라 다양한 차이를 보여 주고 있다. '간답한다, 건생기, 검둥소, 골돈, 꼽써레질, 노가리배, 누렁소, 다밴다, 막다배기, 무삶이법, 보도감, 보매기(보막이), 사이갈이법, 술나무, 써레밍이, 써래이, 윤두패찰, 장써레질, 쟁기밥, 짭주지, 쪽써레' 등은 농경 시대에 우리 선조들이 생생한 삶의 현장에서 사용하던 토착 어휘들이다. 이러한 어휘들이 왜 사전에 실리지 않은 채 내버려졌는가? 농경 사회에서 산업화 사회로 옮아오는 과정에서 자연적으로 우리 곁을 떠나게 되어 있었는지도 모르지만 국어사전을 편찬하는 과정에서 인위적인 방식으로 이를 내팽개치고 포기해버린 탓이 더 크다. 소중한 어휘들이 표준어 둥지 밖에서 서성이다가 문명의 변화와 함께 소리소문없이 우리 곁에서 사라져 가고 있다.

인도의 '브리히Vrihi'가 백미白米를 뜻하는데 이것이 다시 만주 지방의 여진 말인 '베레'를 거쳐 '벼'로 정착되었으며, 남부 방언에서는 남방 계열의 '나락'이라고 한다. 벼는 '올벼, 못벼, 흑미, 노인미, 개고리벼, 돼지벼, 삼다리벼, 산도벼, 자치, 한바올벼, 돌벼, 풍옥, 서광, 영광, 일진, 승나, 각씨나, 강릉도' 등 시대와 지역에 따라 다양한 어휘들이 있었다. 그러나 이러한 벼의 종자들의 이름은 대부분 사라져 버렸다. 지금까지 그 이름이 남아 있는 벼의 종류에 대해 살펴보자. '자광벼'는 김포군 하성면 석탄 2리에서 250여 년간 대물림해 온 안동 권씨들이 보존해 온 볍씨이다. 중국 길림성 남방에서 들여와 이곳 '밀다리' 아래에서 심었다고 해서 '밀다리쌀'이라고도 불렀다고 한다. 『조선도품종일람』에 '자광이도, 자광도, 저광도, 자초도, 자광도' 등의 이름으로 기록되어 전한다. 이 벼는 경기도 부평, 통진(강화), 교동군과 충남 한산, 해미와 전남 남평, 완도 등지에서 재배되었다고 한다. 자광도는 쌀의 색깔이 엷은 자색을 띤다고 해서 붙여진 이름이다. '자채미'는 경기도 이천에서 전하는 전통 품종으로 진상품이었다고 한다. '사래벼'는 강화도에서 전하는 전통 야생 벼로 1989년 5월 강화군 삼산면 상리와 하리 일대에서 발견한 품종인데 현지 사람들은 사래벼를 잡초로 인식하고 있었다.

'갈색사래, 긴까락사래, 갈색까락사래, 쌀사래, 몽근사래' 등의 토착 변이종이 있다. 사래벼는 재래종보다 빨리 꽃이 피고 열매를 맺는 저항력도 매우 강한 야생 품종이다.

보리 종류도 시대와 지역에 따라 다양한 품종이 전래되었고 또 거기에 맞는 이름들이 있었다. 남원의 청보리, 순창의 땅개보리, 성주의 왜동보리와 늘보리, 거창의 재래보리, 창녕 쌀보리, 마산 찰보리, 신안 찰보리, 제원 찰보리, 함안 찰보리, 경기도 키다리보리, 홍성 홍성보리, 영호남의 앉은뱅이보리, 봉당보리, 난장보리, 중보리, 춘천의 춘천 재래보리, 영월의 영월육각 등의 이름은 품종의 절멸과 함께 그 이름도 사라지게 되었다. 토종 찰보리도 함안의 찰보리, 전남의 흑산도 찰보리, 충북 제천 찰보리 등이 있었다.

밀의 종류로는 앉은뱅이밀, 재령백, 진천재래, 늘밀, 임실중밀, 소맥재래, 왜형1호, 재래종, 전북3호, 통밀, 충남재래, 서육93호, 서천1호, 선천27호, 수원89호 등이 있다. 특히 앉은뱅이밀은 경남 남해군 덕신리 지역에서 재배된 전통 밀로 까락이 있고 키가 작은 밀로 '난쟁이밀'이라고도 한다. 이 '앉은뱅이밀'은 일본으로 건너가서 '달마達磨'를 낳고 다시 '후르츠'와 만나 '후르츠달마'를, 그리고 터키레드를 만나 '농림10호'를 만든 인자를 제공한 품종이다. 1945년 일본의 농업 고문이었던 사몬S. C. Salmon 박사에 의해 '농림10'호가 미국으로 건너가서 미국 품종 '브레보'와 교잡해서 'Norin 10/Brever'가 탄생되었다. 다시 보겔O. A. Vogel 박사에 의해 '게인스(1956)'와 '뉴게인스(1960)'라는 품종을 탄생시킨 밀 육종의 근간이 되었다. 반다나 시바가 쓰고 류지한이 옮긴 『누가 세계를 약탈하는가Strolen Harvest: The Hijacking of the Global Food Supply』(울력, 2003:115)에서는 "오늘날 이 같은 다양성은 유전자 침식Genetic erosion과 유전자 해적

Genetic piracy 행위에 의해 위협받고 있다. 단일 지배와 독점이 자연과 농업 문화에 의해 수천 년 동안 우리에게 전해져 내려온 풍부한 종자 수확을 파괴하고 있다."라고 주장하면서 종자의 자본 지배에 대한 경계를 강조하고 있다.

지역 문화와 관련 있는 방언형은 비록 사용자 수가 제한되어 있거나 분포 범위가 좁더라도 사전의 올림말로 등재되어야 할 것이다. 그러한 사례를 몇 가지 들어 보자. 지역의 문화적 특징을 가장 잘 반영하고 있는 것 중의 하나는 음식문화이다. 경상북도 중에서도 안동 지역에서 최상의 제사 음식으로 꼽는 것은 문어文魚이다. 남해에서 생산되는 문어 80%가 안동 장에서 소비된다는 말이 있을 정도다. 그런데 경주 지역에서는 상어(돔배기)를 편으로 떠서 꼬치로 만든 '돔배기' 없이는 제사를 지내지 못한다고 할 만큼 중요한 음식으로 친다. 육회, 반가의 고급 음식으로는 북어를 두들겨서 마치 솜과 같이 가늘고 부드러운 가루처럼 만들어 조미한 '피움' 등 헤아릴 수 없을 만큼 다양하다. 식혜食醯도 재료나 만드는 방식에 차이가 있다. 안동 지역에서는 식혜에다가 무, 배, 생강, 마늘, 밤 등의 다양한 재료를 채 썰어 넣고, 고춧가루도 넣어 얼큰하고 달고 시원하게 만들어 먹는다. 경주 지역에서는 맵쌀로 만든 것은 '단술'이라고 하고 찹쌀로 만든 것은 '점주'라고 하여 안동 지역의 식혜와는 큰 차이를 보인다. 경상북도 상주시 공검면 지역의 민촌에서는 잔칫날이 되면 국수와 '콩지름힛집'이라는 음식을 해먹는다고 한다.[10] 반가班家에서는 큰상을 차리는데 온갖 기름진 음식을 만들어 올리지만 상주 일대의 민초들은 콩나물을 삶아 콩가루에다 버무려서 만든 잔치 음식인 '콩나물힛집'이라는 음식을 만들어 손님을 접

10 이상규, 『경상북도 방언 이야기』,(새국어생활 제15권, 2005), 국립국어원. 참조.

대한다고 한다. 무청을 말린 것으로 국을 끓인 '시래기국', 무채로 끓인 '무국', '애동호박(애호박)찌짐', 잘 익은 호박에 콩이나 팥을 넣어 삶은 '호박범벅', 밥에 호박을 썰어 넣은 '호박밥', 쌀가루와 호박 채를 시루에 찐 '호박떡' 등 농가의 일상 음식들 모두 우리들에게 추억의 입맛을 돋게 한다. 산나물로는 '취나물', '개나물', '개앙추', '참추', 들나물로는 '나새이(냉이)', '고들빼기', '가시게사레이', '달래이', '비름', '질깅이', '말방나물(민들레)', '참뚜깔' 등이 있는데, 이들 나물에다 '담북장'과 '딩기장(등겨장)'을 곁들이면 봄철 잃어버린 입맛을 살려주는 다시 없이 좋은 음식이 아닐 수 없다. '돔배기', '피움', '콩지름힛집', '가시게사레이', '말방나물', '참두갈' 등의 어휘는 국어사전에서 전혀 찾아 볼 수 없는 실정이다.

"넓고 넓은 바닷가에 오막살이 집 한 채 …… 늙은 아비 홀로 두고 영영 어디 갔느냐" 어린 시절에 불렀던 동요의 노랫말에 나오는 '오막살이', 이 말은 '오두막집, 마가리, 하룻집, 마름집' 등 다양한 방언으로 분화되어 있다. 조성기가 쓴 『한국의 민가』(한울아카데미, 2006 : 82)는 '오두막집'을 마루가 없는 3칸 형이하 홑집으로 규정하고 있다. 야후Yahoo에서는 '오두막집'을 '비바람이나 막을 수 있게 간단하게 꾸린 집'으로 규정하고 있다. '오두막집'은 지역적으로 구조뿐만 아니라 용도상의 차이를 보일 뿐 아니라 역사 문화적 전통에 따라 이름이 세분화된다. 노비는 집안에 함께 기거하는 '솔거노비'와 멀리 다른 곳에서 사는 '외거노비'로 구분된다. 솔거노비도 다시 집 안에 함께 사는 노비와 주인집 담 바깥이나 중문이 있는 안쪽 공간과 함께 이어진 행랑채에 기거하는 노비로 구분된다.[11]

상전 집에서 인접해 있는 곳에 지은 별채의 오두막집이 있다. 이

11 정연식, 『일상으로 본 조선이야기 1, 2』(청년사, 2001 : 18-19) 참조.

런 집은 대개 방 한 칸이 전부이고 주인이 부르면 언제라도 달려올 수 있도록 주인집을 바라보게 지었다. 경주 양동마을에 가면 무첨당, 양졸당, 향단 종가집 입구에 초가집으로 지은 단칸집이 있다. 이 마을에 거주하는 송국주(가양주) 제조 기능 보유자인 이지휴 씨는 이런 집을 경주 방언으로는 '가랍집', '가람집'이라고 부른다고 한다. 이 '가랍집', '하릿집', '하룻집', '호지집', '마가리', '마가리집' 등 방언 분화형이 매우 다양한데 이들 방언형은 『표준국어대사전』은 물론이고 우리나라 사전 어디에도 실려 있지 않다. '가랍집'은 '노비가 사는 오막살이'로 뜻풀이를 할 수 있겠지만 용도에 따라 의미가 조금 다르다. 백석의 시 나와 나타샤와 흰 당나귀에 '오막살이'의 방언형인 '마가리'라는 시어가 실려 있다.

> 가난한 내가/아름다운 나타샤를 사랑해서/오늘밤은 푹푹 눈이 나린다……/나타샤와 나는 눈이 푹푹 쌓이는 밤 흰 당나귀를 타고/산골로 가자 출출이 우는 깊은 산골로 가 마가리에 살자……/눈은 푹푹 나리고……/어데서 흰 당나귀도 오늘밤이 좋아서/응앙응앙 울을 것이다/
>
> (백석, 나와 나타샤와 흰 당나귀)

어느 누구에게도 침해받지 않는 사랑의 공동체인 '마가리(오막살이)'에서 사랑하는 나타샤와 함께 살기를 기원하는 애틋하고 애절한 마음을 노래하고 있다는 시다. 〈표준어 규정〉 제23항에 '마바리집'을 '마방집'의 잘못 또는 방언형으로 처리하는 오류를 범하고 있다. '마바리'는 '마가리'의 'ㅂ/ㄱ' 교체형으로 '오막살이'라는 의미를 가지고 있다. 그런데 '마바리집'을 '말이 자는 집'으로 이해하여 '마방馬房집'의 방언형으로 규정하는 잘못을 저질렀다. 큰 기와 집 입구에 살림집으로 만들어진 초가집은 그 대갓집에 종살이를 하는 하인들이 사는 집이지만, 일시적으로 멀리서 찾아온 귀한 손님을 모시고 온 하인들이 하루 잠시 머물 수 있도록 만든 집은 홑집으로 부엌이 딸리지 않은 집이다. 이렇게 생긴 단칸 홑집은 '하인이 사는 오막살이'가 아니라 '하인이 잠시 대기하도록 만든 집, 또는 임시로 거처하기 위해 만든 집'이라고 풀이해야 옳은 것이다. 경북 안동 지역에 가면 부엌이 가운데 있고 양옆에 온돌방과 외양간이 딸린 집을 가리키는 '도투말이집'이라는 것이 있는데 대부분의 국어대사전에는 등재되어 있지 않다. 이처럼 '오두막집'의 다양한 변종을 고려하지 않은 뜻풀이를 어찌 옳다고 할 수 있을까? 황석영의 소설 『폐허』, 그리고 『맨드라미』는 윗집 옛 상전의 그늘 밑에 사는 '홋집'의 소작인의 비애를 그리고 있는데 그 '홋집'은 '호지집'으로도 명명된다. 세월 따라 또 지역에 따라 그 용도와 이름이 바뀔 수 있으니 올림말을 골라내고 또 뜻풀이를 정확하게 하는 일 역시 만만치 않은 작업이다.

옛날 시골집에서는 밤이 되면 불을 밝히기 위해 다양한 조명기구가 사용되었다. 필자의 경험만으로도 '호롱불', '남포등불', '촛불', '전구', '형광등' 등의 방식으로 변화되었는데 옛날 선조들의 조명 기구에는 어떤 것이 있었는가? 옛날 깊은 산골에는 흙집에 조명 겸 벽난로와 같은 역할을 하도록 만든 시설이 있다. 태백 산맥의 동쪽 지역으로 분포되어 있는 '코쿨'이 그것이다. 벽에다가 외벽으로 통하는 굴뚝을 세워 소나무 괭이나 등겨 가루를 묻혀 말린 겨릅대를 올려 불을 밝히면서 그 불에서 나오는 열기로 방의 온도를 높이도록 만든 시설물이다.

> 날로 밤으로/왕거미 줄치기에 분주한 집/마을서 흉집이라고 꺼리는 낡은 집/이 집에 살았다는 백성들은/대대손손에 물려줄/은동곳도 산호관자도 갖지 못했느니라.//재를 넘어 무곡을 다니던 당나귀/항구로 가는 콩실이에 늙은 둥글소/모두 없어진 지 오랜/외양간엔 아직 초라한 내음새 그윽하다만/털보네 간 곳은 아무도 모른다.//찻길이 뇌이기 전/노루 멧돼지 쪽제비 이런 것들이/앞뒤 산을 마음 놓고 뛰어다니던 시절/털보의 셋째 아들은/나의 싸리말 동무는/이 집 안방 짓두광주리 옆에서/첫울음을 울었다고 한다.//"털보네는 또 아들을 봤다우/송아지래두 불었으면 팔아나 먹지"/마을 아낙네들은 무심코/차가운 이야기를 가을 냇물에 실어보냈다는/그날 밤/저릎등이 시름시름 타들어가고/소주에 취한 털보의 눈도 일층 붉더란다.//갓주지 이야기와/무서운 전설 가운데서 가난 속에서/나의 동무는 늘 마음 졸이며 자랐다./당나귀 몰고 간 애비 돌아오지 않는 밤/노랑 고양이 울어울어/종시 잠 이루지 못한 밤이면/어미 분주히 일하는 방앗간 한 구석에서/나의 동무는/도토리의 꿈을 키웠다.//그가 아홉 살 되던 해/사냥개 꿩을 쫓아다니던 겨울/이 집에 살던 일곱 식솔이/어디론지 사라지고 이튿날 아침/북쪽을 향한 발자욱만 눈 우에 떨고 있었다.//더러는 오랑캐령쪽으로 갔으리라고/더러는 아라사로 갔으리라고/이웃 늙은이들은/모두 무서운 곳을 짚었다.//지금은 아무도 살지 않는 집/마을서 흉집이라고 꺼리는 낡은 집/제철마다 먹음직한 열매/탐스럽게 열던 살구//살구나무도 글거리만 남았길래/꽃피는 철이 와도 가도 뒤울안에/꿀벌 하나 날아들지 않는다./
>
> (이용악, 〈낡은집〉)

이 시에 나오는 '저릎등'이 바로 시골에서 사용하던 조명 도구이다. '저릎등'의 재료인 '저릎'은 겨릅 곧 대마의 껍질을 벗겨낸 하얀

속대다. 옛날에는 벽을 바르기 전에 흙이 흘러내리지 않도록 이 겨릅을 울타리처럼 결어서 그 위에 흙을 발랐다. 그리고 뜨물을 가라앉힌 앙금에다가 겨를 섞어 반죽한 것을 겨릅대에 얇게 발라 말린 다음, 불을 붙여 밤에 조명용으로 사용하는 것이 '겨릅등'이다. 경북 북부지역이나 강원도와 함경도 산간지역에서는 벽에다 받침대를 만들거나 혹은 벽에다가 '코쿨, 코쿤'이라고 하는 벽난로와 같은 구덕을 만들어서 그곳에 이 겨릅대를 세워 태우기도 한다.[12] 연기가 많이 나는 것이 흠이지만 촛불 정도로 밝으며, 하룻저녁에 대개 서너 개를 쓴다고 한다. 이 '코쿨'이라는 방열 및 조명 시설에 대한 이름은 매우 다양한 분화형을 가진다. 이 다양한 방언 분화형을 모두 사전의 올림말로 싣자는 이야기가 결코 아니다. 이들 분화형 가운데 역사적 변천 과정과 사용 빈도를 고려하여 그 대표형을 가려내어서 사전의 올림말로 삼자는 것이다.

웨일스의 격언 "언어가 없는 민족은 심장이 없는 민족이다.Cenedl heb iaith, cenedl heb galon"를 새삼 되뇌어 본다. 이 땅에 기차가 달리고 하늘에는 비행기가 나는 시대, 그보다 훨씬 빠른 인터넷을 통해 이 지구는 크리스털처럼 투명하게 음성과 영상, 그리고 정보를 소통하는 시대에 들어섰다. 그래서 지난 시절이 더욱 그리워지는 것이다. 지난 시절의 언어 속에는 그 당대의 삶의 방식과 모습, 그리고 사유

12 이상규, 『경북방언사전』(태학사. 2001) **코쿨**명 벽을 움푹 파고 연통을 내어 나무를 태워 벽난로 기능과 더불어 조명 역할을 함. "요새도 안빵 아릇묵 구석 비람빡에 굴같이 생긴 코쿨이라능 기 있데이"(봉화)(울진) '코쿨'의 방언으로 '고꼬리불, 고꾸리불, 고끌불, 고루채기불, 고코리불, 고쿠리불,고쿨불, 꼭두라지불, 관솔등불, 관솔불, 관술불, 광술불, 괵코리불, 꾕이불, 동디불, 둥지불, 소깨이불, 소깽불, 소캐불, 솔, 솔강불, 솔까이불, 솔깡불, 솔깡이불, 솔깽불, 솔깨이불/솔깽이불, 솔관불, 솔광불, 솔 꾕이불, 오코리불, 오둠불, 오둥불, 우둥불, 입성나불, 코꾸리불, 코꿀불, 코콜불, 코쿠리불, 코쿨불, 회릿불, 햇불' 등이 있다.

와 철학이 실려 있다. 꼭 땅 속에서 금속이나 돌로 만든 유물이 나와야지 문화재인가? 우리 선조들의 일상적 삶의 애환이 서려 있는 말씨인 방언 역시 훌륭한 무형 문화재이다. 방언을 통해 우리는 과거와 만날 수 있으며, 또 과거를 되돌아볼 수 있다. 방언은 절멸된 시간과 공간의 문화를 재구축할 수 있는 훌륭한 재료다. 방언은 사람들의 살아온 자취, 흔적, 잔해와 세월의 흐름에 따라 이루어 낸 위업이 새겨져 있는 오래된 역사의 주름이다. 방언은 오랜 역사를 가지고 있어 그 언어의 뿌리(기원의 역사)를 확실하게 증명해주는 '말言'의 흔적이다. 이런 다양한 어휘의 방언형 체계를 전면적으로 표준어에 수렴하여 사용하게 하는 일은 불가능하다. 그러나 지역적 종의 다양성을 체계적으로 조사하고 어디까지 공통어로 채택할 것인지 논의하는 일은 반드시 필요하다.

한국의 미래가 어떨까? 한국 사람들은 그다지 심각하게 생각하지 않는 인구 감소의 문제는 국가의 소멸과 함께 언어의 절멸로 치닫게 된다. 외국에서는 이미 전 세계에서 맨 먼저 언어가 사라질 나라로 한국을 꼽고 있다. 현재 전 세계에서 한국어를 사용하고 있는 사람들을 숫자로 따지면 세계 10위 권 안에 든다. 현재 한국의 출산율은 부산을 기준으로 하여 0.81(2006년)로 다른 변수를 고려하지 않고 현재의 추세대로 간다면 세상에서 가장 먼저 한국인이 소멸될 것이라는 예측이다.

'코리아 신드롬'이라는 유행어를 만들었던 옥스퍼드 인구문제연구소의 데이비드 콜먼 박사는 한국의 저출산 문제를 심각하게 제기하고 있다. 유엔미래포럼 한국 대표인 박영숙이 쓴 『미래뉴스』(도솔, 2008)에서 한국은 2015년경부터 총 인구 수가 줄어들 것으로 예측하고 2305년이면 마지막 한국 사람이 죽을 것이라고 한다.

미래의 예측이 모두 맞아떨어지지는 않겠지만 저출산 문제는 매우 심각한 문제임에 틀림이 없다. 대학을 진학하려는 고등학교 학생들의 숫자보다 대학의 문이 훨씬 더 넓어서 앞으로 대학의 도산이 사회 문제로 대두될 것이지만 국내 어떤 대학들도 이 문제의 심각성을 정면으로 논의하지 않고 우리 대학만은 예외일 것이라고 판단하고 있는 듯하다. 최근 아동용 물품을 만드는 시장이 축소되고 산부인과나 소아과 의사들은 경영의 수지를 못 맞추고 있다.

한국의 인구 문제는 비단 언어의 절멸 문제로 이어지는 불행이 아니라 인류의 총체적인 불행으로 이어질 공산이 매우 크다. 인구 변화는 미래사회의 메가트렌드를 보여주는 지표이다. 서구 선진 사회에서는 이미 1970년대부터 저출산 문제를 국가적 위기로 규정하고 온갖 정책적 지원을 쏟았지만 저출산 문제는 해결될 기미를 보이지 않고 있다. 지난 농경 사회는 아이가 곧 노동력을 낳는 자산이었지만 정보화 사회에서는 아이가 고비용이라는 인식이 팽배해 있다. 200년 뒤에는 이 지구상에 한국인이 없어진다. 저출산의 이유가 여러 가지가 있지만 2017년 이후 강한 파괴력을 가진 불치병, 핵전쟁, 대규모 인구 이동, 불임, 파시즘, 등의 정치, 경제 환경 요인이 저출산 문제를 심화시키는 불을 당길 것으로 예고하고 있다. 박영숙(2008:70)은 "한국의 출산율을 1.10명으로 넣고 시뮬레이션 해 보았을 때 인구 감소세는 2015년부터 나타나기 시작한다. 그러다가 저 출산 현상 속에서 태어난 아이들이 부모가 되는 2040년부터 급격히 줄어든다. 2005년에는 4800만이던 것이 2050년에는 3400만명, 2100년 1000만, 2150년 290만, 2200년 80만, 2250년 20만, 2300년 6만, 2305년에는 한국 사람이 사라진다!" 사람의 소멸은 사람과 함께 유지해 온 기호, 곧 우리말과 글의 절멸로 이어질 것이다.

인구 증가나 급격한 감소, 환경 훼손, 전쟁, 벌목 등의 인간에 의한 자연 훼손 결과로 우리 주변에 있던 동식물들이 하나둘씩 자취를 감추고 있다. 1992년 브라질 리우에서 개최되었던 유엔환경개발회의에서 '생물다양성협약'을 채택한 이후 우리나라 환경부에서도 '자연환경보전법'을 개정하여 야생 동식물 보전에 힘쓰고 있다. 194종의 '멸종위기 및 보호 야생 동식물'을 선정하여 그 보전을 위해 노력하고 있다.

환경부의 〈자연환경보전법〉 제2조 제6호에서는 멸종위기 야생동·식물을 "자연적 또는 인위적 위협 요인으로 인한 주된 서식지·도래지의 감소 및 서식 환경의 악화 등에 따라 개체수가 현저하게 감소되고 있어 현재의 위협 요인이 제거되거나 완화되지 아니할 경우 멸종위기에 처할 우려가 있는 야생 동·식물을 말한다."라고 정의하고 있다. 〈자연환경보전법〉 제2조 제7호에는 보호 야생동·식물은 "학술적 가치가 높은 야생 동·식물, 국제적으로 보호가치가 높은 야생 동·식물, 우리나라의 고유한 야생 동·식물 또는 개체수가 감소되고 있는 야생 동·식물을 말한다."라고 정의하고 있다. 대상물이 소멸되면 자연적으로 그에 대응하는 언어도 절멸하기 마련이다.

가. 포유류(22종)

늑대, 산양, 담비, *작은관코박쥐, 대륙사슴, 수달, 무산쇠족제비, *큰바다사자, 바다사자, *시라소니, 물개, 토끼박쥐, 반달가슴곰, 여우, 물범, 하늘다람쥐, *붉은박쥐, 표범, *물범류, 사향노루, 호랑이, 삵

나. 조류(61종)

검독수리, 가창오리, *붉은가슴흰죽지, *적호갈매기, 넓적부리도요, *기구리매, *붉은해오라기, 조롱이, 노랑부리백로, 개리, 비둘기조롱이, *참매, 노랑부리저어새, 검은머리갈매기, *뿔쇠오리, 큰고니, 두루미, *검은머리물떼새, 뿔종다리, 큰기러기, 매, *검은목두루미, *삼광조, *큰덤불해오라기, 저어새, 고니, *새홀리기, *큰말똥가리, 참수리, *긴점박이올빼미, 솔개, *털발말똥가리, *청다리도요사촌, *까막딱다구리, *쇠황조롱이, 팔색조, 크낙새, 느시, 수리부엉이, 항라머리검독수리, 흑고니, 독수리, *시베리아흰두루미, *호사비오리, 황새, 뜸부기, *알락개구리매, 흑기러기, 흰꼬리수리, 말똥가리, 알락꼬리마도요, 흑두루미, 먹황새, 올빼미, 흰목물떼새, 물수리, 재두루미, *흰이마기러기, 벌매, *잿빛개구리매, *흰죽지수리

다. 양서・파충류(6종)

구렁이, 금개구리, 남생이, *표범장지뱀, 맹꽁이, *비바리뱀

라. 어류(18종)

감돌고기, *가는돌고기, 모래주사, 꼬치동자개, 가시고기, *묵납자루, *미호종개, *꾸구리, 임실납자루, *얼룩새꼬미꾸리, *다묵장어, 잔가시고기, *통사리, 돌상어, 칠성장어, *흰수마자, *둑중개, *한둑중개

마. 곤충류(20종)

*산굴뚝나비, 고려집게벌레, 소똥구리, *두점박이사슴벌레, *깊은산부전나비, *쌍꼬리부전나비, 상제나비, 꼬마잠자리, *애기뿔소똥구리, 수염풍뎅이, *닻무늬길앞잡이, 왕은점표범나비, 장수하늘소, *멋조롱박땅정벌레, *울도하늘소, 물장군, *주홍길앞잡

이, *붉은점모시나비, *큰자색호랑꽃무지, 비단벌레

바. 무척추동물(29종)

*귀이빨대칭이, *검붉은수지맨드라미, 자색수지맨드라미, *붉은발말똥게, 나팔고둥, *깃산호, *잔가지나무돌산호, *기수갈고둥, 남방방게, *둔한진총산호, *진홍나팔돌산호, *대추귀고둥, *두드럭조개, 망상맵시산호, *착생깃산호, 장수삿갓조개, *칼세오리옆새우, *밤수지맨드라미, *측맵시산호, *참달팽이, *별혹산호, 해송, *긴꼬리투구새우, *연수지맨드라미, *흰수지맨드라미, 선침거미불가사리, *유착나무돌산호, *갯게, *의염통성게

사. 식물(64종)

*광릉요강꽃, 가시연꽃, 매화마름, *왕제비꽃, *나도풍란, 가시오갈피나무, 무주나무, 으름난초, *만년콩, *개가시나무, *물부추, *자주땅귀개, 섬개야광나무, *개느삼, 미선나무, 자주솜대, 암매, *개병풍, 박달목서, *제주고사리삼, *죽백란, *갯대추나무, *백부자, *조름나물, 풍란, *기생꽃, *백운란, *죽절초, 한란, *깽깽이풀, *산작약, 지네발란, *끈끈이귀개, 삼백초, 진노랑상사화, *나도승마, *선제비꽃, *층층둥글레, *노랑만병초, *섬시호, *큰연령초, 노랑무늬붓꽃, *섬현삼, *털복주머니란, 노랑붓꽃, *세뿔투구꽃, 파초일엽, 단양쑥부쟁이, 솔나리, *한계령풀, 대청부채, *솔잎란, *홍월귤, *대흥란, 솜다리, *황근, 독미나리, *순채, 황기, *둥근잎꿩의비름, *애기등, *히어리, 망개나무, *연잎꿩의다리

아. 해조류(1종)

*삼나무말

‘멸종위기 및 보호 야생 동식물’의 명칭이 지역적 분화형뿐만 아

니라 표준어형으로도 학습될 기회가 박탈되고 있다. 환경부에서 고시한 멸종 위기의 야생 동식물의 이름 가운데 *표식의 어휘는 『표준국어대사전』에 실리지 않았다. 이들 어휘가 사전에 실리지 않았다는 사실만으로도 문제가 되지만 사전 편찬자들의 동식물 생태분류 체계에 대한 무지함이 사전 편찬에까지 이어지고 있다는 충격적인 사실을 결코 간과할 수 없다. 숲과 자연 환경 파괴가 약탈자의 음모와 이윤 추구라는 이유 때문에 발생한다는 견해를 가진 데릭 젠슨과 조지 드레펀이 쓰고 김시현이 옮긴 『약탈자Strangely Like War』(실천문학사, 2003:7)에서 "자연을 원재료로, 생명을 상품으로, 다양성을 위협으로 전락시키고, 파괴를 진보와 발전이라고 여기는 단일한 문화를 선호하는 시각의 폭력이 서슬 푸른 칼날을 휘두르는 것이다."라고 말하고 있다. 다국적 기업이나 지배적 국가의 경영이 어떻게 자연을 파괴하고 있는지 잘 설명해주고 있다.

생태학에서도 단일 재배는 조만간 부득이 멸종으로 이어질 수밖에 없다고 예고하고 있다. 그런데도 불구하고 인간은 자연의 다양성을 파괴하고 식량의 원천이 되는 생물의 종을 표준화하거나 생산량이 많은 쪽으로만 육종하는 데 혈안이 되어 있다. 기술적으로 고도의 무장을 하고 있는 인간들은 엄청난 종족의 절멸과 그 언어의 절멸을 아무렇지도 않게 바라만 보고 있다. 북미 대륙에서 백인들에 의해 저질러진 인디언의 절멸이나 아프리카의 많은 부족들의 추방과 죽음은 과연 무엇을 의미하는가? 사전은 국어의 참 모습을 비추는 거울이 되어야 한다. 사전이 앞장서서 국어의 생태계를 파괴해서는 안 된다.

갈치는 은갈치(비단갈치)와 먹갈치로 구분되는데 정작 '갈치'는 '갈칫과'로 '먹갈치'는 '등가시칫과'로 구분하여 상위 '과'가 다른 것으로 사전에서는 뜻풀이를 하고 있다. '갈치'는 『자산어보』에서 '군대어裙帶魚'라고 하며 '매가오리'를 연분鳶鱝, 황홍어黃紅魚로 뜻풀이하듯이 갈치 역시 동일한 방식으로 뜻풀이를 하지 않은 이유가 무엇인가? 그뿐 아니다. 아무리 먹어도 배가 나오지 않는 홀쭉한 사람을 '갈치배'라고 하는데 이 '갈치배'라는 어휘도 복합어로 인정하지 않아서 인지 『표준국어대사전』에 실려 있지 않다. 겨울 포장마차에 들러 소주 한 잔에 '고갈비' 한 마리면 넉넉하게 친구들과 우정을 나눌 수 있을 텐데 문제는 이 '고갈비'가 역시 『표준국어대사전』에 실려 있지 않다. 아직 새로운 어휘로 정착되지 않아서인가 아니면 국어심의회의 거수 의결을 거치지 않아서일까?

우리 일상생활과 매우 밀접한 고기로 '명태'가 있다. 싱싱한 생물은 '생태'라 하고 얼린 것은 '동태'라 하며, 말린 것은 '북어' 또는 '깡태'라 하고 40여일 비바람에 얼렸다 말린 고급품은 '황태'라 한다. 또 내장과 아가미를 발라내고 보름 정도 꾸덕꾸덕하게 말린 놈은 '코다리'라고 하며 북어나 황태를 방망이로 두드려 솜털처럼 만들어 조미한 것을 '피움'이라 한다. 잡는 방식에 따라 유자망으로 잡은 것은 '그물태', '망태'라 하고 연승 어업으로 잡은 것은 '낚시태'라 부르며 산란을 한 뒤에 살이 마른 것은 '꺾대'라 한다. 이 역시 '깡태, 그물태, 꺾태'니 하는 다양한 어휘는 서울 교양 있는 양반들이 사용하지 않는 말이라 다 내다 버려야 하는 모양인지 『표준국어대사전』에 실려 있지 않다.

'밴댕이'라는 놈은 속이 좁아 내장이 거의 없다. 속 좁은 사람을 '밴댕이 같은 놈'이라 하듯이 말이다. 멸치보다도 이 밴댕이를 말린 것이 시원한 국물을 우리는 데는 적격이다. 이 말린 밴댕이를 부산지역에서는 '띠포리'라 하는데, 이것 역시 시원찮은 시골 사람들 말씨라 그런지 『표준국어대사전』에는 실려 있지 않다. 사전에 실려 있지 않다는 이야기만 계속하니 뭐 전문용어로 처리할 것이라서 사전에 없는데 무슨 소리 하느냐고 뻔뻔하게 맞서는 사전 편집자들이나 그런 일을 국가 기관에서 할 일이 아니라고 우기는 국어 정책 책임자들이나 오십보백보인 셈이다. 국가 사전 지식 경쟁력이 약화된 위기를 안일하게 대응하는 사람들이 언어 권력을 휘두르는 이상 언어의 다양성을 확보할 미래의 방안이 보이지 않는다.

일상의 언어Ordinary language는 언어의 자연성을 모두 담아낼 수 없듯이 사전에 실릴 수 있는 언어 자체도 우리의 지식이라는 거대한 빙산의 일각에 불과하다. 그러나 사전이 인간 지식과 정보를 얼마만큼 담아내느냐의 문제는 종이 사전을 가위로 오려붙이고 문제가 되는 어휘들은 근사하게 표준어심의 위원들이 선별 투표를 하는 등, 이러한 주먹구구식의 사전 지식 관리 문제와는 전혀 별개의 일이다.

04 | 국어의 외연을 넓히자

구한말 미국 선교사였던 제이콥 로버트 무스가 쓰고 문무홍이 옮긴 『1900, 조선에 살다Village Life in Korean』(푸른역사, 2008)에는 아주 재미있는 기록이 있다.

> "서울이라는 낱말은 조선의 수도를 의미할 뿐만 아니라, 중국의 서울은 베이징, 일본의 서울은 도쿄, 그리고 워싱턴은 미국의 서울이라는 식으로 '수도'라는 의미로도 사용된다. 그리고 서울은 진정 조선의

> 영혼soul이다. 삶의 중심이고, 사회, 정치, 나아가서 다른 모든 것들의 중심이다. 모든 길은 서울로 통한다. 조선인들은 자기 나라의 수도를 말할 때 꼭'올라간다'라고 표현한다. 수도밖의 모든 것들은 이 나라의'아래'에 있는 것으로 여겨지기 때문이다. 인구 4만 혹은 6만 규모의 도시에 산다고 해도 역시 그는 단지 시골 사람일 뿐이다. 항상 그는 서울로 올라가고 고향으로 내려간다고 표현한다. 누구라도 여인숙에 묵게 되면 같은 방에 있는 다른 사람과 대화를 하게 되면, 종종 '올라갑니까(Ola-kam-ni-ka), 내려갑니까(na-ri-kam-ni-ka)'라는 질문을 받게 된다. '당신은 올라갑니까, 내려갑니까'라는 뜻으로, '당신은 서울로 갑니까, 아니면 시골로 가십니까'를 의미하는 것이다."

구한말 이래 이미 우리들에게 서울은 중앙이요 중심이라는 인식이 깊이 뿌리 내리게 되었다. 정치, 경제, 문화의 중심 지역인 수도는 많은 사람들이 살고 있고 또 언어 개신이 다른 변두리 지역보다 빠르기 때문에 언어 규범의 중심 지역으로 삼는 데는 이견이 없다. 그러나 서울 중심 밖에 있는 변두리 언어를 내쳐야 할 어떤 근거나 당위성 또한 없다. 규범적 근거는 다수 사람들이 모여 사는 수도 지역의 언어를 기준으로 하되 서울 규범어가 이미 전국으로 널리 확장되어 있기 때문에 국어의 다양성을 살리기 위해서도 서울 규범 언어의 둥지 밖에 있는 변두리 언어를 절실하게 수집 보전할 필요가 있다. "말馬은 제주로 보내고 사람은 서울로 보내라."라는 말이 있지만 서울만 살아남는 시대는 지난 이야기이다. 더군다나 서울 지역의 교양인이 아닌 사람들의 언어는 내다 버려야 하는 것인가? 표준어의 기준으로 지역과 계층을 이처럼 철저하게 제한하는 전통은 20세기 이전 일본이나 유럽 몇몇 제국의 언어 기획의 잔재물이다.

표준어 개념을 재검토하기 위해서는 몇 가지 전제해야 할 점이 있다. 표준어와 비표준어로 양분하는 방식을 점진적으로 폐지해야 한다. 이상규 · 조태린 외 여러 사람이 쓴 『한국어의 규범성과 다양성』(태학사, 2008)은 '표준어'의 범주와 계층성에 대한 문제를 본격적으로 논의한 글을 모은 책이다. 조태린의 〈계급언어, 지역 언어로서의 표준어〉(태학사, 2008:60)에 "표준어의 형성과 함께 더욱 심화된 서울말과 지역말 사이의 차별 구조는 정치 · 경제 · 사회 · 문화 등의 거의 모든 분야가 서울을 중심으로 과도하게 집중되어 있는 우리나라의 특수 상황을, 그로 인해 서울에 산다는 자체가 하나의 '특권계급'임을 드러내는 것으로까지 여겨질 수 있음을 그대로 반영하고 있다. 이러한 의미에서, 표준어의 지역성(서울 중심주의)은 표준어의 계급성(중간계급 중심주의)을 지역적으로 표현하고 있을 뿐만 아니라, 그 자체로 '서울 대 지방', '특권지역 대 소외지역'이라는 유사 계급적 차별의 구조를 재생산하는 데에도 기여하고 있다."라고 주장하고 있다. 표준어는 임의적인 성격이 강하기 때문에 포괄적 개념만을 규정하도록 하고 개별 어휘에 대한 규정은 지양해야 할 것이다. 그리고 국어 규범을 강요하기보다는 언어 기술 위주로 전환하거나 국어사전에 반영하는 방식을 취해야 한다. 표준어와 비표준어로 양분하는 방식을 지양하기 위해서는, 표준어/비표준어를 대립되는 개념으로 이해할 것이 아니라 어휘 사용 실태 조사에 주력하여 방언이라도 필요한 경우에는 규범적인 공통어로 채택할 필요가 있다. 국어사전에 등재되어 있지 않은 어휘의 발굴에 노력해야 한다. 말뭉치의 활용(세종계획 말뭉치, 국립국어원 자체 말뭉치 등)과 생활 현장 용어의 조사를 통해 국어의 어휘 수를 더욱 늘이도록 노력하는 동시에 의사소통에 장애물이 없도록 표준식으로 말하는 방식을 적극 교육해야 한다. 예를 들면 단모음 '에/애', '으/어'와 '외/우'의 규범적인 발음법은 착실히 교육할 필요가 있다.

70년대 이후 산업화와 도시화의 과정에서 급팽창한 '서울' 지역의 외연外延과 그 속에 유동하며 살아가고 있는 '교양인'이라는 정체를 규정하기가 어렵게 되었다는 점도 문제이다. 따라서 '표준어 사정 원칙'의 총칙 제1항의 규정은 사문화된 규정이나 다름이 없다. 우리 어문 정책의 틀은 결국 우리 민족의 언어 자산을 한정된 '서울' 지역과 '교양인'으로 묶어둠으로써, 상대적으로 풍부하고 다양한 방언은 표준어에 비해 열등한 것으로 비하되었고 또 공익성이 없는 것으로 여겨져 결국 절멸의 길로 들어서게 되었다. 표준어를 쓰는 서울 사람들에 의해 형성된 서울 중심 문화의 대중화는 지방 사람들로 하여금 자신들이 태어나고 성장한 고장의 토착 언어를 부정하거나 지역 문화의 우수성까지도 무시하도록 한다는 점에서 신중히 재고되어야 한다. 언어에 대한 왜곡 현상은 학습자 개인의 언어 습관의 문제에 국한되지 않고, 그들이 살아온 지역 문화에 대한 정체성 내지 자긍심 형성에도 영향을 미친다. 이것이야말로 문화적 폭력이라고 하지 않을 수 없다.

규범을 충실하게 반영해야 할 『표준국어대사전』은 어문 규범과 관계없이 올림말을 뒤죽박죽 섞어놓았다. 신어, 다듬은 말(순화어), 전문어, 표준어로 규정되지 않은 방언, 북한어, 개인어 등은 표준어가 아님에도 사전 편찬자의 임의적인 판단으로 올림말로 선정하였다. 만일 어문 규범을 담아낸 이 사전이 정당하다면 '한국어 어문 규범'을 전면 수정해야 한다는 논리에 이르게 된다. 이쯤에서 조동일 박사(2006)의 조언을 들어보자.

"잘못을 합리화하려고 하지 말고, 명실상부한 '국어대사전'을 만들어야 한다. 표준어 사전을 만들면서 다른 것들을 일부 곁들이지 말고, 표준어인지 아닌지 구별하지 않고 모든 국어 어휘를 수록하고 풀이하는 큰 사전을 만드는 것이 국어원의 존재 이유이다. 시대와 지역에 따라 달라진 언어가 어떤 관련을 가지는지 설명해야 한다. (중략) 서사어와 구두어에서 새로 찾아낸 많은 어휘가 표준어인가를 가리는 것은 무의미한 일이다. 표준어 사정을 할 때 그런 말이 있는지 몰라 대상으로 삼지 않았다. 표준어 사정에 들어가지 않은 말은 방언이니까 홀대해도 그만이라는 옹졸한 생각을 가지고 국어대사전을 만들 수는 없다. 국어대사전은 표준어 사전일 수 없다. 표준어인지 옛말인지 방언인지 가리지 말고, 고유어와 한자어를 차별하지 말고, 모든 국어를 포괄하는 사전이 국어대사전이다. 국어원은 국어학 내부의 영역에 머물러 있지 말고, 어문생활사의 여러 문제를 다루어야 한다. 사전 편찬에서 언어문화의 유산을 폭넓게 계승하는 데 그치지 않고, 작문법, 언어 사용의 실상, 국어와 영어, 세계의 한국어 등에 관해서도 조사하고 연구해야 한다. 현재의 제도와 규정으로는 개선이 가능하지 않다면, 국립국어문화원으로 이름을 고치고 성격을 바꾸어야 한다."[13]라는 주장은 매우 타당하다.

서울-평양을 중심으로 한 언어 정책이 아니라 서울과 평양을 포함하고 나아가서는 평안, 함경, 경기, 충청, 전라, 강원, 경상, 제주를 모두 아우를 수 있는 '공통어 언어 정책'은 지역 간의 갈등과 분

13 조동일, 「국립국어원에 바란다. -어문생활사로 나아가는 열린 시야」, (2006년 11월 4일, 제7회 국립국어원 언어 정책 토론회 발표원고)

열을 초월하여 문화적 통일성을 확보하는 절대적인 교두보가 될 수 있으며, 지역의 문화적 정체성을 일깨우는 가장 핵심적이고 본질적인 것이라 할 수 있다. 수도 중심의 언어, 곧 표준어가 지난 시대의 권위적 중심의 상징으로 버티고 있는 한 지방 문화의 다원적 발전은 결코 기대할 수 없을 것이며 나아가 통일 조국의 언어 통합도 하나의 꿈에 지나지 않을 것이다.

최근 문화 다원주의에 입각하여 방언의 공식적인 사용을 정당화한 사례는 여러 방면에 걸쳐 확산되고 있다. 특히 대중 매체가 주도적인 역할을 하고 있는데, 방송뿐만 아니라 영화, 드라마, 소설, 연극 등 다양한 분야에서 방언을 사용하려는 욕구가 분출되고 있다. 이러한 경향은 방송 언어에서 특히 두드러지게 관찰된다. 곧 드라마나 오락 프로그램에서 방언을 사용하는 인물이 등장하는 기회가 많아 졌다는 점이다. 방언이 이렇게 부상하는 현상은 단순한 흥미 유발이나 호기심의 발로發露가 아니라 표준어 중심의 지배적인 언어관에서 일탈하려는 민중들의 심리가 반영된 결과이다.

1933년 이후 수십 년 동안 표준어 규범에 의한 학교 교육의 결과 서울 지역 방언이 남한 전역의 공통어 또는 보통어로 이미 굳게 자리를 잡고 있다. 이 때문에 아직 서울말이 아닌 지역 방언은 없애 버려야 할 대상으로 폄하되고 있다. 중심부의 언어와 변두리 언어가 서로 배타적 관계가 아니라 상호 보상적인 관계로 발전될 때 한 민족, 한 언어가 더욱 풍요롭게 누릴 수 있을 것이며, 이들을 포괄하는 언어 정책의 역량을 갖출 때 진정한 민족 언어 통일의 소망이 실현될 것이다.

앞서 제기한 문제들의 새로운 대안으로, 표준어는 어떤 개념으로 제정될 수 있을까? 표준어에 대한 지역적인 규정으로 '서울'을 내세운 것은 '반지역적'이고 '수도 중심적인' 권위적 사고의 소산이라 할 수 있다. 또한 계층적 '교양인'이란 도대체 누구를 두고 한 말인가? 따라서 '표준어'의 기준에서 한 차원 나아가 '한민족 간에 두루 소통되는 공통성이 가장 많은 현대어'라는 '공통어'의 개념으로 확대할 필요가 있다. '공통어'란 '한 나라의 어디서나 공통으로 두루 의사를 교환할 수 있는 언어'다. 곧 한민족 언어(겨레말)의 규범이 되고 또 잘 다듬어진 말인 표준어의 기반이 되는 공통어는 바로 '민족 언어 내에서 방언 간의 공통성'을 토대로 한 언어다. 지역사회 성원 간에 공통성이 많은 방언, 보통 사람들이 소통하는 데 불편이 없는 말이 공통어의 기반이 될 수 있다. 지금까지 표준어 규정은 서울을 제외한 지역의 방언을 배타적인 관점에서 다루어 왔지만, 공통어 규정은 서울말과 지역 방언이 상호 공존하는 방식으로 처리할 수 있다. 겨레말은 여러 방언을 토대로 하므로 그 방언의 공통성을 모아 표준어의 기반으로 삼아야 한다. 곧 '한민족의 방언 가운데 보통 사람들이 두루 사용하는 공통성이 가장 많은 현대어'를 표준어의 기준 바탕으로 삼아야 한다. 공통어와 방언은 서로 대응되는 개념이라면 '공통 표준어'는 '공통어를 기반으로 다듬은 인공적인 언어'라고 말할 수 있다. 곧 민족어는 이러한 공통 표준어를 기반으로 제정되어야 할 것이다.

표준어의 기반을 이루는 수도首都 지역의 말, 즉 '서울말'이라는 제약을 개정해야 한다. 일본에서도 이러한 권위적 지배의 시대를 벗어나면서 동경 중심의 '표준어' 정책에서 탈피하여 다중들이 많이 사용하고 있는 방언을 가려 모아서 사용하는 공통어 정책을 채택하고 있다. 소통 발화RP : Received Pronounce를 어문 정책으로 활용하고 있는 영미권의 사례도 고려해야 할 것이다.

인문 지식·정보의 미래

제2장

인문 지식정보의 미래

인문 지식·정보의 미래

01
지혜의 심장, 국어사전

01 | 국가 지식·정보의 미래

인류의 지식 · 정보가 언어, 문자 텍스트 중심에서 그림, 오디오, 비디오 등 다양한 인터넷 매체 디지털 텍스트로 활용할 수 있는 환경으로 발전되고 있다. 국가 간의 다른 언어의 텍스트를 기계적으로 소통할 수 있는 기술력의 증진과 함께 텍스트로 구성되지 않은 토착 지식의 구어 정보까지 대량의 텍스트로 구축하는 국가적 전략과 노력이 필요하다. 지식 · 정보가 급증할수록 이를 제대로 활용할 수 있는 환경으로 만들어 고급 텍스트를 구성함으로써 국가를 뛰어넘어 인류 삶의 질을 높이려는 노력이 없으면 다시 지식 · 정보의 양극화로 인한 인간 삶의 차등화가 개인적으로나 국가 간에도 심화될 것이다.

새롭게 재편되는 문화 경계는 국경을 건너 미래 인류의 삶의 질을 높일 수 있는 지식자본의 지형도를 그려낼 수 있을 것이다. 국경을 중심으로 한 분쟁과 갈등을 뛰어넘어 인간 삶의 높은 가치와 지향성을 이끌어 내기 위해서는 서로 다른 소통의 환경으로 발전시키는 동시에 새로운 소통의 윤리도 필요하다.

그러기 위해서는 인류의 지식·정보를 생산하고 또 관리하는 방식과 절차가 매우 중요하다. 생산자와 소비자가 협업을 통한 공유방식으로, 그리고 20세기까지 구축해온 지식의 벽을 허물어 통섭하는 미래 전략에 대해 개인과 국가가 함께 손을 잡아야 할 것이다.

1) 국지적 경계와 문화 경계Cultural Frontier

생산 경제의 관점에서는 인류 역사의 발전 과정을 원시경제에서 노예 봉건경제 체계로 다시 산업자본 방식에 의한 근대 민주 자본경제 체계로 발전해 왔다고 설명하고 있다. 한편 인류의 지식·정보의 소통 방식의 관점에서 시간과 공간의 거리를 좁혀준 인쇄술이나 교통, 통신의 발달에 따라 인류 역사의 제단계를 설정할 수 있을 것이다. 특히 인간의 지식·정보의 소통과 교류 방식인 활자 인쇄 기술의 발달과 함께 인터넷을 통한 가상 디지털 언어의 소통 방식으로의 진화는 인류 역사를 획기적으로 전환시킨 계기가 되었다.

사람들이 걸어 다니다가 말馬과 수레를 이용하던 시대를 뛰어넘어 기차나 항공기와 배를 이용하던 산업화 시대에 이르면서 국지적 경계National Boundary가 매우 또렷해졌을 뿐만 아니라 그 국지적 경계는 국가 혹은 종교, 민족 또는 종족이라는 정체성과 차별성을 갖는 지배의 격자格子가 형성되었다. 그러나 21세기 이후 국지적 경계를 뛰어넘어 전 인류가 뒤섞이며 문화가 확장되는 시대가 되었다. 그동안 전 인류는 자신이 살고 있는 국지적 경계와 다르다고 생각하는 집단적 위협에 대해 군사적 강화와 함께 침략을 묵시적으로 동의하는 한편 내적으로는 문화적 응집력이나 공동 운명체나 혹은 동일 혈통에 대한 의식을 점차 강화해 왔다. 세계화 내지 세계주의를 주장하면서도 한편으로는 국가주의를 더욱 공고히 하고 있는 중국이나 또는 국가 강역의 문제로 아시아 지역의 갈등을 도발시키고 있는 일본이 보여주는 이중성은 지난 역사에서 제국주의 지배 논리보다 훨씬 더 공고해지고 있다. 국제주의와 국가주의, 지배자와 피지배자, 타자화된 소수와 다수간의 인류 평화의 공존과 통합의 가치있는 전망과는 전혀 다른 이율배반적인 모순을 경험하고 있다. 울타리, 밭고랑, 강역, 해역과 같은 지리적 경계에 대한 인식이 바로 지난 시대를 관통하는 문화나 문명을 구획하는 묵시적인 표지였다. 그러나 인터넷을 기반으로 한 웹이나 앱으로 소통되는 SNS 시대로 접어들면서 문화적 지평은 점차 국지적 경계를 뛰어넘어 확장되고 있다.

최근 국지적 경계가 물적 자산을 최우선적으로 중시하던 고정된 시각에서 비물질적 자산이 보다 더 중요한 핵심을 이룰 수 있다는 쪽으로 인류의 시각이 이동하고 있다. 21세기 인류의 문화 경계는 새로운 의미를 함의하고 있다. 그러나 모든 제도적, 인식의 틀은 아직 산업 자본적 경영 방식에서 크게 벗어나지 못하고 있다. 예컨대 인류가 이룩해온 정신 자산인 종교, 철학의 가치, 휴머니티에 대한 성찰, 윤리나 인성의 문제, 토착적 인간 지식·정보의 가치 등을 비물질적 대상으로만 생각하고 있다. 물적 자산이라고 할 수 있는 과학적 성찰에 비해 비물질적 자산인 인문학적 활동성과는 중요시하지 않는 문명관이 좀처럼 바뀌지 않고 있는 것이다. 인류 문화와 문명의 흔적을 전시하고 있는 박물관에는 대부분 유형적인 자산만 전시하고 있는 것이 그 대표적인 사례이다. 물론 토착인들의 구어口語로 전달되는 무형의 자산은 대체로 비형상적인 대상이기 때문에 소홀하게 다루어 왔다. 각종 기록 자료를 통한 실증적 역사관을 성취해온 인류의 역사도 문자 기록을 가진 집단과 갖지 못한 집단 간의 일방적 해석의 한계를 결코 뛰어넘지 못하거나 혹은 힘의 논리에 따라 일부 조작하거나 작위적으로 꾸며내려 한다. 그렇기 때문에 인류의 역사 기술 가운데에는 눈에 보이지 않은 지배 문명과 문화의 폭력이 도사라고 있는 것이다.

이와 같은 지배적 논리에 의해 창조된 지식·정보의 경계를 넘어서기 위해, 새로운 미의식을 공유하며 지적인 완성도를 높이고 의례와 제식에 내재된 도덕적 규범과 사회질서에 이성적 세례를 가한 새로운 인문학적 가치가 고양되어야 한다. 그리고 국가별 문화 변경의 확대 방식이 지나치게 물적 자산을 기준으로 하여 전개되고 있는 현실을 제어하려는 전 인류적 노력이 필요하다. 다시 말하자면 새롭게 형성되는 문화 경계를 조망할 수 있는 패러다임이 필요하다. 곧 과학적·인문·사회적 성찰이나 더 나아가서 이를 활용하여 창조적으로 이끌어낸 문화·예술 또한 텍스트를 통해서만 시간과 공간을 뛰어넘어 공유할 수 있거나 인류 자산으로 축척될 수 있다. 문자사文字史로 이루어진 문명과 문화의 이면에 기록되지 않은 구어적 지식·정보를 수집하고 새롭게 다듬어냄으로써 왜곡된 증거의 일방성을 극복할 수 있는 동시에 미시적인 개인사와 집단사의 새로운 가치도 발견할 수 있을 것이다. 그러한 상호 존중과 이해를 전제로 한 텍스트 교류를 위한 노력은 지리적, 문화적 변경의 충돌을 완화할 수 있는 촉매제가 될 수 있을 것이다. 또한 기계 문명의 발전을 효율적으로 활용하여 인류의 지식·정보를 상호 보완하여 공유함으로써 얻을 수 있는 가치에 대한 인식 전환이 필요한 시대이다.

문자 언어에 근거한 책이나 논문으로 이루어진 모든 인류의 창조적 지식·정보는 한마디로 말하자면 기호라는 소통 매체가 없이는 불가능한 일이다. 인간의 삶과 가치를 탐구하는 학문을 인문학이라고 정의하지만 소통이라는 관점에서 본다면 인간의 창조적 모든 행위인 과학·사회·인문 전반이 인문학의 영역에 포괄될 수도 있다. 이러한 관점에서 격자화된 학문의 제영역을 새롭게 통합하며 공유하고 나누는 통섭의 방식이 요구된다. 이와 동시에 기호로 형성되지 못한 구어 전달의 증거를 수집하고 재해석하여 공유할 필요가 있는 것이다. 지식·정보가 상층 혹은 자본 중심의 국가에서만 생산되는 것이 아니기 때문에 차등을 뛰어넘어 인류의 비물적 자산을 협업으로 공유하고 나눔으로써 차이와 차등을 완화시킬 계기여야 한다.

문화 경계를 확장하는 새로운 디지털 미디어 시대에 인류의 지식·정보는 대부분 기호symbol로 전달된다. 이 기호는 문자언어나 음성언어, 오디오, 비디오 등 다양한 매체기호로 구성되어 있다. 그 가운데 문자 언어의 위력이 과대하게 지배해왔던 방식에서 벗어나 구두 언어의 흔적이나 문자가 없는 종족의 구어의 기록화에 대한 관심을 보여야 한다. 문자 언어에 묶여 있었던 인문학이 구두 언어를 비롯한 다매체 언어를 끌어안는 쪽으로 진화해야 한다.

매체기호는 인류가 발견하고 창조한 다양한 지식·정보의 다발이라고 할 수 있다. 활자화 시대에 책으로 전승되던 인류의 창조적 지식이 대량의 디지털 부호로 대체되어 서로 소통하고 나누고 협력하고 또 검색하여 재활용됨으로써 인류의 지식 · 정보는 동시 다발적으로 새롭게 융합되어 재창조될 수 있다. 세계의 문명사가 문화 경계로 재편되면서 뒤섞이고 뭉쳐내는 힘을 가진 부호가 새로운 미래 지식자본Invention Capital의 축을 형성하고 있다. 기호로 표현되는 모든 아이디어 및 창의적인 지식 · 정보 자산이 새로운 개념으로서 자본의 축을 형성하는 시대로 진입하고 있다. 단순한 소통의 방식이 아닌 부가가치가 무한한 지식 · 정보를 대량을 생산하고 새롭게 조합하고 검색할 수 있는 환경을 만드는 그러한 능력의 차이가 새로운 문화 경계의 영역을 포섭한 것이다.

지난 시대까지 중시해 왔던 지리 경계는 자본 융합과 대치의 접점인 동시에 역사를 그려내는 내부적 공간일 뿐이다. 지리 경계 내부 집단의 신념이나 인종, 행동 규범, 공유 가치를 토대로 내부와 외부를 구획하면서 그들과 다른 경계 밖의 집단들과 만든 갈등을 탐색하는 일이 인류문화사를 기술하는 핵심 주제가 되어왔다. 그러나 지리적 경계가 아닌 국지를 뛰어넘는 문화 경계의 격자가 확대되는 역지대Liminal zone에서는 미래 인류 평화와 공존의 문명사를 실천하고 기술하기 위해 지난 과거를 되돌아 보는 새로운 대안이 어떤 것이어야 할 것인가를 고려해야 할 것이다.

2) 미래 인류의 언어 절멸의 위기

미래 인문학의 핵심은 인류가 생산해 온 지식 · 정보를 담은 텍스트를 생산 관리하고 이를 재해석을 하는 일이다. 지배적 위치에 있거나 표준화된 텍스트만이 중요한 것이 아니라 주변적이거나 비문명적인 구어 데이터도 인류의 문화재로서 중요한 대상으로 다루어야 한다.

전 인류가 창조해 낸 부족이나 개별 국가의 언어가 문화 경계의 확대와 함께 대량의 죽음으로 이어지고 그 절멸의 속도는 극적인 상황을 연출하고 있다. 우리 주위에 부족이나 소수 국가의 언어가 두려울 만큼 빠른 속도로 절멸해가고 있다. 특히 문자라는 도구가 없는 절멸 위기의 언어인 경우 마지막 사용자가 죽으면 그 언어는 이 우주상에서 영원히 사라지는 것이다. 언어 절멸은 곧 그 언어를 사용하던 한 사회의 조직이 창조해 낸 지식 · 정보 체계가 완전히 붕괴되는 결과를 가져 온다.

지난 역사에서 조망할 수 있는 언어와 생태 혹은 문화와의 식민 침탈의 관계를 되돌아보자. 언어가 복잡성을 띠고 있는 지역은 대부분 사회, 문화적인 다양성뿐만 아니라 생태의 다양성이 보장된 지역이다. 대체로 문화가 뒤떨어진 토착민 거주지에는 생물 다양성이 높게 나타나듯이 언어도 마찬가지로 매우 복잡하다.

〈그림 1〉은 언어와 고등척추 동물의 다종성에 대한 분포지역을 나타낸 지도이다. 짙은 색 지역이 연한 지역보다 생태가 훨씬 다양한 분포를 보이는데 바로 이들 지역의 언어의 종도 매우 다양하고 복잡한 양상을 보여준다. 세계 인구의 4%가 살고 있는 적도 부근의 열대 지역에는 전 인류가 사용하고 있는 언어 종의 약 60%를 차지한다. 예컨대 하와이 면적은 미국 전체의 1%도 안 되지만 다양한 변종 식물들은 미국 본토 내에 자생하는 식물의 다양성을 훨씬 능가하고 있다. 토착민들이 명명하던 그 다양한 식물 변종의 명칭과 그것을 둘러싼 유용한 지식 · 정보가 서서히 무너져 내리고 있다. 토착민들이 명명하던 멸종 위기에 처해있는 1,104종의 생물 가운

출처 : Luisa Maffi 〈Language and Recurce for Mature〉『Nature and Research』 Vol.34 pp.12~21, 1993

〈그림 1〉 언어와 고등 척추동물의 고유성 상위 25개 국가 분포

데 363종(30%)이 이미 멸종되었으며, 나머지도 멸종이 임박해 있다. 이처럼 생물의 멸종이 언어의 멸종과 긴밀한 관계를 맺고 진행되어 온 것은 결코 우연한 일이 아니다. 자연적인 멸종이 아닌 지배자본에 의한 약탈, 침략, 지배가 가세했기 때문이다.

현재 전 세계의 언어의 종은 『민족학지』에 따르면 2002년을 지준으로 전 세계 228개 국에 6,809종의 언어가 존재한다고 알려져 있다. 여기에 114개 수화가 포함되어 있지만 대부분이 구술 언어이다. 6,809종 언어의 지역별 분포 상황은 〈표 1〉과 같다.

〈표 1〉처럼 이 지구상에서 언어 절멸의 위협에 직면한 지역은 대부분 생물과 문화 및 언어의 다양성이 높은 지역이다. 아프리카나 아시아 및 태평양 지역의 언어 다양성Linguistic diversity이 풍부한 국가가 대부분 생물다양성Biological diversity 또한 풍부한 국가에 속한다.

〈표 1〉 세계의 언어 분포

지역	언어의 수	비율
유럽	230	3%
아메리카(남, 중앙, 북)	1,013	15%
아프리카	2,058	30%
아시아	2,197	33%
태평양	1,311	19%

출처 : 『민족한지(Ethonography)』 제14판, 2002.

2007년을 기준으로 사람들이 가장 많이 사용하는 10대 언어Major language는 중국어, 힌디어, 스페인어, 영어, 벵골어, 포르투갈어, 아랍어, 러시아어, 일본어, 한국어의 순이다. 이 언어들은 지구상에 존재하는 모든 언어 종의 1% 이하에 해당된다. 그러나 6천여 종의 언어 가운데 단 1%의 언어가 전 세계 인류의 절반이 사용하고 있다는 말이다. 결국 세계의 주요 언어 4%가 세계 인구 96%를 차지하고 있다. 전 세계 언어 가운데 절반 정도는 10,000명 이하의 공동체가 사용한다. 전체적으로, 10,000명 이하가 사용하는 언어들을 세계 인구의 약 0.13%를 차지하는 8백만 정도가 사용하고 있다. 이러한 나머지 99%의 소수 언어Minority language의 지속적인 언어 보존 가능성은 매우 비관적이라고 할 수 있다. 이러한 언어 사용의 쏠림 현상을 보면 전 세계 96%의 언어가 금세기 내에 절멸될 수밖에 없는 운명에 처해있다는 사실을 중시해야 한다.

다양성을 지닌 언어의 붕괴는 언어나 종족의 우월과 관계없이 인류가 축적해 온 토착 자산의 몰락으로 이어지게 된다. 문명과 야만, 지배와 피지배, 다수와 소수의 대립의 문제가 아닌 나름대로 조화롭고 다양한 인류 지식 · 정보의 손실로 이어진다는 말이다. 문명과 야만이라는 이원적 사유가 지리 경계를 침탈하는 핵심적 근거가 되었으며, 이를 통해 피지배 언어는 거의 말살되는 과정을 걸어오게 된 것이다. 지리 경계사이에 놓여 있는 차이와 차별이라는 인식의 핵심은 소통 언어 때문이다. 지배자는 문화 동화라는 이름으로 피지배자의 언어를 일방적으로 짓밟거나 자발적인 동의를 강요한 결과인 것이다.

이제 거시적 관점에서 미시적 관점으로, 표준화에서 다양성의 관점으로, 중심에서 변두리로 우리의 눈길을 되돌려야 한다. 지난 세기 수수방관하여 잃어버린 인간 삶의 유산을 다시 복원하고 이를 불러 모아 새로운 생명력을 불어넣어야 한다. 죽어 가는 강을 살려 내고 사라진 새와 물고기가 다시 되돌아오도록 노력해야 하듯이, 소수의 언어나 변두리의 언어 유산이 소생할 수 있도록 지원해야 한다.

바로 이러한 가능성은 언어정보 처리 기술력의 문제와 매우 밀접한 관계를 가지고 있다. 구어와 종이책으로 전달되는 체계에서 언어의 기계처리 기술력이 발전하면 다양하고 복잡한 다종의 언어가 공존할 수 있다는 가정에 동의해야 할 것이다.

21세기에 들어서서 전통 생태 언어 지식을 보존 · 유지 · 촉진시키기 위한 인류의 노력과 그 인식이 조금씩 개선되고 있다. 문화 및 언어 다양성, 다른 믿음 체계, 원주민의 지식 · 정보에 대한 존중심은 특히 생물 다양성과 지속가능한 발전의 지식 창고인 언어 다양성의과 밀접한 관련이 있다. 따라서 지속 가능성을 위한 국가 차원의 해결 방안을 강화해야 할 것이다.

3) 언어의 공존을 위한 횡단

문화 경계간에 상호 소통이나 문화 교류 방식에는 언어가 매우 중요한 자리를 차지한다. 언어의 변종은 경쟁의 상태에서 때로는 피를 흘리며 충돌한다. 지난 20세기까지 언어적 억압을 받는 사람이 급속히 늘었다. 지구상에서 언어를 착취하고 억압하는 문화적 식민주의의 끊임없는 위협은 디지털 시대로 접어들면서 더욱 강력한 변화의 힘으로 작용되기 시작하였다. 자본을 지배하는 언어를 받아들이는데 소요되는 개인적, 국가적인 비용은 엄청날 뿐 아니라 자신의 모어Mother's Language로 구성된 지식 · 정보는 상대적으로 위축될 수밖에 없다. 그보다도 더 중요하고 심각한 문제는 인류가 창조한 다양한 지식 · 정보의 상징인 언어들이 급격하게 무너지고 있다는 사실이다.

소수 민족이나 부족의 언어를 조직적으로 멸시하고 짓밟는 식민주의 언어 침탈은 원주민의 언어가 급격히 절멸하는 가장 중요한 요인이었다. 이처럼 한 언어가 다른 언어를 포식하는 것을 언어 지배적Domianant Language방식이라고 할 수 있는데 A의 언어가 B와 C의 언어를 대치하거나 지배하거나 없애 버리는 언어 정책이라고 할 수 있다. 20세기 언어 식민주의 국가들은 약소국가나 혹은 변두리 부족의 언어를 절멸의 벼랑 끝으로 내몰아 왔다. 이처럼 문화 제국주의 또는 언어 제국주의의 방식으로 중심부가 주변부를 일방적으로 침식해 버린다. 언어는 이 지구상에서 한 번 없어지면 다시 되살릴 수도 대체할 수도 없는 천연자원과도 같은 것이다. 비록 자본이 열악한 지역의 언어라도 그 다양성이 조금이라도 줄어들면 우리가 끌어와 쓸 수 있는 지적 기반도 함께 낮아지기 때문에 인류의 환경 적응력은 현저히 감소된다. 다양한 지역의 언어나 방언은 서로 경쟁의 관계가 아니라 상호 보완적 관계에 있는 것이다.

꿈의 사회의 원천은 단일 언어에 의한 소통의 획일화가 아닌 탐욕과 물질을 뛰어넘어 다양성을 바탕으로 감성과 정신, 문화의 상호 이해와 존중을 통해서 이루어낼 수 있다. 획일적인 것보다 다양한 언어 소통은 정보화의 기술로 그 불편을 차츰 줄여나갈 수 있으며, 그렇게 하기 위해서는 국가간에 언어 정보 처리 기술력에 많은 투자가 필요하다.

이러한 기본적 방안을 요약하면 다음과 같다. 곧 미래 인류의 지식 · 정보의 교류와 나눔을 위한 대안으로 언어 횡단Trans-language의 방식이다. 언어 횡단의 모델은 A, B, C의 언어가 있을 때 A와 B가 소통하고 A와 C, B와 C가 소통하는 형식의 소통 구조로 이해될 수 있다. 미래 인류의 언어 교육과 정책의 기조는 지배적 방식이 아닌 상호 대등한 이해와 소통 방식인 언어 횡단의 방식으로 진행되어야 할 것이다. 지배적 언어로서만 소통하는 것이 아니라 서로 인접해 있는 언어로 소통의 연결 고리를 만드는 언어 횡단의 방식으로 결속이 되어야 한다. 그러기 위해서는 21세기 인류의 과제는 다양한 민족과 국가 상호간에 언어와 문화를 서로 존중하고 이해하는 데 주력해야 할 것이다.

문화나 언어의 다양성을 포용하는 국가가 그 존재를 부정하는 국가보다 더 풍요로운 나라라고 말할 수 있다. 언어가 서로 차이가 난다는 사실의 의미와 그 가치를 존중하는 마음이 결여된 것이 문제이다. 언어로 담아내는 지식 · 정보의 균질성의 문제는 인류 전체가 당면한 미래의 해결 과제이다. 제도권 교육이 감당할 수 없는 대량의 다국적 언어로 구성된 지식 · 정보의 다발을 체계적으로 구성하여 상호 소통의 다리를 놓는 일이야 말로 인류 문명 발전의 원동력이 될 것이다. 나라마다 모든 지식을 체계적으로 정리한 대규모의 언어 코퍼스Corpus를 구축하여 다중들의 지식 · 정보의 습득 능력을 강화하는데 노력을 기울이는 일이 국가적 최일선의 과제가 되어야 한다.

국가적 차원에서의 오프라인 지식 · 정보는 국가 대중적인 지식 기반에 영향을 미칠 수 있다. 또한 국가간의 경계를 뛰어넘어 지식을 조합하고 융합하면 새로운 창조적인 지식으로 다시 탄생시킬 수 있으며 그렇게 함으로써 지식 · 정보의 불균형성을 뛰어넘을 수 있다. 물론 지식 · 정보만으로 창조성을 기를 수는 없지만 지식 · 정보가 없는 창조성이란 불가능한 것이다. 최근 방대한 지식 체계를 가장 조리 있게 정리하여 데어터베이스화하는 일은 바로 언어 정보 처리 기술력을 높임으로써 가능하다. 지금 전 세계 지식 · 정보의 자원은 대부분 인터넷으로 연결되어 세계 어디서든 지식을 열람하고 교환할 수 있다. 집단지성Swarm Intelligence의 구축을 표방하고 있는 대표적인 위키백과의 Big Data는 세계적인 브리태니커백과사전을 규모면에서 추월하며 대중이 스스로 텍스트를 생성, 편집, 수정하는 인터넷 지식의 허브 역할을 하고 있다. 아직은 집단지성의 가능성에 대해 지식 · 정보의 신뢰도의 문제나 정확도에 대해 회의를 가진 전문가들이 적지 않지만 그 가능성은 열려 있다.

02 | 언어 지식 · 정보의 융합과 협업

1) 디지털의 언어 지식 · 정보의 횡단

최근까지 인류의 지식 · 정보 차원은 주로 구어와 책 혹은 종이 기록으로 계승되어 왔다. 미래에 우리 후손들에게 어떤 형식으로 지식 자산을 계승할 것인가? 이 문제는 비단 어느 특정 국가만의 과제는 아니다. 그동안 전통적인 지식 · 정보의 관리와 전승이 책으로 이루어졌다면 그 책을 분류하여 보관한 최고의 지식 인프라가 도서관이었다. 그러나 최근 지식이 폭발적으로 늘어남으로써 도서관은 여러 가지 결점을 노출하고 있다. 도서관이 장서를 늘인다고 결코 다중多衆지식의 폭이 넓어지고 깊이가 생겨나는 것이 아니다. 어쩌면 전문가와 비전문가의 괴리를 더욱 벌려놓게 된다. 책의 분류는 이미 한계에 봉착되어 있다. 이 책과 저 책, 이 장과 저 장의 행간 지식의 횡단이 불가능하다. 그저 지식의 시체를 보관하는 장소일 뿐이다. 지식의 조합과 융합을 통해 새로운 지식을 낳는 창조적인 원동력으로 바꾸기 위해서는 도서관에 장서를 늘이는 일만으로는 불가능한 상황이다. 인류 미래의 지속적인 지식 · 정보를 확장하기 위해서는 지식과 지식 사이를 연결하는 새로운 사다리가 필요하다.

그러나 지식 · 정보의 소유권 문제가 지식 자본 시대를 가로막는 큰 걸림돌이 되고 있다. 국가마다 지식저작권법이 강화되면서 생산된 창의적 지식 · 정보가 인류 삶의 증진을 위해 공유할 길이 차단되고 있다. 인터넷을 통한 인류의 지식 · 정보의 공유가 무한정 가능한 시점에 지식 자본을 재화로 인식하면서 도리어 공동 생산이나 공유의 길이 차단되는 심각한 상황에 직면해 있다. 과학이 고도로 발전한 현재, 지식의 전모를 파악할 수 있는 전문가가 존재하지 않는다. 전문가라 불리는 사람들도 문제의 단편만 이해하는 이들이다. 전문가가 가진 전문 지식의 범위가 더욱 좁아진 결과 일반적으로 같은 영역의 전문가들 사이에도 충분히 상호이해가 어려운 상황이니 모아놓는다고 복잡한 문제가 해결되지 않는다. 우리가 살고 있는 이 시대는 새로운 지식을 연결하는 사다리를 놓는 이들이 필요하다. 국가에서 각종 위원회를 구성하더라도 지식의 기반이 강화되지 않는 상황이라면 제 구실을 못하는 것은 당연하다. 하나의 학문 영역으로만 해결할 수 없는 문제가 어디 한두 가지인가? 학문 융합과 학제간의 결합과 통섭의 중요성이 여기에 있다. 또한 기초 지식을 정교하게 정리해서 담아내는 기계화된 사전辭典지식의 중요성을 강조하는 이유도 여기에 있다. 물론 전문가뿐만 아니라 일반 다중의 지식 기반을 끌어 올리는 일도 모두 이 일과 관련이 있다. 국가가 인터넷 다중의 활동을 탓하고 이를 규제하려고만 해서는 안 된다. 다중의 품격을 올리기 위해서는 다중의 지식 기반을 선진화시키는 일이 규제 법안을 만드는 일보다 더욱 중요하다.

21세기 지식 · 정보 기반 사회에서는 물적 생산성보다 지적 생산성의 능력이 국가 경쟁력을 좌우한다. 현재 대부분의 국가들은 국가 지식 기반과 지식 기반을 마련하는 연구개발R&D 투자도 열악하다. 그뿐만 아니라 그나마 투자되는 예산 배분과 관리에도 많은 문제가 있다. 최근까지 대부분의 선진 국가들은 지식 · 정보의 생산이 엘리트 중심의 폐쇄적인 방식으로 진행시켜 왔다. 특히 우리나라에서는 지식 · 정보의 생산에는 많은 투자를 하고 있으나 이를 관리하는 영역의 투자는 공격무기나 방어무기 생산에 투자하는 금액과는 비교할 수 없이 열약한 수준이다. 다시 말하자면 총체적인 국가지식 관리 체계 방식이 국가별로 너무 차이가 크다는 데 문제가 있다는 말이다.

2) 지식 · 정보의 생산, 융합과 공유

유용한 지식 · 정보의 생산층은 〈그림 2〉에서처럼 주로 대학의 교수나 연구소(기업 및 정부 소속 연구원 포함)의 엘리트 연구자 중심이었으며, 이들의 유통 방식은 학회발표 및 논문, 저술, 보고서, 인터넷 블로그 등재와 같은 매우 제한된 방식이었다.

이젠 엘리트층만이 지식 · 정보의 생산자가 아니라 다중이 직접 지식 · 정보의 생산자로서의 역할을 할 수 있어야 한다. 물론 엘리트층이 아닌 다중의 지식 · 정보 생산에 대한 신뢰성을 높여야 한다는 전제 아래에서 가능할 것이지만 우선 엘리트층이 담당하지 못하는 정보를 수집하기 위해서는 다중의 협업이 절대로 필요하다. 예컨대 자연부락 지명이나 산 이름, 들 이름 등과 관련된 신화, 전설, 설화의 수집과 구두로 전승되는 지식 · 정보의 수집은 도저히 소수의 전문가 집단만이 행하기에는 너무 방대한 일이다. 따라서 토착 지식을 생산하는 현지인(비전문인)도 가세하도록 이끌어야 한다. 지식 · 정보의 원천은 너무나 다양하기 때문에 적재적소의 다중들의 협업으로 효율성을 높일 수 있는 분야가 무한하다는 인식을 가져야 한다.

다가오는 미래의 지식 · 정보 생산자와 소비자는 둘이 아니고 하나이다. 곧 다중 집단이 지식과 문화의 프로슈머Prosumer라는 측면에서 그들의 지식 · 정보 생산 역량을 강화하는 전략이 필요하다. 전문가 집단은 물론이거니와 인터넷을 통해 다중이 생산하는 지식을 대규모 협업으로 국가별 지식 구조 속으로 결속시켜 이를 활용하는 방법을 채택하지 않으면 국가적 지식 · 정보의 경쟁력은 약화될 수밖에 없다. 다중이 직접 참여하는 방식은 정보의 질적인 정확

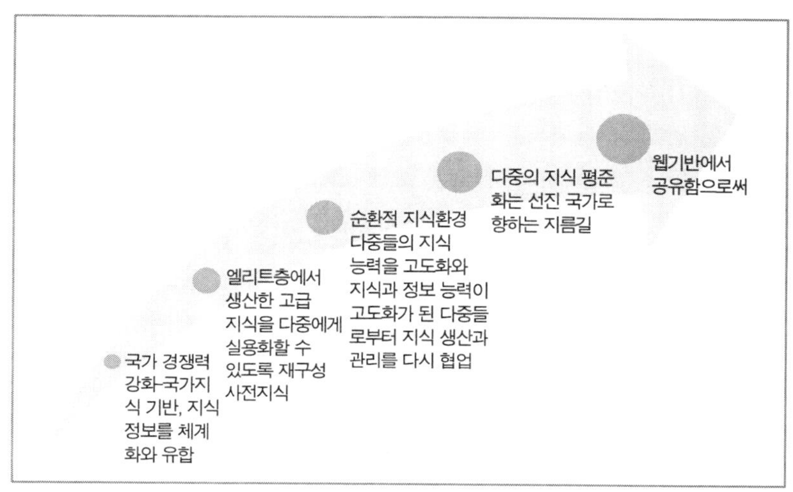

〈그림 2〉 국가 지식 · 정보 체계화와 융합 모델

성과 신뢰성에 대한 의문이 제기될 수 있기 때문에 전문가 집단과의 협업을 유도해야 한다. 곧 전문가들에 의해 생산되는 지식이 주로 출판물이나 논문으로 수렴되고 있으므로 이를 다중에게 피드백을 시킬 수 있는 전략으로 대량의 언어 정보 처리 기술력을 강화해야 할 것이다. 이러한 지식 자원의 유통방식을 고려하여 매년 출판사에서 쏟아져 나오는 텍스트 지식 정보의 소스를 국가가 효율적으로 공유하는 관리 체계를 마련하지 않으면 안 될 시점이다. 지식 저작권법안의 국가간의 조정과 협상도 필요하다. 폭증하는 새로운 지식 · 정보를 유익한 용도로 변환시킬 수 있는 국가 지식 · 정보의 생산 및 관리 조직을 국가가 앞장서서 재구성하지 않으면 국가간의 지식 경쟁력은 더욱 뒤떨어질 수밖에 없게 된다. 웹 사전인 위키피디아Wikipedia에 접속해 보면 집단 협업으로 만들어진 백과사전의 성과는 성공의 가능성을 입증해 주고 있다. 신속한 지식 · 정보의 생산과 전달 방식이라는 면에서도 얼마나 큰 위력을 발휘하고 있는지 짐작할 수 있다. 물론 다중 집단이 지식 · 정보 생산과 관리를 담당할 만큼의 신뢰도나 정교성 등의 문제가 없는 것은 아니다. 그러나 앞으로 다중 집단의 지적 수준이나 신뢰성을 높이는 일 또한 국가의 발전 전략의 일부가 되어야 한다. 이와 함께 국가간 공유를 위해 협력 네트워크를 점차 확대해야 할 것이다.

생산된 지식을 체계화하고 융합하여 조직화하는 일이야말로 국가 미래 경쟁력을 강화하는 지름길이라도 할 수 있다. 소위 엘리트층에서 생산한 고급 지식도 다중들이 실용할 수 있도록 재구성하는 노력이 필요하다. 엘리트층과 다중간의 순환적 소통의 환경을 만들 필요가 있다. 이는 다중들로 하여금 집단 지식의 능력을 고도화하고, 나아가 이들이 다시 협업의 방식으로 지식 재생산에 참여하도록 하는 것으로 다중 지식의 평준화에도 기여하면서 궁극적으로는 국가지식 경쟁력을 강화하는 방법이기 때문이다.

3) 지식 · 정보의 관리와 콘텐츠

오늘날 넘쳐나는 지식 · 정보는 불포화상태로 개인의 삶을 지배해 오고 있다. 지식 · 정보의 증가는 인류 문명 발전을 위해 매우 긴요한 일이다. 그러나 지식이 폭발적으로 증가하여 지식의 총량이 지나치게 많거나 세분화되면 도리어 지식의 전체 상황도 눈에 보이지 않고 지식간의 관련성도 파악하기 힘들다. 곧 방대해지는 지식 · 정보 기반을 기계사전 지식으로 인간과 정보기술과 연계하여 효용성이 높은 지식 · 정보 환경으로 만들 수 있다. 인류가 이룩해 온 온갖 지식 · 정보를 창조적으로 재활용하고 나누기 위해서는 국가별 정보 처리의 기술력을 강화하는 일과 각종 지식 · 정보를 빅데이터로 가공하는 일이 무엇보다도 중요하다.

정보 처리 기술력을 대변하는 통신기술은 매우 고도화되어 있다. 웹이나 앱을 통해 언제 어디서든지 내가 필요로 하는 지식 · 정보를 검색할 수 있는 통합 환경은 모바일을 통해서도 가능한 수준에 도달해 있다. 이와 함께 유로워드넷Uro-word Net처럼 국가와 국가 간의 또는 대륙 간의 언어 소통을 위한 기반 구축도 착착 진행되고 있다.

대체로 언어 정보 처리 기술은 아직 시험적 단계로서 제한된 범위에서의 어휘망을 구축하거나 온톨로지Ontology 기술을 활용한 웹 기반 다국어 사전개발이 가능하다. 한걸음 더 나아가서 국가간의 소통 기반으로 서사 · 자연 언어 정보 처리 기술로 발전될 수 있을 것이다.

지식 · 정보의 소통과 나눔 방식은 인터넷을 활용함으로써 엄청난 효율성을 기대할 수 있다. 폭증하는 새로운 지식 · 정보를 담고 있는 어휘들을 대량 말뭉치Corpus로 구축하여 국가간에 교류할 수 있도록 해야 할 것이다. 나날이 새롭게 생산되는 지식 · 정보를 그대로 방치한다면 개인과 개인 혹은 국가와 국가간의 차등성은 더욱 심화될 것이다.

동시 다발적으로 연결되고 끌리고 쏠리고 들끓는, 조직없이 연결된 다중 집단이 위력적인 집단행동과 조직화의 능력을 발휘하고 있다. 아무리 사소한 일일지라도 다중이 합의를 한다면 사회적 이슈화로 사태를 끌고 갈 수 있다. 국가나 기업 조직을 비롯하여 국가 지식의 생산과 관리를 위한 조직화의 새로운 방향을 모색하지 않으면 어떤 폭풍우를 만날지 아무도 예측하지 못하는 시대로 진입해 있다.

03 | 창조적 인류의 미래

1) 지식 · 정보의 양극화

세계에는 6천여 종의 참으로 다양한 언어가 존재한다. 세상에 그 다양한 언어를 서로 연결하는 소통의 징검다리를 놓다 하더라도 참으로 불편하다. 지식 · 정보화 소통의 효율성이라는 문제로 이 세상이 하나의 언어, 유일한 언어로 소통할 수 있기를 기대하는지 모른다. 그렇게 되면 얼마나 좋을까? 이 지구상에서 자본 지배적인 언어가 다양한 사람의 평등한 소통 도구가 되기를 희망하지만 이것은 사람들이 바라는 한낱 꿈에 지나지 않을 것이다. 인간의 의지와 전혀 무관하게 이 세상을 아름답게 만들어 주는 그 다양한 꽃과 풀 그리고 나무가 단종이 되어 한 가지의 꽃과 나무만 우리의 정원에 피어 있다면 과연 아름다울까?

이른바 비표준화된 토착민들의 언어 속에는 엄청난 양질의 지식 · 정보가 남아 있을 가능성이 크다. 오랜 시간 동안 삶의 경험 속에서 이끌어낸 그 다양한 정보에는 기록의 역사가 증명하지 못하는 중요한 지식 · 정보가 잠자고 있을 뿐만 아니라 그 속에는 문화 원형의 비밀이 잠에서 깨워주기를 기다리고 있을지도 모른다.

이처럼 언어 기호를 재해석할 수 있는 상상력을 키우지 않고는 언어나 문화와의 연계성을 밝혀낼 길이 없다. "언어는 역사 보관소"라고 한 시인 에머슨의 말처럼, 언어는 일단 기록되거나 표현되면 언어학에 관련된 정보 그 이상의 지식 · 정보를 우리에게 제공해준다. 최근 자본의 '양극화Disparity'라는 말을 자주 사용한다. 특히 자본 시대에 빈부 격차에 대한 논점으로 "부의 양극화Disparity of Wealth"의 논의의 핵심은 부자는 대를 이어 부자가 되고 가난한 자는 대를 이어 가난하게 되는 불평등의 고리가 자본주의 모순이라는 점이다. 이러한 자본주의의 허점을 비판하는 목소리가 열린 매체 공간을 통해 집단의 울림으로 공명을 일으키고 있다.

한 나무에 달린 사과나무도 똑같은 크기의 맛있는 사과열매만을 맺지 못한다. 한 부모 밑에서 태어난 아이들의 두뇌나 생긴 모양이나 아이들의 성장 과정도 재각각이다. 물론 가진 자들의 아이들이 상류층으로 진입할 가능성은 매우 크지만 한 나무에 매달린 사과의 크기가 다르듯 인간의 불평등 구조는 자연적 현상의 일부로 혹은 신의 섭리로 해석될 수도 있다. 또한 부의 구조가 고착화되고 사회 구성의 성층화로 인해 개인의 재능을 꽃 피우지 못한 채 차등과 양극화가 점점 심화되고 있다는 점은 분명한 사실이다. 빈부의 격차가 극단적으로 양극화되는 현상이나 이러한 사회구조가 대물림되는 사회는 불안정해질 수밖에 없다. 바로 이러한 사회적 문제의 바탕에는 개인의 지식과 정보의 양극화라는 눈에 보이지 않는 중요한 요인이 숨어 있음을 잘 알아야 한다.

소셜미디어SNS를 통해 유통되는 수준 높은 각종 정보와 개인의 지식의 역량 차이는 곧 소득의 차이로 연결되는 매우 중요한 고리이다. 국가와 국가간에 또 다른 차등성을 만들어 내는 요인이 될 것이다. 최근 새로운 지식과 정보가 폭증하고 있다. 정부가 제공하는 다양한 복지 정책에 어두운 사람은 결국 지원의 기회를 잃게 된다. 장사를 하는 사람에게는 치밀한 정보 분석을 토대로 사업을 하는 경우가 그렇지 않는 경우보다 훨씬 성공의 확률이 높을 수밖에 없듯이.

지식 · 정보의 격차야말로 개인적으로 사회 계층화와 부의 양극화를 만드는 가장 중요한 요인 가운데 하나인 동시에 국가 간에도 마찬가지이다. 개인이나 사회 또는 국가 간의 지식 · 정보의 양극화의 간극을 메우기 위해서 지식 정보의 생산자와 소비자 간을 잇는 사다리를 놓을 필요가 있다. 인류가 만들어온 엄청난 양의 고급 지식 · 정보의 기반을 새롭게 구성해야 할 단계이다. 지식 · 정보의 격차가 날이 갈수록 벌어지고 있는 요인 가운데 하나가 바로 전문 용어의 소통 문제이다. 개인이나 국가 간에 소통될 수 있는 전문 용어의 소통방식은 국제적 협력과 이해가 필요한 핵심적인 과제이다.

스티븐 핑커Stephen Pinker의 『언어의 본능The Language Instinct』(런던, 1995)에서 "진화하는 인간이 사는 세계는 언어가 정치, 경제, 테그놀로지, 가족, 성, 우정 등 개별적 재생산의 성공에 핵심적인 역할을 하는 요소들의 복합체로 직조되는 세계"라고 말했듯이 인간 지식과 정보는 언어라는 기호와 아이콘에 가득 담기며, 이는 책, 영상, 음악, 몸짓 등의 표현으로 구성하여 세상에 드러난다. 그 가운데 책이야 말로 인간이 구축해온 지식 정보 전달의 핵심적인 역할을 해왔으며 앞으로도 할 것이다.

특히 웹이나 앱을 기반으로 할 경우 다량의 지식 · 정보를 관리하고 이를 효율적으로 검색 · 활용하는 일은 더욱 용이해진다. 지식 정보는 기호와 아이콘으로 구성되어 있다. 세상 문화의 기표는 문자와 아이콘, 영상, 음악 등의 방식으로 운영되고 있다. 소통 도구의 발전에 따라 그동안 방관했던 구두 언어로 남아 있는 신화, 전설, 지명 등과 같은 다중들의 언어를 무형문화재, 매체언어로 담아내는 일은 매우 중요한 과제이다. 이와 함계 전 인류가 생산해온 다양한 서적이나 기록물을 디지털로 전환하여 다국 언어로 활용하는 기반을 마련하는데 각국의 정부는 적극 동참하고 또 투자를 해야 할 것이다.

2) 공적 집단이성(Collictive reason)의 향상

전 세계는 인종, 언어, 문화, 전통, 관습의 경계를 뛰어넘어 낯선 사람들과 함께 대량으로 뒤섞여 공존하는 문화 경계가 급속하게 확산되고 교차되는 시대이다. 다문화 사회란 단순히 다른 사람들이 뒤섞이는 현상만이 아니라 문화가 지리적 경계를 뛰어넘어 혼류하는 사회를 말한다. 지금 인류는 말 그대로 다문화 사회에 진입해 있다. 서로 다른 인종, 언어, 문화, 전통, 관습을 가진 사람들을 상호 존중하고 배려하며 더불어 살아가는 사회의 비전을 마련해야 할 시점이다.

인터넷 발달을 이끌고 있는 주요 국가인 한국 사회는 한 치 앞을 예측할 수 없는 불투명한 안개 속을 걷고 있다. 이미 IMF를 통해 중산층이 급격하게 몰락한 경험을 하였으며 국내 정치권력이 바뀔 때마다 경험하는 대기업의 도산, 조기 퇴출, 금리인상 등의 후폭풍으로 개인의 삶은 예측불허의 상황으로 내몰려 있다. 따라서 국가가 선택해야 할 비전과 개인이 선택하고 지켜야 할 새로운 가치가 요구되는 상황이다.

"언어가 권력인 시대다." 20세기 마오쩌둥은 "권력은 총구에서"라고 했지만 21세기 다중 권력은 혀끝과 손끝에서 시작된다. 이준웅 교수는 『말과 권력』(한길사, 2011)에서 오늘날 민주주의를 "말의 경연에 의해 권력이 구성되고 정당화되는 체제"로 규정하고 있다. 이른바 의사소통 민주주의 시대이라고 할 수 있다. 우리 사회는 소위 말하는 제도적 민주화 정착 이후 "말의 경연으로서의 직접 참여하는 민주주의” 시대 진입했다는 분석이다.

인터넷 시대가 투명한 사회를 만들 것이라는 미래학자들의 예측은 이미 빗나가고 있다. 집단적 언어폭력은 더욱 교묘하게 강화되고 사람들은 이런 저런 집단에 몸을 담는다. 정당 조직이 그렇고 사회 다양한 조직, SNS를 통한 다중들의 무리를 짓고 있다. 그 무리들 속에는 눈에 보이지 않는 집단적 소통 폭력이 내재되어 있다. 정치 민주화라는 단일 주제로 하나가 되었던 다중이 민주적 방식으로 국가 지도자를 선택한 이후 곧바로 흔들기가 시작된다. 민주화의 가장 큰 이상이었던 인권과 개인 자유의 권한이 확대되었지만 눈에 보이지 않는 언어를 통한 폭력의 가해는 선후를 가리지 못할 뿐 그 이전의 역사와 별반 더 나아진 것이 없다. 좀 더 발전된 지성의 국가나 국민으로 성장해나가지 못하는 이유가 무엇일까?

소셜네트워크를 통해 사회를 바르게 인도하는 공적인 기능의 중요성은 아무리 강조해도 지나침이 없을 것이다. 여기서 한 걸음 더 나아가 발달된 소셜네트워크 통로를 통해 집단적으로 구성할 수 있는 새로운 지식과 정보를 고유함으로써 얻을 수 있는 개인이나 국가의 이익을 생각해 볼 때이다. SNS가 개인 삶의 질을 향상시키는데 기여할 수 있는 방향으로 발전될 수 있도록 사회적인 합의를 이끌어내야 한다. 인터넷을 기반으로 한 위키피디아의 발전 과정은 지식 · 정보의 생산자나 수혜자가 따로 없이 누구나 생산할 수 있고 모두가 손쉽게 공유하면서도 정체되지 않고 계속 진보하는 집단지성을 구성할 수 있을 것이라는 사실에 기반하고 있다. 그러나 지금까지의 우리의 현실을 성찰해 보면 이러한 예측은 거의 빗나갈 가능성이 높다. 최근 우리 사회는 집단 이기주의가 개인의 정의와 판단을 흐리도록 만들 뿐만 아니라 집단 혹은 다중이라는 군집 속에서 개인을 왕따로 만들거나 개인의 의견은 묵살시킨다. 또한 편향된 이데올로기 때문에 눈에 보이지 않는 폭력의 힘이든지 아니면 시시콜콜한 자신의 신상털기, 하소연과 같은 도구로서 추락할 수 있다.

법률 규제의 간극 사이로 통용되는 SNS 폭력의 힘을 제어하는 새로운 윤리를 모색하는 일은 인권 확대를 위한 새로운 해결과제이다.

3) 인류의 창조적 미래

지난 20세기 동안 세계적으로 새로운 지식이 엄청난 속도로 탄생하였다. 지식의 문제는 인간의 본질적인 관심거리였으며, 그 지식의 생산 문제에서부터 이를 관리하는 문제에 이르기까지 개인뿐만 아니라 국가에서도 관심을 갖는 주요한 대상이었다. 백과사전파라는 사람들은 지식을 정리하고 그것을 집대성함으로써 새로운 지식을 탄생시키는 원동력의 역할을 해왔다. 21세기 들어서면서 지식 증가의 양만큼 인간이 해결해야 할 과제들도 상대적으로 엄청나게 증가하였다. 에너지와 자원 문제, 환경, 식량, 빈곤문제, 도시 문제, 테러 등 다양한 분야에서부터 안전한 삶을 유지하는데 필요한 생명과학, 바이오테크놀로지, 나노테크놀로지, 정보 기술, 환경 기술, 에너지 기술, 재료와 생산 기술, 인문과학과 사회과학 등 문제 해결의 기초적 지식의 단초를 쥐고 있는 것이 바로 지식 · 정보의 언어 관리의 문제이다. 〈그림 2〉와 같이 소셜미디어를 활용하여 다중 집단이 지식 · 정보의 생산에 참여하고 국가나 기업이 이를 관리할 수 있는 기반을 마련함으로써 개인 또는 국가 간의 지

소셜미디어의 기반
뉴미디어의 리터러시(Lowa Electronic Market, Google search, Linux, Slasdot.com, Amazon.com)
SMS: Scribd.com(전자책), Telp.com(상점), Answers.com(질문, 문의), Last.com(음악), Groupon.com(할인마트), Google.com(정보 지식), Twitter.com(정보와 뉴스), Facebook.com(친구), 아고라 싸이월드, 미투데이

- 부정확성, 신뢰, 쏠림, 플레이밍(거친 표현), 과시적 소비 자극, 역정보, 다중권력화: 언어폭력의 위기

- 전국민 학습 공동체: 국가 지식정보의 협업(예시: 마을지 구축, 방언사전 구축)
- 국가 정부부처+학술단체 연합+국민=전문용어 대량 구축(국어기본법 전문용어 관리 강화)

국민정보지식 양극화 해소

〈그림 2〉 국가집단 지성의 기반

식 · 정보의 차등성을 줄여나가야 할 것이다.

인류의 창조적 미래를 위해 지식 · 정보의 핵심인 언어에 대한 인식의 변화가 절실하게 필요하다. 지배와 피지배, 자본 중심의 소통 방식이라는 대치적 방식이 아닌 협력과 공유의 방식으로 질적으로 우수한 고급 정보를 공유할 수 있는 21세기 미래의 새로운 기획들이 제시되어야 한다. 갈등과 폭력으로 점철된 지리 경계를 뛰어넘어 화해와 평화, 나눔의 미래를 만드는 일은 이 시대의 사람들이 반드시 이룩해야 할 과제이다.

02
국어사전이란 무엇인가?

01 | 언어의 둥지

'국어사전'이라는 말을 들으면 초등학교나 중고등학교 시절, 꽃 문양에 둘러싸인 '상賞'이라는 푸른 도장이 찍힌 국어사전을 개근상으로 받았던 기억이 제일 먼저 떠오른다. 책꽂이에서 먼지를 뒤집어쓰고 빛바랜 모습으로 머물다가 고서점이나 고물장수에게 소멸되는 하찮은 것쯤으로 여겼던 것은 적어도 내 경험의 이야기이다. 이에 반해 영어사전은 고등학교 삼학년까지 너덜너덜할 정도로 사용했던 기억이 새삼스럽게 난다.

사전에 대해 이러한 인식이 지배적이기 때문에 국어사전이라는 책의 용처나 그 귀중함을 아는 우리나라 사람들은 그리 많지 않다. 그러나 국어사전은 나라 안에서 생산되는 최고로 정질화된 지식을 어휘로 구성하여 그 뜻풀이를 달아 놓은 매우 소중한 지식·정보의 창고이다. 왜냐하면 수능시험이나 각종 시험에 사전을 활용하면 모든 문제가 해결될 수 있음에도 불구하고 그것을 직접 활용하는 학교 교육이 제대로 이루어지지 않고 있다. 국어 규범을 별도로 강화하여 맞춤법이나 표준발음, 띄어쓰기 등을 가르치기 때문에 국어사전의 소중함을 느끼지 못할 수밖에 없다. 그러나 국어사전 갈피 사이사이에 숨어 있는 우리 모국어의 어휘들의 빛깔을 제대로 느껴 본 경험이 있는 사람들은 늘 국어사전을 곁에 두고 책을 읽다가 모르는 낱말의 뜻을 알게 될 때 국어사전의 소중함을 직접 체험할 수 있을 것이다.

학창 시절에 영어사전을 사용하던 만큼 국어사전을 사용한다면 우리 국민의 지적 품격이 얼마나 올라갈 수 있을까? 요사이 각종 포털사이트에서 국어사전뿐만 아니라 다양한 사전이 지원되고 있다. 요즘은 전자사전이 발달되어 매우 긴요하게 활용하는 사람이 점점 늘어나고 있다.

우리나라 사람들의 품성 가운데 어떤 일이든지 꼼꼼하게 챙기고 다독거리며 처리하지 않고 대충대충 해치우는 습성이 있다. 이런 국민성이 왜 생겨났을까? 아침에 조간신문을 보다가도 모르는 어휘나 외국어 또는 외국어 약어들을 보면 앞뒤 문맥을 따져 이해하는 척하고 대충 넘어가 버린다. 모르는 어휘들이 있으면 꼼꼼하게 사전을 활용하여 뜻을 밝히려 하지 않는 글 읽기의 습관이 은연중에 몸에 배어 있다. 어쩌면 국어사전을 찾아보더라도 요사이 외국어나 외국어 약어가 넘쳐나고 있을 뿐만 아니라 사전에 실리지 않은 어휘가 많아서 아예 사전을 볼 필요도 없다고 생각할지도 모른다. 한글학회가 엮은 『큰사전』 머리말에 "우리말은 곧 우리 겨레가 가진 정신적 및 물질적 재산의 총목록이라 할 수 있으니"라고 하였듯이 우리말이 우리 민족의 지적, 정신적, 문화적, 물질적 총 재산이라고 할 수 있다. 그리고 올바른 우리말의 전범典範으로써 소통의 통일성과 균형을 지켜주는 등불이다.

우리의 모국어가 멀지 않아 절멸의 위기에 봉착할지도 모른다는 미래학자들의 충고를 아무렇게 여겨서는 안 된다. 미국의 초등학교에서는 어휘 능력을 매우 중요한 언어 능력의 일부로 평가하고 있다. 우리말의 어휘를 모아놓은 국어사전은 단순히 사전 뜻풀이 책쯤으로 가볍게 생각할 일이 아니라 국어사전은 다중에게 헌신할 수 있는 가장 기초적인 국어 지식 기반이다. 언어가 변하듯이 국어사전도 새로 생겨나는 어휘들을 정리하고 수록해야 한다. 또한 사용자들에게 잊혀진 어휘와 대상물의 소멸로 언중들의 기억 속에서 사라진 어휘들을 추려내어서 고어사전으로 넘기는 일을 해야 한다. 마치 저수지의 물을 여러 공정을 거쳐 식수로 공급하듯이 국가의 기본적인 지식 체계를 정리하여 새로운 식수로 공급하기 위해 끊임없이 관리해야 한다. 그러나 국어사전을 개근상 부상쯤으로 여기는 국민 의식이 팽배해 있는 한 우리나라의 국가 지식 경쟁력은 여타 선진국보다 항상 뒤처질 수밖에 없을 것이다. 최근 국가의 창조적인 문화 경쟁력 강화를 외치고 있지만 문화, 예술 경쟁력의 기반을 이루는 모국어를 소홀하게 생각하는 한, 문화 예술의 창조적 경쟁력 강화라는 말은 헛구호에 지나지 않을 것이다.

한편, 사전은 사물과 인간 사유에 대응되는 기표記標를 만들고 또 거기에 기의記意를 실어 담는 행위라면 대상을 언어로 표현하는 행위 자체가 비창조적인 것이라는 관점을 가질 수도 있다. 롤랑 바르트가 쓴 『제국의 기호』(산책자, 2008)에서는 기표와 기의를 해체함으로써 언어를 창조적으로 운영할 수 있다고 판단하고 있다. 사전이나 규범이 언어 변화를 가로 막는다는 관점에서 다니엘 네틀과 수잔 로메인이 짓고 김경화가 옮긴 『사라져 가는 목소리들』(이제이북스(EJB), 2003:298)의 이야기를 참고해보자.

> "언어에 있어서 문법과 사전은 인위적인 환경이다. 그것은 일상생활에서 사용되는 언어의 다양한 측면 중 한 부분만을 반영할 뿐, 끊임없이 변화하는 언어의 본성을 담당하지 못한다. 이는 점박이 올빼미를 보존하기 위해, 자연 서식지에서 보호하고 번식하도록 해 주지 않은 채, 박제된 올빼미들을 전시할 목적으로 박물관을 짓는 데 노력을 집중해야 한다고 우기는 것이나 다름없다."

'사전'을 박제화된 지식의 창고로 판단하는 견해는 귀담아들어야 할 대목이다. 사전이 더욱 생동감 있게 변화하는 목소리를 담아내는 역할을 강화해야 한다. 물론 사전의 종류와 사전 편찬자의 철학 문제와 맞닿아 있는 문제라고 볼 수 있다.

'사전'이라는 용어는 한자어 '사전辭典'을 빌려 쓴 것으로 개별 어휘에 대한 언어학적 정보를 실어 담는다는 뜻이다. 또한 동음이의어인 '사전事典'은 '여러 가지 사항을 모아 그 하나하나에 해설을 붙인 사전辭典'의 의미로 언어학적인 기준 외에 다양한 정보를 포함한다는 측면에서 차이가 있다.

곧 '사전辭典'은 언어 사실에 대하여 풀이한 것이고 '사전事典'은 사물 일반에 대하여 풀이한 것이라는 면에서 차이가 있다. 그런데 사물 일반에 대한 풀이라 하더라도 그것을 나타내는 말은 언어 단위임에 틀림이 없다. 다만 그 풀이 체계나 범위에서 언어 중심의 사전과 성격을 달리할 뿐이다. 이런 점에서, 언어학적 관점에서 만든 국어사전이나 어떤 용어사전에는 '사전辭典', 사물을 풀이한 백과사전 등에는 '사전事典'이라고 구분해서 사용하는 경향이 있다. 그러나 '백과사전'류를 '-사전辭典'으로 쓴 예도 없지 않기 때문에 엄격하게 이를 구분하기란 쉽지 않다.

이 밖에 '사전'를 뜻하는 말로 '사림', '사서', '사원', '사해', '사휘', '어전', '어해' 등이 있다. 또는 주로 한자나 그 어휘집Glossary 이름으로 '옥편', '자전', '자해', '자서', '자원', '자휘' 등의 말도 있다. 이러한 부류는 오늘날의 사전 개념과는 달리 주로 한자의 음, 새김(뜻)을 밝히어 엮은 책의 이름이다. '자전字典'은 한자 이외에도 『한불ᄌᆞ뎐』, 『한영ᄌᆞ뎐』, 『법한ᄌᆞ뎐』에서처럼 어휘집의 이름으로 쓰이기도 하였다. 이상의 '사전'을 나타내는 낱말들은 모두 한자말이다. 우리말로는 '사전'을 뜻하는 말이 없었을까? 우선, 근대 국어 연구의 개척자 주시경 선생은 최초의 우리말 사전 편찬을 조선광문회에서 시도하면서 그 이름을 '말모이'라 하였다. '우리말을 모은 것(책)'이라는 뜻이다. 주시경 선생의 제자로 보이는 어떤 이의 「한글 풀어쓰기 소개글」(『대한인정교보』 10호, 1914)에는 '씨아리'라는 말을 썼다. '씨-알-이', 곧 '낱말을 알게 하는 것'이라는 뜻이다. 김두봉은 그의 문법책 『깁더 조선말본』(1922) 붙임글에서 '말거울(사뎐)' 또는 '말모이(사뎐)'라는 용어를 사용하기도 하였다. '말거울'이란 '말의 모습(실상)을 반영하는 것'이라는 뜻으로 일컬은 것 같다. 또한 『우리말본』을 쓴 최현배 선생은 『한글』(창간호, 1932)에서 '말광辭典'이라 하기도 하였다. '말을 간직하는 광(곳집)'이라는 뜻이다. 그러나 '광筐'은 한자어이다.이런 측면에서 필자는 '사전'이라는 한자어를 '말둥지'라는 순우리말로 바꾸어 쓰기를 제안해 본다. 말이란 세월에 따라 둥지 속에 머물다가 세월이 바뀌면 둥지를 떠나게 된다. 둥지 속의 우리말과 어문 정책의 홀대를 받으며 둥지 밖에 서성이는 우리말을 뜻하는 의미로, 우리말 둥지 곧 '말둥지'로 바꾸어 써보면 좋을 듯하다.

이처럼 '사전'이라는 한자어 대신 좋은 우리말 이름들이 있었지만 우리는 이 가운데 하나도 본받질 못했다. 이러한 우리말 이름들을 두고 생각해보면 '사전'이란, '말을 모아놓은 것(말모이, 말둥지)'이며 '말의 제 모습을 알게 하거나 찾아볼 수 있게 하는 것(씨알이, 말거울)'임을 알 수 있다.

사전은 언중이 사용하고 있는 말을 찾아 모아두는(간직하는) 것인 동시에 말의 바른 실상을 보여(가르쳐) 주는 거울 역할을 한다는 의미이다. 말을 간직하는 수단으로서의 사전은 언어의 역사성과 현실성을 아울러 반영한다. 지금은 쓰이지 않는 옛말이나 묵은 말 또는 어원들을 다루는 것은 말의 역사성을 반영하는 것이며 표준말, 표준발음, 문법 · 의미 · 담화적 특성과 제약, 방언, 속어, 새 어휘 등을 다루는 것은 말의 현실성을 반영하는 것이다. 말의 바른 실상을 보여주어야 하는 사전은 표준말, 맞춤법, 표준발음, 정확한 뜻, 바른 쓰임새 등의 말의 규범을 가르쳐 주는 것이다. 이 점을 특히 강조하여 전날 우리 선배 학자의 한 분이었던 이극로(1893~1978)는 「조선어 사전 편찬에 대하야」(『한글』 창간호. 1932)에서 "표준 사전은 다른 책과 달라 일부 인의 일시적 읽을꺼리讀物가 아니고, 사람마다 늘 두고두고 보는 책이니, 우리의 쓰는 말과 글이 옳고 그른 것을 질정하는 최고의 재판관이다."라고 하여 국가의 언어 정책을 잘 반영해주는 거울이 되어야 함을 강조하고 있다.

사전이라는 말은 매우 강력한 힘을 가진 어휘이다. 사전이라는 말은 상당한 권위와 박학함과 간결성을 가짐으로써 다중의 신뢰를 얻고 있다고 할 수 있다. 실제로 모든 저술들이 사전처럼 기술되고 있다고 해도 과언이 아니다. 이 세상 모든 지식, 곧 영화 제작술, 술과 춤, 의상, 세금 등 모든 영역의 사전이 있다. 포커 사전, 영화용어 사전, 오토바이 속어 사전, 귀신 사전 등 매우 다양한 사전들이 있다. 이처럼 사전은 인류가 이룩해온 보편적 지식을 어휘 단위로 간략하게 규정하는 지식의 둥지라고 할 수 있다. 따라서 사전 정보의 관리야말로 국가 지적 경쟁력을 재고하는 매우 중요한 수단인 동시에 국가 발전 전략의 일부라고 할 수 있다.

대부분의 사람들은 사전Dictionary과 백과사전Encyclopedia은 매우 긴밀한 관계에 있다고 알고 있으며 간혹 혼동하기도 한다. 그러나 그것은 본질적으로 서로 다른 목적에서 서로 다른 설명 방식으로 만들어진 것이다. 사전은 어휘의 의미를 기술하는 것이며 종종 문맥 속에서 그것이 어떻게 사용되는가를 반영하고 또 어떻게 발음하는가를 보여준다. 보통 전통적이며 고전적인 사전이라는 책의 형태는 글자 자모 순서로 된 어휘 목록Word list 형식이었다. 근대적인 사전은 철자, 어원(어휘파생), 사용법, 동의어, 문법의 정보와 때로는 그림 등을 포함한다. 이에 비해 백과사전은 다양한 지식의 모든 지식과 논문을 모아놓은 것이다. 백과사전은 사전이 제공하는 정보를 능가하는 기술이나 정의를 포함한다.

사전적 정의는 독자들이 잘 모르거나 불분명한 어휘에 대한 제한된 정보뿐이다. 곧 어휘에 집중되어 있으며, 주어진 모든 정보는 어휘에 대한 의미와 발음, 사용법 또는 어휘의 역사에 관한 것이다. 백과사전은 본질적으로 주제별 또는 논제에서 보여주는 항목 주제를 중심으로 기술한다. 예를 들어 종교를 항목 주제로 정한 경우 단순히 '종교'라는 어휘의 의미가 무엇인가, 또 과거에는 어떻게 사용되었으며 그 어휘의 발음은 어떻고 어떤 환경에서 사용되는가라는 문제는 다루지 않는다. 이 세상에 있는 여러 가지 종교에 대해 체계적인 기술, 곧 종교의 역사, 주의, 강령이 어떤지를 기술한다. 사전과 백과사전의 차이를 아주 간략하게 비유적으로 말하자면(Sideney I. Landau(200 1:7)은 "사전은 어휘에 관한 것이고, 백과사전은 사물에 관한 것이다.(Dictio naries are about words, encyclopedias are about things.)"라고 말하고 있다. 사전과 백과사전을 명료하게 구분하여 정의한다는 것은 결코 쉬운 일은 아니다.

사전의 유형은 사전의 크기나 범주 등과 같은 다양한 기준에 따라 분류할 수 있다. Yakov Malkeiel(1967)은 사전 분류의 기준을 3가지를 들고 있다. 범주Range, 전망Perspective, 명시성Presentation이라는 기준에 의해 사전을 분류하고 있다.

첫째, 범주는 사전 항목 어휘의 크기Size나 범위Scope에 따라 구분하는데 이것은 사전의 질적 밀도와 깊은 관계가 있다. 범주의 다른 한 측면은 대상 언어의 범주에 따라 단일어 사전Monolingual dictionary), 이중어 사전Bilingual dictionary, 다중어 사전Multilingual dictionary으로 구분된다. 다음으로는 어휘 자료에 대해 어느 정도로 설명을 확장하는가 곧 어느 정도 백과사전적 기술을 하는가의 문제다.

둘째, 전망은 곧 무엇을 어떻게 할 것인가라는 편집자의 철학적 견해에 기반을 두게 된다. 곧 대상 시간을 역사적인 것까지 확장하느냐, 어떤 한 시점으로 제한하느냐에 따라 통시적인 사전Diachronic dictionary과 공시적인 사전Synchronic dictionary으로 구분한다. 다음으로는 사전을 어떻게 구성하느냐에 따라 구분한다. 곧 어휘 배열 순, 발음 또는 개념(시소러스와 같은) 등의 방식으로 유형 구분이 가능하다.

또한 사전 정의의 수준에 따라 전문인을 위한 전문적인 사전인가 또는 학생들을 위한 교육용인가 또는 아동용으로의 흥미 위주인가 등으로 구분한다.

셋째, 명시성은 사전을 정의하는 정도, 곧 어느 정도 충분하게 설명하는가라는 문제와 관련이 있다. 예를 들면 단일어 사전이 이중어 사전보다 훨씬 더 충실하게 기술하는 것이 일반적이다. 외국인 학습자용 사전이 모국어 화자용 사전보다 훨씬 간단하게 기술하지만 그림 자료를 많이 활용한다. 또 서술어의 기술 방식을 어떻게 하는가에 따라서도 구분한다. 인용문을 활용하는가 또는 창의적 기술을 하는가 또는 참고문헌을 활용하는가 또는 그래픽 그림을 포함하는가에 따라서도 구분한다. 끝으로 발음 정보나 사용자의 정보와 같은 어떤 특별한 내용을 포함하는가에 따라서도 구분한다.

Malkeiel의 사전 분류 기준과 방법은 매우 탁월하다. 통시적 사전은 그림 정보가 비교적 적은데 반해서 이중어 사전은 통시적 사전이 거의 없고 또 자모순 배열 방식을 주로 사용하고 있듯이 유형 간의 상호 관련성을 파악하는 데 매우 유용한 분류 방식이다. 사전 분류의 기준은 통상적으로 기술 대상 언어의 숫자로 구분한다. 단일어 사전과 이중어 사전의 차이는 기술 대상 언어의 숫자의 차이가 아니라 궁극적으로 그들의 본질적 목적이 무엇인가에 달려 있다. 이중어 사전은 어휘의 목록이나 기술 표현이나 어순 배열에 두 가지 언어를 사용한다. 어휘 목록에 배열되는 언어는 대상 언어Target language이고 이에 대한 기술 표현을 하는 언어는 바탕 언어Source language이다. 『영한사전』의 경우 올림말은 대상 언어인 영어로 되어 있으며 이를 기술 설명하는 언어는 바탕 언어인 한국어가 된다.

> *free-dom[fri:dəm] n. U. 자유; 자유 독립;(시민, 사회 등의)특권; 해방; 면제; 자유 사용권; 허물(스스럼)없음, 무람없음;(동작의) 자유 자재. ~from care 속편함. 태평. ~of the press 출판(언론)의 자유. 『한영사전, 민중서림』

'free-dom'의 올림말에 대한 기술 설명 부분인 한국어는 바탕 언어이다. 사전 사용자가 한 언어는 잘 알지 못한다는 가정 아래에서 대상 언어는 외국어이고 바탕 언어는 모국어인 경우가 일반적인 경우이다.

단일어 사전은 전적으로 한 가지 언어로만 기술된다. 단일어 사전은 모국어 화자가 모국어에 대한 정확한 지식을 얻기 위해서든지 또는 제2외국어로서 공용어lingua franca 대상 언어에 대해 더 정확한 지식을 얻기 위해 사용된다. 마치 한국 사람이 『표준국어대사전』을 활용하는 경우나 외국어에 익숙한 한국 사람이 『영영사전』을 활용하는 경우 이 두 사전은 모두 단일어 사전이라고 할 수 있다. 이 단일어 사전은 목록 어휘Entry word에 대한 정보뿐만 아니라 올림말 어휘에 대한 정의와 올림말에 대한 표현이 목록 어휘와 동일한 언어로 기술된다. 단일어 사전의 목적은 어떤 어휘의 의미가 무엇인지 이미 이해하고 있는 어휘로 설명하는 데 있다.

이중어 사전은 올림말과 다른 언어로 설명하는 반면에 단일어 사전은 동일한 언어로 완곡하게 어휘를 정의해 준다. 이중어 사전은 단일 방향성 또는 이중 방향성을 갖는다. 『한영사전』과 『영한사전』은 각각 한국과 미국의 모국어 화자의 입장에서 단일 방향성을 갖는다. 곧 한→영, 영→한 이라는 단일 방향성을 갖지만 한국의 모국어 화자 입장에서만 본다면 한⇄영이라는 이중 방향성을 갖게 된다. 곧 목록 어휘가 두 가지 다른 언어로(더 이상의 언어로도) 번역될 수 있다.

이중어 사전의 목적은 대상 언어를 이해하는 화자가 바탕 언어로 읽고 이해하기 위해서 사용하거나 혹은 바탕 언어를 이해하는 화자가 대상 언어로 쓰고 표현하기 위해 사용한다. 주로 모국어인 한국어를 영어로 번역하기 위해 사용하는『한영사전』의 경우를 능동적인 사전Active dictionary이라고 하고 영어를 모국어인 한국어로 번역하기 위해 사용하는『영한사전』의 경우를 수동적 사전Passive dictionary이라고 한다. 그런데 바탕 언어의 어휘 목록에 대해 대상 언어가 비평행성을 보이는 경우가 있다. 어휘 목록 간의 비평형성은 대상 언어가 바탕 언어와의 문화적 차이나 분포의 차이 때문에 목록 사이의 어휘 공백Lexical gap을 보여주기도 한다. 예를 들어 경상도 방언형인 '깝치다:최촉하다'나 '갊다:맞대응하다'라는 어휘가『표준국어대사전』의 올림말에서는 제외하고 있는데 그 이유가 바로 이들을 대상 언어로 올림말을 만들 경우 일대일의 대응을 보이는 바탕 언어가 없기 때문이다. 어휘 공백은 대상 언어에 있는 어휘에 대한 사물이나 개념이 문화적 특성 때문에 바탕 언어에서 존재하지 않을 때 나타난다. 또는 그 역으로 바탕 언어에 어휘에 대한 사물이나 개념이 대상 언어에 존재하지 않을 때 나타난다. 이처럼 대상 언어와 바탕 언어 간의 어휘 체계가 완전하게 불일치되는 경우도 있지만 부분적인 불일치Partial equivalence를 보이는 경우도 있으며 대상 언어와 바탕 언어 간에 개념Conception은 있으나 어형이 존재하지 않는 경우도 있을 수 있다.

삼중어 사전Trilingual dictionary은 비교적 희귀한 편이다. 그러나 일반적으로 충분히 이해하는 두 가지 바탕 언어의 친숙하지 않는 대상 언어로 구성된다. 예를 들면 영어와 라틴어·로망 언어 사전이나 영어와 프랑스어와 고전 라틴어 사전이 그 예가 될 수 있다. 이처럼 더 많은 언어를 대상으로 한 다중어 사전도 있다.

사전의 정보를 제공하는데 어휘 목록의 배열 방식을 자모순이나 주제순 또는 자모순과 주제를 함께 활용하여 출판하거나 또는 전자사전으로 활용하는 방식이 있다. 일반적으로 국어사전은 자모순 배열 방식이 가장 일반적이지만 외국인을 위한 학습용 국어사전인 경우 주제별로 배열하거나 특히 시소러스를 활용한 분류어 사전 형식도 있다.

02 | 국어사전 발간의 역사

사전의 형태는 간단한 어휘집에서부터 비롯하여 종합적인 큰사전과 중사전 소사전 등이 있다. 우리말 사전 편찬의 역사도 그러하다. 주요 어휘집은 한자학습을 위한 자전류와 실학 시대를 전후하여 쏟아져 나온 유해류, 재물보(만물보)류, 물명고류, 향명집류 등의 어휘집 편찬이었다. 어휘자료집의 출판 역사는 '한자-우리말' 대역 자전류로 1527년 최세진의『훈몽자회』, 1576년 유희춘의『신증유합』, 1583년 한호의『석봉천자문』, 1909년 지석영의『자전석요』, 1915년 조선광문회의『신자전』등이 있다. '중국어-한국어' 대역 자전으로는 1690년 신이행, 김경준의『역어유해』를 비롯하여 '중국어-한국어-몽고어' 대역 자전으로는 1786년 이억성의『몽어유해』, '중국어-만주어-한국어' 대역 자전류로는 1779년 무렵 이수의『한청문감』, '중국어-한국어-만주어' 대역 자전류로는 1748년 현문

항의 『동문유해』, '한국어(한자)-왜어' 대역 자전으로는 18세기 말 홍순명의 『왜어유해』, '중국어-한국어-청어-몽고어-왜어' 대역 자전류로는 1778년 홍명복의 『방언집석(방언유석)』이 있다.

개화기 이후 주로 서양 선교사들이 만든 한국어와 서양말 또는 서양말과 한국어와의 대역사전이 다양하게 간행되었는데 이는 주로 한국어 학습을 위한 목적으로 만들어졌다. 1874년 뿌찔로의 『로한ᄌᆞ뎐』을 비롯하여 1880년 파리 외방 선교회 조선 선교사들이 만든 『한불ᄌᆞ뎐』, 1890년 언더우드 박사가 지은 『한영ᄌᆞ뎐』, 1891년 『로한사전』, 1891년 스코트의 『영한사전』, 1897년 게일의 『한영ᄌᆞ뎐』 등이 있다.

이와 함께 조선총독부의 『조선어사전』은 일제가 식민 통치를 위해 '한-일' 뜻풀이 대역사전이 있다. 올림말을 가나다 차례로 배열하고 처음으로 품사를 매겨 풀이를 한 사전이기는 하나 한국어로 뜻풀이가 이루어지지 않은 불완전한 사전이다.

본격적인 우리말 사전의 편찬을 꾀했던 조선광문회, 계명구락부, 조선어학회 등의 연구 기관이 있었으며 또한 뜻있는 개인들의 노력이 있었다.

1) 최초의 우리말 사전 『말모이』 편찬(1911년~미완성)

1910년 최남선이 세운 '조선광문회'에서 1911년 주시경과 그의 제자 김두봉, 권덕규, 이규영이 편찬한 최초의 우리말 뜻풀이 사전(미완성 원고)이다. 1914년 주시경이 세상을 떠나고 이어 김두봉이 상해로 망명함에 따라 완성하지 못한 것인데, 그 원고의 첫권으로 보이는 'ㄱ~걀쭉'까지의 원고를 이병근(1977)이 찾아 밝히어 그 편찬의 내용이 알려지게 되었다.

이 원고본의 짜임새는 일러두기에 해당되는 '알기', '본문', 올림말 색인인 '찾기'와 한자말 색인인 '자획 찾기'의 네 부문으로 되었다. 올림말의 구성은 고유어, 외래어에 전문용어를 포함시켰다.

각 올림말의 풀이는 "올림말(형태소 분석 표시, 발음의 높낮이를 보통-높음-낮음 세 가지로 표시)/한자, 로마자의 외래어 글자/문법 용어 약자/전문용어 약자/뜻풀이/간단한 보기글" 등으로 엮었다. 동사, 형용사는 어간만으로 다루고 복합어, 파생어들은 어근 낱말의 풀이 뒤에 잇대어 배열하여 풀이하였다.[1]

이러한 『말모이』의 편찬 방식이나 내용은 오늘날에 보아도 아주 분석적인 언어사전의 본이라고 하겠다. 그 원고의 전모가 드러나 사전 편찬에 쏟은 선각자들의 노력을 더욱 자세하게 헤아려 볼 수 있기를 바라 마지않는다.

이 외에 이상춘(1882~?)의 사전 편찬, 1919년에 상해로 망명했던 김두봉(1889~?)이 그 곳에서 『조선말본』을 짓는 한편, 다년간 우리말 사전 원고를 작성했다고 한다. 조선어사전 편찬회에서 이윤재가 그 원고를 얻어오려 했으나 뜻대로 되지 못했다.

2) 최초로 출간된 우리말 사전, 문세영 : 『조선어사전』(1938년/1939년)

『조선어사전』은 문세영이 이윤재의 지도와 한징 등의 교정에 힘입어 편찬을 간행한 첫번째 우리말 뜻풀이 사전이다. 약 10만 어휘에 가까운 언어사전으로 한글 학회 큰사전(1947~1957년)이 나오기

1 이병근, 『말모이』에 대하여, 1986. 이병근(1977) : 최초의 국어사전 『말모이』(고본). 언어, 제2권 제1호. 서울대학교.

전까지 본격적인 사전의 모습으로 나온 대표적인 사전이었다. 따라서, 그 발간도 여러 차례로 다양하다.

3) 『큰사전』과 한글 학회의 사전 편찬

조선어학회에서 추진했던 가장 역점 사업의 결과물이 『큰사전』이다. 조선어학회 사건으로 중단되어 잃어 버렸던 원고 뭉치를 되찾는 우여 곡절을 겪은 『큰사전』 편찬 사업은 조선어학회를 이은 한글학회에서 1947년에 제1권(『조선어사전』)을, 1949년에 제2권(제2권 이후에는 『조선어사전』에서 『큰사전』으로 명칭이 바뀜)을 펴낸 다음 1950년에 제3권 인쇄와 제4권 조판이 끝날 무렵 6.25전쟁이 일어나 중단했다가 1957년에 6권((『큰사전』)을 모두 완성했다. 3,804쪽, 16만 4,125개의 단어가 실린 최초의 우리말 대사전이 탄생한 것이다. 말모이 사전 사업을 추진하기 시작한지 28년 만에 이룬 민족적 쾌거였다.

1942년 10월 조선어학회 33인은 조선어학회 사건에 연루되어 함흥 감옥에 구속되는 와중에 조선어학회 회원들은 사전출판을 서둘렀다. 1942년 4월 사전 출판을 위해 대동출판사에 필사 원고를 넘겼으나 일제 경찰에 의해 강제로 원고를 압수당하여 그 행방을 찾을 수가 없었다. 숱한 사람들이 노력하고 인고했던 결과가 하루아침에 허사가 되어 버릴 위기에 직면했던 것이다.

그러나 1945년 9월 8일 서울역 화물창고인 조선통운 창고에서 수취인이 고등법원으로 된 2만 6천 5백장에 달하는 우리말 사전 편찬 원고 뭉치가 발견되었다. 함경남도 홍원 경찰서에서 조선어학회 사건의 증거물로 압수 당한지 3년 만의 일이다. 광복이 된 이후 이극로, 최현배, 이희승, 정인승 선생은 함흥 감옥에서 8월 19일 풀려나와 서울로 오자마자 조선어학회에 들러 조선어학회의 재건과 더불어 압수당했던 사전 원고를 다시 되찾은 사전 원고를 다시 정리하여 1947년에서 1957년 사이에 전 6권을 완간했다. 올림말 16만 4,125개가 실린 총 6권(3,804쪽)에 달하는 최초의 큰말사전이 탄생한 것이다. '조선어사건'이라는 일제 침탈의 역경 속에서 그리고 중간에 발생한 한국전쟁이라는 어려운 난관을 거쳐 근 28년 만에 조선어학회 회원들의 꿈이 이루어진 것이다. 첫권은 1947년 10월 9일에, 여섯째 권은 1957년 10월 9일에 출간되었다.

민족의 온 지성들의 뜻을 모았던 이 편찬 사업은 훗날(1936년 3월) 조선어 학회가 그 업무를 넘겨받아 1957년에 완간한 『조선어 큰사전』(후에 『큰사전』이라 함)으로 결실을 보게 되었다.

이후, 한글 학회는 실용성과 현실성을 반영한 여러 가지 사전들을 편찬해 냈다. 1958년 『중사전』, 1960년 『소사전』, 1965년 『새 한글 사전』, 1967년 『쉬운말 사전』 등을 간행하였다.

4) 『큰사전』 이후의 사전들

『큰사전』이 1957년에 완간되자 한글 학회의 『중사전』(1958년)을 비롯한 실용성에 바탕을 둔 사전들이 바로 뒤이어 나오기 시작했다. 광복과 더불어 초중고에 필요한 학습자들을 위한 다양한 사전들이 단시일 내에 대량으로 쏟아져 나왔다. 이러한 과정에서 일본 『광사전』을 베낀 올림말과 풀이말이, 특히 전문용어에서 많이 발견할 수 있다. 특히 이희승 편 『국어대사전』(민중서관. 1961년)은 가장 인기 있는 사전이었지만 미세한 부분의 문제점은 연구자들에 의해 여러 차례 지적되었다.

이 시기에 나온 주요 사전은 다음과 같다.

○ 국어국문학회 : 『국어 새 사전』. 동아출판사. 1958년.
약 15만 어휘를 다룬 사륙배판 3단 1천여 쪽의 사전.

○ 신기철/신용철 : 『표준국어사전』. 을유문화사. 1958년.
사륙배판 8포인트 2단 1,700쪽의 사전.

○ 홍웅선/김민수 : 『새사전』. 대한교과서주식회사. 1959년.
오칠판 2단 1,292쪽. 올림말에 아주 쉬운 기본 단어와 사람 이름, 땅 이름, 옛말들도 제외하였다.

○ 이희승 편 : 『국어대사전』. 민중서관. 1961년.
이희승 편저 : 수정 증보판 『국어대사전』(1982년)/제3판(1994년). 민중서림.
한글 학회의 『큰사전』(1957년)이 완간되자마자 착수한 것으로 보이는 이 사전의 초판(1961년)은 당시로서 23만 어휘의 가장 큰 규모의 국어사전이었다. 수정 증보판에는 약 42만여 어휘를 다루었다. 『큰사전』의 편찬 체재와 내용을 거의 그대로 따랐고, 한자어(일부 일본 한자어도 포함) 및 외래어, 고금동서의 저명한 세계 인명과 지명 등의 고유명사, 전문 학술 용어들을 많이 다룬 사전이다. 제3판에는 부록으로 '북한말 모음'을 실었다.

○ 신기철/신용철 : 『새 우리말 큰사전』. 삼성출판사. 1974년(초판).
31만여 어휘를 다룬 큰 사전이다.

○ 동아출판사 편집국 : 『동아 새국어사전』. 1990년(초판)./1994년(개정판).
1989년에 시행된 일부 바뀐 〈한글 맞춤법〉과 〈표준어 규정〉을 가장 먼저 적용하여 펴낸 약 15만 어휘로 헤아려지는 실용적 사전.

○ 편집위원 김민수 외 세 사람 : 『금성판 국어대사전』. 금성출판사. 1991년. 인명, 지명 등의 고유명사를 포함하여 40만여 어휘의 대사전이다.

이 시기에 우리나라뿐만 아니라 북한이나 중국, 러시아, 일본 미국 등 교표들이 사전이나 학습용 어휘집 등 다양한 사전류가 간행되었다. 지난 한 세기 동안에 이룬 우리말 사전은 수백 권에 이른다. 그 많은 사전들을 특성에 따라 그 갈래를 살펴보면 규모에 따라 1) 대사전 2) 중사전 3) 소사전으로 또 올림말의 관계로 보면 한-영, 영-한 등과 같이 언어별로 다양한 대역사전이 간행되기도 하였다.

일반 뜻풀이 사전(큰사전, 중사전, 소사전, 학생 국어 사전 등)

표준말 맞춤법 사전/국어 순화 사전(『쉬운말 사전』, 『행정 용어 순화집』, 『보드 용어 순화 자료집』 등)

방언 사전/속어, 비어, 은어 사전/상말, 욕설 사전.

옛말 사전/이두 사전.

시대 언어 사전(홍윤표 외 : 『17세기 국어 사전』이 나왔다.)

숙어(관용구, 성구) 사전/속담 사전.

어휘 분류/유의어/동의어/반의어 사전. 뉘앙스 풀이 사전.

개별 품사 사전(『한국어 형용사 사전』이 나왔다.)

의성의태어 사전(조선어 연구회(일본 조총련 산하) : 『조선말 의성의태어 사전』이 있었다).

상징 어휘 사전(한국 문화 상징 사전. 문학 상징 사전.)/민족 생활어 사전.

용례/쓰임새 사전. 문장 표현 사전.

어원 사전(나라 안에서는 아직 나오지 않은 것으로 짐작됨. 나라 밖에서 나온, 『람스테트』(1948년)와 『고송무』(1982년), 중국의 『안옥규』(1982년) 등이 있음.)

형태소 사전.

발음 사전.

외래어 사전.

한자/한자말 사전.

대역 사전.

어휘집.

그 밖 : '우리말 역순 사전', '남북한말 비교 사전' 등의 특수 사전들.

사전은 한 시대를 살아가는 인간언어 문화의 총 목록이며 거울이다. 풍성한 언어 문화는 곧 당대의 지식 정보라고 할 수 있기 때문에 그만큼 귀중한 것이다. 지난 날에는 이처럼 다양하고 복잡한 언어 정보를 관리하기에 힘에 겨웠지만 지금은 지식 정보를 관리하는데 컴퓨터를 활용함으로써 그만큼 용이해졌다. 신속하게 한 시대의 언어의 풍경화를 기술적으로 관리하고 또 그것을 토대로 더 폭넓은 언어정보를 생산할 수 있도록 할 필요가 있다. 이러한 일은 어느 개인이 할 수 있는 일이 아니기 때문에 국가가 나서서 행할 수 밖에 없다.

창조적 지식 국가를 만든다고 떠들어대면서도 이처럼 기초적이고 중요한 국가 언어지식 정보 관리에 대해 태만한 이유가 무엇일까? 국가를 관리하는 핵심 관료나 정책 개발자들이 이 문제를 모르고 있거나 소홀하게 생각하기 때문이다.

03 | 개방형 한국어 지식 대사전

필자가 국립국어원장 재식시에 국가적 언어지식 정보의 생산과 관리에 중요성에 대해 누누이 강조하면서 『표준국어대사전』의 외연에 있는 지식정보를 확보하기 위해 생활어휘조사 10개년 계획과 개방형 온라인-『한국어지식 대사전』의 필요성을 강조해 왔다. 그 결과 개방형 온라인-『한국어지식 대사전』의 기획은 2008년 국립국어원에서 정책으로 수립되었다. 이 사전이 기획된 이유는 첫째, 표준국어대사전에 담긴 내용이 너무 부족하다는 점 때문이다. 따라서 공공 부문에서나 민간 부문에서 생성된 모든 한국어 자료를 집대성하고 이를 열린 통합 사전 시스템으로 종합하여 국민에게 서비스함으로써 국가 경쟁력을 강화하고 국민의 언어생활에 실질적인 편의를 제공하는데 그 목적이 있다. 둘째, 외국인을 위한 한국어 학습용 다국어 사전 구축을 통하여 외국인에게 한국어 학습 기반을 제공하고 국가 언어 지식의 국제화를 도모하기 위해서이다.

〈개방형 한국어 지식 대사전 구축〉 사업은 2010년부터 10개년 사업으로 총 1,883백만 원을 투자하는 국가형 문화사업이다. 주요 사업 내용은 첫째, 개방형 한국어 지식 대사전 기본 설계 및 지침 구축. 둘째, 쉬운 풀이 및 기 구축 전문용어 통합, 정비(30여만 목록 대상). 셋째, 생활용어 1.5만 항목 및 방언 2만 항목 구축. 넷째, 개방형 정보 수집, 분석 및 사전 편찬 지원 시스템 개발. 다섯째, 한국어 학습용 기초 어휘 선정(5만 항목) 및 사전 구축(2만 항목). 여섯째, 다국어 시험 대역 및 다국어사전 시스템 기본 설계 및 구축하는데 있다.

03
사전에는 없고, 책에만 있는 인문지식

스티븐 핑커Stephen Pinker가 『언어의 본능The Language Instinct』(런던, 1995)에서 "진화하는 인간이 사는 세계는 언어가 정치, 경제, 테크놀로지, 가족, 성, 우정 등 개별적 재생산의 성공에 핵심적인 역할을 하는 요소들의 복합체로 직조되는 세계"라고 말했듯이 인간 지식과 정보는 언어라는 기호와 아이콘에 가득 담기며 이는 또 책, 영상, 음악, 몸짓 등의 표현으로 구성되어 세상에도 모습을 드러낸다. 그 가운데 책이야말로 인간이 구축해온 지식 정보 전달의 핵심적인 역할을 했으며 앞으로도 할 것이다.

사전은 한 국가의 지식을 모아서 체계적으로 분류하고 기술한 말과 글의 정갈한 둥지이다. 특히 최근 온라인 소통의 시대, 빠르게 발달하는 정보 기술에 따라 외국에서 유입되는 각종 신지식이 급격하게 증가하는 추세를 보이고 있어 대부분의 나라들이 이 새로운 사전 지식의 언어를 어떻게 처리할까 대책 마련에 골몰하고 있다.

정보통신IT 산업 분야의 발달과 함께 웹기반의 지식 유통 방식이 확대되면서 책의 시대가 막을 내릴 것이라 우려하는 사람들이 매우 많았다. 그러나 우리나라 책의 연간 생산은 6만 종 이상이다. 또한 영상물을 포함한 오디오 자료 등 영상 미디어도 그 생산이 증가되고 있다. 영상 글쓰기Visual writing에 점점 익숙해져가는 젊은 세대가 중심 세대로 등장할 경우 세태는 어떻게 반전될지 예측하기 힘든 상황이다. 우리나라는 블로그 생산 세계 1위인 것처럼 인터넷을 통한 다양한 정보들이 넘쳐나고 있다. 이와 함께 책을 통한 지적 생산성도 매우 높은 편이다. 여기저기 흩어져 있는 각종 지식 정보를 가장 간결하게 정리하여 지식 정보로 재가공하는 데 힘을 기울여야 국가적 지식 경쟁력이 강화될 것이다.

영상 시대의 특징으로 글쓰기도 구어 중심으로 문자와 이미지가 중시되는 동시에 청각 이미지까지 동원되는 새로운 구어 시대New Oral Language이다. 영상과 음성이 지원되는 인터넷 디지털 데이터가 책을 대신할 시대도 멀지 않았다. 이러한 시대 분위기는 책의 생산 방식에도 영향을 미치고 있다. 전달력이 강한 사진 자료가 언어로 된 지문보다 더 중시되는 편집 방식도 유행하고 있다. 이미 외국에서는 책이 영상과 회화 이미지와 결합하는 융합의 시대를 넘어서 전자책 출판물이 가상도서관을 통해 공급되고 있다. 미국에서 유통되는 '킨들Kindle'과 같은 모습으로 전자 툴과 뷰어가 장착된 책의 텍스트와 영상과 오디오가 결합한 융합 기기融合機器에 실린 책의 모습으로 진화되고 있다.

이러한 문자와 아이콘 그리고 영상과 오디오 등 다매체로 생산되는 지식 정보를 횡단하면서 사전 올림말로 담아내지 않는다면 다중은 쏟아지는 정보의 물결 속에 나침판 없는 지식의 항해를 계속해야 한다. 지금이라도 책에 담긴 각종 지식 정보를 효율적으로 추출 가공하여 다중의 지식 기반인 사전으로 재정비하지 않으면 안 된다.

그러기 위해서는 먼저 우리의 지식 정보 처리는 어느 수준인가 점검해 보아야 한다. 연간 6만 종의 책들이 쏟아져 나오지만 그들 책갈피 속에 숨어 있는 지식 정보가 얼마나 허술하게 관리되고 있는지 그 실상을 한번 살펴보자. 책에 실린 각종 올림말이 사전의 둥지 밖에 내팽겨져 있다. 『상서尙書』와 『여씨춘추呂氏春秋』, 『사기史記』에 따르면 고대 중국에서 대우大愚가 치수한 이후에 대신들을 거느리고 산천 대지와 생산물의 분포 상황을 면밀하게 조사했다는 기록이 나온다. 그 조사 결과를 근거로 하여 정확한 '국토자원분포도'를 제작하여 나라를 다스리는 기본으로 삼았다고 한다. 또한 고대 중국의 『산해경山海經』은 신, 선, 귀, 괴, 산, 강, 하늘, 땅에 존재하는 모든 자연물을 그림으로 그리고 해설을 한 책으로 사라진 문명과 자연을 이해할 수 있도록 해 주고 있다. 국가 경영의 기본이 되는 국가 기본 지식은 바로 사전에 담아야 한다. 이를 위해서는 산천 대지와 그 속에서 살아가는 사람들의 모습이나 산물에 대한 정밀한 조사가 무엇보다 우선되어야 할 것이다.

국가 경쟁력을 강화하기 위해서는 한 국가의 개별 언어만이 아니라 다양한 다중 언어를 학습해야 하는 시대로 진입하고 있다. 그러나 우리의 현실은 자칫하면 자본 지배의 언어에 함몰되어 자국의 언어가 절멸될 가능성도 없지 않다. 지난 시대까지 실개천의 물살로 밀려오던 외국의 언어들이 큰 강줄기가 되어 밀려들고 있다. 세계적으로도 소수의 언어가 처해 있는 현실은 절멸의 위기로 치닫고 있는 현실이다. 이러한 언어의 위기 문제는 소수 국가에 한정된 문제가 아니라 세계 주요 언어들까지 차츰 그 여파가 밀려오고 있다. 이러한 상황에서 국가의 언어 관리는 대단히 중요한 과제라고 할 수 있다. 이러한 현실에서 우리말과 글을 관리하는 데에 핵심 사안인 국어사전의 생산과 관리가 어떻게 진행되고 있는지 어떤 문제가 있으며, 또 앞으로 어떤 대안이 필요한지 신중하게 검토해야 할 시점이다.

먼저 문제 제기를 위하여 국어사전이 안고 있는 문제 가운데 사전 내용의 부실 문제, 곧 사전의 둥지 밖에 방치된 채로 내버려진 우리말에 어떤 것이 있는지 그 실례를 살펴보자.

'한글'의 창제 원리와 운용 방식을 풀이한 『훈민정음』 해례본이 있다. 그런데 '해례본解例本'이라는 어휘도 『표준국어대사전』의 올림말에 없다. 아래는 2007년 고 안병희의 유고집으로 발간된 『훈민정음』(서울대학교출판부, 2007)의 일부이다.

> "1940년 경북 안동에서 발견되어 현재 간송문고에 소장되어 있다. 낙장인 첫 두 매가 발견된 무렵 보사補寫되기는 하였으나 해례까지 갖춘 유인본으로 세종 28년(1446)의 원간본이 아닌가 한다. 이에 대하여 갑인자본甲寅字本이 아니라 하여 회의적인 의견도 있다. 그러나 상하하향흑어미上下下向黑魚尾인 판심版心이나 한글 자체로 보아 어떤 한글 문헌보다도 가장 연대가 빠르다고 할 수 있다. 지질 등으로 보아서도 15세기 중엽의 간본임에는 틀림없어 보인다. 그런데 이 책에는 한자음과 그 방점과 표기가 간년과 결부되어 주목된다. 즉 '별鱉·쾌快'의

> 독음과 '업 · 즉'(각각 업業 즉卽의 독음)의 무방점無傍點(해례 규정에 따라도 1점이 있어야 한다)이 그것이다. 세종 29년에 이루어진『동국정운』의 한자음 표기에 어긋나는 것이다."

이 글의 '해례본, 보사, 유인본, 갑인자본, 하향흑어미'와 같은 어휘는 아예『표준국어대사전』의 올림말로 실리지 않았다. 국어사전에 실리지 않은 새로운 한자 어휘를 찾아내기 위해서 문헌 자료와 구술 자료에 나타나는 어휘를 충실하게 상고할 필요가 있다. 새로운 어휘를 문헌뿐만 아니라 구술 자료에서도 두루 찾아야 한다. 최근 국내 한문 원전에 대한 번역이 활발해지고 있다. 각종 한문 원본 번역에 따라 새로운 한자어가 쏟아져 나오고 있으나 이를 통합 관리하지 않고 거의 방치한 상태이다. 등재되어 있지 않은 한자 어휘를 대량의 말뭉치로 구축하여 이들을 사전의 올림말로 추출해 낼 필요가 있다.

다음은『오주연문장전산고五洲衍文長箋散稿』인사편 1, "기계병에 대한 변증설"의 일부분이다.

> "기계병에 대한 변증설, 의서醫書에 기계병이 보이는데, 매우 괴벽怪僻스런 병이기에 그 근원을 변증하려 한다.『본초강목本草綱目』백로伯勞조에 이시진李時珍이 말하기를, 계병繼病이란, 어머니가 새로 임신하고 나서 유아에게 젖을 먹이면, 그 유아가 학리瘧痢와 같은 증세에 걸리는 것을 말하는데, 유아가 자라면서 배腹도 따라 커져 혹 낫기도 하고 또 재발하기도 한다. 다른 임신한 여자와 가까이 지내도 이 증세에 걸리는 수가 있다……계병에 걸린 아이는 밥을 먹으면 살은 찌면서도 윤택하지 못한 것은, 그 정리가 서로 통하지 못한 때문이다. 즉 정

리가 새로 임신한 아이에게 쏠리기 때문이다. 계병은 기병魃病이라고 도 한다. 기魃는 본시 소아귀小兒鬼의 이름으로, 아이가 비쩍 여위어서 기귀魃鬼와 같은 것을 뜻한다 하였으니, 『장자莊子』 천운天運의, 새 아우를 두면 형이 운다.[有弟而兄啼]는 말은, 아마 이것을 말함인 듯하다."

'기계병, 변증성, 계병, 학리, 기병, 소아귀, 기귀'와 같은 한자 어휘도 『표준국어대사전』의 올림말로 실리지 않았다. 정작 이런 어휘에 대해 정확한 뜻풀이를 확인하고 싶어도 참고할 만한 사전이 없다. 수록되지 않은 올림말을 추출하기 위해 원전을 모두 뒤지는 것은 어려운 일이므로 오늘날의 연구서를 먼저 다루는 것이 효율적인 방법이다. 전통문화를 연구한 학술 논저를 읽고 이해할 수 있도록 도와주는 '한자어사전'이 절실하게 필요하다. 그리고 한국학을 연구하는 외국인이 겪고 있는 어려움을 알고 해결해 주어야 한다. 국어사전을 제대로 만들려면 장기간의 노력이 필요하므로 기다리고 있으라고 할 수는 없다. 한국학 용어 사전 같은 것을 먼저 만들 필요가 있다. 기존의 사전을 가위질하거나 베끼려고 하지 말고, 기본이 되는 연구 업적에서 올림말을 가려내고 그 뜻풀이를 하는 것이 마땅하다.

언어의 다원성을 지켜내기 위해서는 표준어의 둥지 외연에 있던 다양한 생활 직업 용어를 조사하여 국어의 자산 안으로 끌어안아야 할 것이다. 국어 규범의 울타리에서 마구잡이로 벗어나자는 이야기가 아니라 공통성을 유지하려는 노력과 함께 언어의 다원성을 보장할 수 있는 포괄적인 언어 정책의 실천이 필요하다는 말이다. 한국정신문화원에서서 조사한 『구비 문학 대계』(한국정신문화연구원)나 영남대학교 20세기 민중 생활사 연구단에서 출간한 『20세기 한국 민중의 구술 자전』(풀빛, 2005) 6권과 『한국 민중 구술 열전』(풀빛, 2007) 28권, 국립국어원에서 조사한 『민족 생활 어휘 조사』, 『지역어 조사』 보고서 등 최근에는 생애 기술 자료들이 많이 나오고 있으므로 이들 자료에 생생하게 반영되어 있는 올림말을 가려내어 활용할 필요가 있다.

> "물에 갈 때 뭐 인제 이렇게 두릉박. 어깨가 있어야 뭐 물건 같은 거 해 열 조리하고. 곡갱이하고. 뭐. 뭐 곡갱이 갖고 물 밑에 가여 잡는 거 하고. 그렇게. 조리 조리 날리는 거 인제 이렇게 하고. 작은 조리 하나씩 옆에 하고. 그냥 오리발 신고 낫 차고 수경 쓰고." 『민족생활어휘조사』(〈제주 지역 조사 보고서〉, 국립국어원 2007))

구술 자료에서 많은 유용한 어휘 자료를 수집할 수 있다. '두룽박(두룸박, 두릉박)'은 해녀들이 바다에서 해산물을 채취한 후 채취물을 묶어서 달아 놓는 데 사용하거나 바다 위에 올라 와서 쉴 때 사용하는 도구이다. '박'의 씨 통을 파내고 구멍을 막아서 해녀들이 물질을 할 때 바다에 둥둥 띄우는 기구를 제주도 말로는 '테왁'이라고도 한다. 예전에는 주로 박을 사용했지만 요즘은 스티로폼으로 만들어 천을 씌워 사용한다. 흔물망사리, 전복망사리(헛물망사, 전복망사리)는 '전복을 담는 그물로 된 그릇으로 해삼보다 조금 큰 전복을 담기 위해 사용하는 것으로 해삼조리보다는 그물코가 크고 조리의 크기도 크다.' 망실이(망시리)는 제주도 사람들이 부르는 '조리'의 다른 이름이다. 이곳에서 '망사리, 망태'라고 하는 것과는 차이가 있다. 제주도에서 해녀가 채취한 해산물 따위를 담아 두는 그물로 된 그릇이다.' 이처럼 생활 속에서 사용되고 있는 다양한 어휘가 표준어가 아니라는 이유로 사전의 올림말에서 배제되고 차츰 언중들의 기억 속에서 지워져 가고 있다. 다행히도 국립국어원에서 2007년부터 10년간 민족 생활 어휘 조사를 실시하고 있다. 민족 생활어 조사 사업은 〈국어기본법〉 제2조(기본 이념)와 제9조(실태 조사 등)에 근거하고 있다. 또한 다양한 입장에 대해 열린 자세를 갖게 하고, 차이를 인정하는 열린 마음으로 사회 통합을 이끌어 내고자 하는 사회적 분위기와 이를 통해 사회적 관용la tolérance sociale을 모색하고자 하는 의식을 반영한 사업이다.

정치, 경제, 문화의 예속되는 신제국주의에 대한 탐닉은 스스로 자신들의 살아온 지난 역사와 문화의 흔적을 지워 내리고, 그 불모지로부터 거리를 두고 싶게 만든다. 그들 자신의 언어보다 지배국가의 언어와 동일시하도록 자신들이 살아온 삶의 원천을 멈추게 한다. 또한 투쟁의 도덕적 정당성에 대해 심각한 의심을 품도록 만든다. 그러나 우리가 살아온 역사, 그 현장의 숱한 말들을 되살려내야 한다. 여기 한국사의 한 단면을 들추어 보자. 한국사 관련 한자 어휘가 상당수 우리말로 순화하는 작업이 진행되었으며 그 성과도 상당하다. 그러나 부족 대표회의 방식이었던 신라의 '화백회의'나 백제의 '정사암회의'는 『표준국어대사전』에 실려 있지만 고구려의 '제가회의諸加會議'는 실리지 않았다. 또 고구려의 각 부를 다스리는 제가의 우두머리로 '사자使者, 조의皂衣, 선인, 환문총(집안지역 고분), 호남리사신총, 강서대묘, 강서중묘, 통구5호분, 통구사신총, 처녀분(도굴당하지 않은 고분), 사마斯摩, 융隆, 사마왕, 영동대장군(무령왕의 시호), 여융餘隆, 반(고구려 시대에 죽은 이를 추모하는 기간), 문(조선시대에 상평통보를 세던 단위), 토왕(토지신), 토백(토지신), 토부모(토지신), 연화문수막새蓮花紋圓瓦當, 세발토기(삼족토기), 진묘수(무령왕릉에서 출토된 것으로 무덤의 사악한 기운을 막는 동물 모양의 토기), 환두대두, 와질토기瓦質土器, 연질토기軟質土器, 기하문토기幾何文土器, 유문토기有文土器, 손빚음법, 야외요(공기 중에 노출된 상태에서 구워내는 가마), 내박자(토기 표면을 두들릴 때 두드리는 힘)' 등 많은 학술 용어들이 『표준국어대사전』에 실려 있지 않다.

청동기 초기 및 철기 시대의 토기 류로 '*공귀리형토기-*구멍무니토기-*톱니입술토기-*미송리형토기-*북방리형토기-팽이형토기-*송국리형토기-검은간토기-점토대토기-굽다리접시-시루-토기뚜껑' 등 계열 관계를 보이는데 '공귀리형토기-톱니입술토기-미송리형토기-북방리형토기-송국리형토기'는 『표준국어대사전』에 실려 있지 않아 계열적 관계에 있는 어휘들의 계열적 체계의 균형이 일그러진 모습이다. 사전 계열의 체계의 균형을 잡기 위해서는 반드시 언어 정보 처리 기술력이 뒷받침되어야 할 것이다.

조선인의 간도 개척 시대 조선인이 살던 중국 동북 3성의 지명도 현행 《외래어 표기법》에 따르면 한국식 한자음이 아닌 중국어 원음에 가깝게 표기되어야 한다. 중국 동북 삼성 지역은 가까이는 독립운동을 하던 우리 선조들의 삶의 터전이었으며, 역사를 거슬러 올라가더라도 우리 민족의 삶의 흔적이 남아 있는 곳이다. 연변이나 동북 3성 지역의 조선족 소수 민족의 거주지에는 오히려 한 자음으로 지명을 표기하고 있는데 이곳의 지명은 원음주의를 고수함으로써 우리 역사의 흔적을 지우는 데, 우리가 앞장서는 모습을 보여주는 것은 참으로 심각한 문제다. 한국 근현대사 분야의 원로 학자인 윤병석 교수가 쓴 『간도 역사의 연구』(국학자료원, 2003)를 읽으면 〈외래어 표기법〉과 거리가 먼 간도 지역의 지명을 어떻게 표기해야 하는가에 대한 문제점을 제기하지 않을 수 없다. 고대에 만주 지역은 우리 민족이 웅혼한 기상을 떨치며 활약하던 세계사의 중심이었으며, 일제 치하에 들어서면서 가난에 쫓겨 만주 간도 지역으로 내몰려야 했던 민족의 서러움이 북받치듯 서려 있는 현장이기도 하다. 민족 독립을 꿈꾸며 독립단을 구성하여 일제와 격돌했던 기지였던 중국 동북 3성 지역은 중국의 동북공정으로 역사가 훼손되고 지워지는 현장이기도 하다.

『간도 역사의 연구』의 한 대목을 표준국어대사전 식으로 표기법을 바꾸면 어떻게 될까? 원문 내용에서 문제가 되는 어휘는 괄호 안에 풀이를 할까 한다.

> "러시아 연해주와 더불어 한민족의 고대 활동무대였던 간도는 조선 말기에는 새로운 삶을 개척하기 위한 영세민들의 '신천지'였으며, 나아가 일제 침략·지배시기에는 국권 회복과 조국 광복을 위한 민족 해방투쟁의 중심무대가 된 지역이다. 독립운동사에서 큰 줄기를 이루는 만주 한민족 해방투쟁사는 이 일대에 형성된 대규모 한인사회를 바탕으로 전개될 수 있었다.[2] 오늘날 중국 안의 한민족인 '조선족'의 원형原型이 바로 19세기 말에서 20세기 초에 이주한 한인들이다. 간도와 한민족 역사의 상관성은 바로 이와 같은 점에 불가분의 관계를 설정하고 있는 것이다.

2 현재 중국에서는 우리나라 국호를 딴 '한인(韓人)' 또는 '한인 사회(韓人社會)'라는 용어보다 조선족(朝鮮族) · 조선인(朝鮮人) 또는 조선인 사회(朝鮮人社會)라는 용어를 쓰고 있다. 따라서 이 글에서는 '조선족', '조선인', '조선족사회'를 혼용하였다. 그것은 동음(同音)인 '한인(韓人)'과 '한인(漢人)'을 구별하는 데도 도움을 줄 것이다.

간도는 백두산의 동북방, 두만강 대안의 북간도와 백두산의 서남방, 압록강 대안의 서간도로 이루어져 있다. 그 가운데 가장 큰 규모로 한인사회가 형성되었던 북간도는 연길 · 화룡 · 왕청 · 혼춘延吉·和龍·汪淸·琿春 등 4개 현이 중심이 되었으나 그 주위의 액목 · 돈화 · 동녕 · 녕안額穆·敦化·東寧·寧安 등 4개 현도 아울러 지칭하는 수가 많았다. 북간도에는 주맥主脈인 로야령老爺嶺산맥과 흑산령黑山嶺산맥에서 뻗어나간 지맥들로 형성된 무수한 구릉 · 분지가 펼쳐 있고, 부루하통하布爾哈通河 · 해란강 · 가야하嘎呀河 · 두만강 등 4대 하천을 큰 젖줄로 하여 골짜기마다 한인의 개간 농경지가 펼쳐졌다. 북간도 하천 중에서도 부루하통하와 해란강이 큰 편이다. 해란강은 백두산에서 동북으로 뻗은 장백산맥이 흑산령으로 갈라지는 지점에 위치한 청산리靑山里에서 발원한 후 동쪽으로 흘러가 두도구頭道溝와 용정촌龍井村을 지난다. 부루하통하는 西노야령산맥의 가운데 위치한 합이파영哈爾巴嶺에서 발원해 명월구明月溝와 토문자土門子, 그리고 동불사銅佛寺를 거쳐 북간도 제일의 도시인 연길延吉의 마마산磨磨山에서 해란강과 합류한 뒤 도문圖們에서 다시 두만강과 합류하게 된다.

한편 북간도와 대칭을 이루는 서간도는 백두산 서남쪽, 압록강 너머의 혼강琿江 일대를 중심으로 송화강松花江 중상류지역까지 아울러 가리키는 경우가 많았다. 서간도에는 집안輯安 · 통화通化 · 유화柳河 · 회인懷仁 · 관전寬甸 · 임강臨江 · 장백長白 · 무송撫松 · 안도安圖 · 흥경興京 · 해룡海龍 등의 여러 현이 자리 잡고 있다. 이곳은 고조선의 역사가 깃들어 있을 뿐만 아니라 고구려의 발흥지로 한민족의 기원과 관련이 깊은 지역이다. 그 중에 고구려 수도였던 회인과 집안을 비롯한 인근 지역에는 국내성과 환도산성 오녀산성을 비롯하여 광개토대왕비 · 장수왕릉 등 고구려의 위업을 상징하는 유적 · 유물들이 널려 있다.

서간도지역은 압록강을 경계로 하는 국경지대를 중심으로 산악지대가 형성되어 있다. 백두산 서쪽으로 장백산맥이 가로놓여 있으며, 요동반도에는 반도의 주맥인 천산산맥千山山脈이 이어지는 등 큰 산과 깊은 골짜기가 많기는 하나, 압록강과 그 지류인 독노강禿魯江·자성강慈城江·혼강渾江 유역에는 충적지대가 곳곳에 형성되어 있으며, 백두산을 중심으로 한 일대를 제외하고는 표고 1,000m 내외의 기복이 완만한 노년기의 지형을 이루고 있다."

현행 〈외래어 표기법〉에서는 외국의 지명이나 인명은 현지 원어민 발음에 가깝게 표기하도록 규정하고 있다. 그러나 중국 동북 3성의 소수 민족 정책의 원칙에 따라 우리 한자음을 그대로 인정하고 지명 표지판에 한글과 중국 한자를 병행 표기하도록 하는데 어찌 우리나라에서는 중국보다 앞질러서 중국 원음 중심으로 표기하도록 정해 놓고 『표준국어대사전』에 '발해만渤海灣'은 '보하이만의 잘못'으로 '도문'은 '투먼의 잘못'으로 '연길'은 '옌지의 잘못'으로 처리하고 있으니 참으로 기가 막히는 노릇이다.

위의 인용 지문이 꽤나 길지만 이 지문 속에 나타나는 각종 지명이나 고유 명칭을 중국 원음으로 바꾼다면 과연 어떻게 될까? 그리고 일반 독자가 『표준국어대사전』에 실리지 않은 어휘들의 뜻풀이를 찾아보려면 과연 어떻게 해야 할까? '간도'를 『표준국어대사전』에서는 "① '젠다오'를 우리 한자음으로 읽은 이름. ② =북간도."로 뜻풀이를 하고 있다. 간도를 젠다오로 표기하고 읽어야 한다면 '서간도'나 '북간도'는 어떻게 표현해야 하는가? 청산리 전투에 참전하여 독립운동을 하시던 선조들이 이 사실을 아시면 야단 날 일이 아닌가? '간도'가 왜 '젠다오'가 되어야 한다는 말인가? 민족 고토인 간도가 '젠다오'라니 이처럼 해괴한 일 또한 어디 있으랴? '여순, 위해, 대련, 도문'은 '-의 잘못'이라는 식으로 전부 뜻풀이를 하였으며 '간도, 상해'는 '-를 우리 한자음으로 읽은 이름'이라는 뜻풀이를 하고 있다. 전자는 현지 지명을 원음으로, 후자는 우리 한자음을 병용하는 것을 허락하고 있는데 그 기준도 모호할 뿐만 아니라 현지의 조선 동포들은 아직 우리 한자음으로 읽고 있는데 왜 남한에서는 우리 한자음을 부정하고 현지 원음을 강요하는지 알 길이 없다. '연해주'는 '옌하이저우'로 '연길延吉'은 '옌지'로 '혼춘琿春'은 '훈춘'으로 '장백산맥'은 '창바이산맥'으로 '용정촌龍井村'은 '룽징춘'으로 '도문圖們'은 '투먼'으로 '송화강松花江'은 '쑹화 강'으로 표기할 수 있다면 '왕청汪淸, 액목額穆, 돈화敦化, 동령東寧, 령안寧安' 등 『표준국어대사전』에 올림말로 실리지 않은 지명이며, 다수의 인명도 사전에서 찾아 볼 길이 없다. 그렇다고 별도로 국사사전에 이러한 지명이나 인명이 소상하게 실려 있는 것도 아니다. 특히 '여순02旅順'은 ''뤼순'의 잘못'이라는 식으로 뜻풀이를 하고 있는 점은 도저히 용납할 수 없다. 여순 감옥에서 돌아가신 안중근 의사가 이러한 사실을 안다면 과연 뭐라고 하실까? 특히 우리 민족의 영산인 백두산을 장백산과 동의어로 처리하면서 백두산의 뜻풀이에는 '창바이'라 표기하고 있다. 우리 스스로 역사를 부인하는 엄청난 잘못을 저지르고 있다.

사전 자료가 종합적으로 구축된다면 규범어와 상용어, 학술 전문용어 등으로 사용 용처에 따라 다양한 사전으로 세분화하여 만들 수 있다. 그러나 우리나라에서는 아직 끊임없이 공급되는 각종 다양한 사전 정보 지식을 종합적으로 수집하여 이를 사전 지식 체계로 갈무리하고 또 사용 기간이 지난 고어를 별도로 관리하는 체계가 갖추어지지 않았다.

정연식의 『일상으로 본 조선시대 이야기 1,2』(청년사, 2001)에는 우리 전통 문화와 관련된 많은 어휘들이 있으나 사전에는 올림말로 실리지 않았다. 조선조의 종은 사대부의 수족과 같은 역할을 하였는데 그 종의 종류도 매우 다양하다. '담사리淡沙里(이두), 물담사리(물을 긷는 역할), 쇠담사리(소를 기르는 역할), 똥담사리(똥을 푸는 역할), 취비炊婢(방아 찧고 밥을 하는 역할), 세답비洗踏婢(빨래를 하는 역할)'는 사전에 올라와 있지 않는데 '찬모饌母(반찬을 만드는 역할), 침모針母(바느질을 담당하는 역할), 교전비轎前婢(시집 갈 때 몸종으로 대리고 가는 노비)'는 사전에 올라와 있으니 사전 편찬자 입맛대로 올림말을 올림으로써 올림말의 체계가 무너진 모습이다. 안방에서 대기하고 있다가 심부름을 담당하는 노비 이름인 '안잠자기, 안잠이, 복지기'나 정자나 윗대 조상들의 산판의 무덤을 관리하는 '고지기'와 일가친척에게 대신 세배를 보내는 '문안비問安婢'나 상주 대신 곡을 해주는 '곡비哭婢' 등의 다양한 이름이 있다. 또 관가에 소속된 '무자이水汲婢', 차를 끓이는 '다모茶母', 술 빚는 '주모酒母', 밥상 차리는 '식모食母'. 바느질 하는 '침모針母', 수청을 담당하는 '방비房婢' 등 그 이름이나 종류만 해도 무척 많다.

옛날 죄인은 주로 관청 관아에서 주리를 트는데 '가세주리, 노주리' 등의 고문 방법에 대한 어휘도 사전의 올림말로 실리지 않았다. 특히 도형에 처해진 자들은 역에서 잡일을 담당하는 '역일수驛日守', 관아 뜰에 불을 밝히는 '정료간庭燎干', 다듬이질을 담당하는 '도침군搗砧軍' 등의 어휘는 사전에 실려 있지 않다. 절에서 공양할 때 사용하는 '반찬발우, 국발우, 천수발우, 어시발우' 등의 이름도 복합어로 인정하지 않는다는 기준 때문에 올림말로 처리되지 않고 있다.

'강감찬姜邯贊', '경복흥慶復興'은 '강한찬姜邯贊', '경부흥慶復興'으로 발음해야 한다. '邯', '復'는 파자음으로 사용 환경에 따라 음이 변화하는 동시에 사성도 바뀌는 글자이다. 이처럼 우리 문화와 관련된 많은 한자 어휘들이 사전에 제대로 처리가 되지 않아서 책을 읽는 사람들이 그 뜻을 파악하려면 어떻게 해야 할까?

시인 유종인이 쓴 에세이집인 『염전』(눌와, 2007)의 내용 일부이다. 서해안 소래 포구 가까운 소래산 산자락 아래서 성장한 시인의 눈에 한 폭의 그림처럼 일어나는 염전의 소금눈꽃의 풍경을 글로 묘사하고 있다. 문득 소금쟁이들의 진솔한 삶의 광경을 그린 이 글 속에 그들이 전유하여 온 장이들의 말씨가 표준국어대사전에 실려 있을까 의심을 가지고 확인해 보니 과연 내가 예측했던 대로 서울 사람도 아니고 또 교양인도 아닌 소금장이들 삶의 언어가 어찌 그렇게도 근엄한 표준국어사전에 실릴 수 있겠는가?

이젠 절멸과 폐허로 앙상하게 남아 있는 폐 염전 곁 오두막살이 소금창고 곁으로 밀려오는 스잔한 바람결 따라 무심히 날아오르는 새들만 외롭게 느껴질 따름이다. '소금을 받는' 하늘을 바라보고 하늘을 믿고, 불어오는 바람에 영글어가는 소금꽃의 따글거리는 소리에 귀 기울이며 살아온 염부鹽夫들의 삶의 목소리만 허공에 흩어진다.

앞서 텅 비어 황량한 느낌마저 들던 염전 주변에 나타난 사태들은 염전의 주인이 맞았다. 배가 나오고 머리가 반쯤 벗겨진 사람도 있고 몸은 해장죽海藏竹처럼 말랐으나 어딘가 강골의 느낌이 드는 사내도 있다. 그들이 잠시 소금밭 주위를 살피는 것은 마치 왜가리가 물고기를 얻기 위해 강가 모래톱에 드는 것처럼 조심스럽기까지 했다. 하지만 일단 소금밭에 들어서면 본격적으로 고무래로 밀어 소금물을 이리저리 몰아대듯 모으는 모습은 능수능란해 보였다. 표면에 소금꽃이 뜨긴 했어도 흥건한 소금물뿐이던 염전 안 귀퉁이에 어느새 애기 무덤만 한 소금더미가 모였다. 소금밭이 큰 판에서는 소금더미가 두세 군데 생기기도 한다. 하지만 그것도 소금이 많이 이는 때냐 아니냐에 따라 또 차이가 진다. 그런 의미에서 염부는 묵묵할 수밖에 없다. 그의 억센 노동의 근력이 할 수 있는 범위는 결코 소금의 소출까지 크게 미치지는 못한다. 어느 섬의 염부는, "하늘이 내는 농사"라고 말하며 겸손해 하지만 그 말 속에는 사람의 불가항력이 분명 숨어 있다. 그런 의미에서 염부의 노동은 거두는 소금의 양을 하늘과 거래할 수 없고, 소금의 맛을 하늘과 흥정해 따질 수도 없다. 또 한 번의 침묵이 염부의 억센 등골에 도사린다.

단지 염부는 햇볕의 정도와 바람의 방향에 따라서 그날의 소금 맛을 미리 짐작할 수 있는 연륜을 갖게 됐다. 달구어진 햇볕이 두 단계의 증발지蒸發地를 넘어온 결정지結晶地의 배미 밭에 소금꽃을 띄우면 바다 쪽 둑을 거슬러온 바람은 반염반수半鹽半水 상태의 소금물을 더욱 졸이고 건조시킨다. 여기에 염부의 대패질이 들어가면 소금이 일어난다. 현장의 사람들은, 이런 채염 단계를 '소금을 받는다'라고 말한다. 일구거나 가꾸는 논이나 밭과 달리 염전에서는 '받는다'라는 말 속에 인간의 노동만으로 해결되지 않는 천혜天惠의 영역이 숨 쉬고 있다.

'염부들이 소금을 받는다'라는 말에는 바닷물 저류지에서 증발지, 결정지에 이르는 일련의 과정이 그런대로 순탄하게 이뤄졌다는 기꺼움이 배어 있다. 보통 열흘에서 보름, 혹은 20여 일까지 걸리는 한 과정의 채염 기일도 경우에 따라 더 길어질 수 있다. 그것은 순전히 천일天日이라는 말이 암시하듯 날씨에 좌우되는 염전의 근본적인 생리에 전적으로 기댔기 때문이다.

미처 예측할 틈도 없이 게릴라처럼 퍼붓고 가는 기습 폭우의 경우에는 더더욱 그렇다. 엘니뇨 현상이니 라니냐 현상이니 하는 환경 파괴의 이상 징후들로 한여름에는 국지성 소나기가 퍼붓기 일쑤다. 기상청에서 예측하는 그날의 염전 주변 날씨만을 믿다가 큰코를 다치는 경우가 적지 않다. 한번 소낙비나 여우비라도 맞은 염전 함수는 묽어진 만큼 증발과 결정을 위한 시간이 뒤로 물려지기 마련이다.

'소금꽃'은 결정지 염전에서 푸른 바닷물이 소금으로 화하기 위해 꿈틀거리며 꽃을 피우는 순간의 결정체를 말한다. 이 결정체를 결정지 염전 밭 한 모퉁이에 소복하게 쌓아둔 것을 '소금더미'라고 한다. 이때 소금물을 졸여 이룩한 소금꽃을 밀개로 한 쪽으로 몰아붙이는 것을 '대패질'을 한다고 하고 이처럼 하늘이 내려준 노동의 행위를 '소금을 받는다'라고 한다. 염전에서 염부들이 일하다가 가장 반갑지 않는 손님이 있다면 말짱하던 하늘에서 갑자기 쏟아 붓는 여우비나 지나가는 빗줄기이다. 허겁지겁 달려가 소금꽃이 매달린 함수를 빗줄기가 걷힐 때까지 함수 저장고인 '해주'나 '함수조'에 쓸어 담아 둔다. 이처럼 예측할 수 없는 기온 난동은 '엘니뇨' 현상이니 '라니냐' 현상이라고 하는 데, 이러한 환경의 변화로 '국지성' 소나기가 잦아지고 있다. 그런데 '해주, 함수조, 국지성 소나기'와 같은 어휘 역시 『표준국어대사전』에서는 찾아볼 수가 없다. 뭐 전문용어라고 할 수 있으니까 사전에 없겠지라고 위로를 하다가 보면 더욱 기막힌 사연이 있다. '소금꽃, 소금땅, 소금물욕, 소금발, 소금버캐, 소금부족증, 소금분,

> 소금선, 소금삿시, 소금판'과 같은 염전과 관련된 어휘는 『표준국어대사전』에서는 거의 대부분 북한어란다. 북한어는 평양 지역의 말인데 서울 지역어인 표준어로 만들어진 『표준국어대사전』에 왜 실려 있는 것일까? 언제 북한어가 서울의 교양인들이 사용하는 말이 되었는가? 앞과 뒤가 맞지 않아도 너무나 맞지 않는 상황이다. 문제는 서울 지역의 교양인이 사용하지 않는 말은 표준어의 범위에 들지 않기 때문에 우리 사전에는 싣지 않고 내버려 둔 상황이다. 그러나 북에서는 이들 민중들의 생활 어휘를 알차게 수집하여 사전에 실어 두었기 때문에 최근 남쪽의 사전 편찬자들의 안목으로는 이것을 모두 북한어로 착각하는 오류를 범한 것이다. '폐전閉田, 활전活田, 폐염전, 뻘밭, 염부鹽夫, 물소금, 외수레, 물울타리, 받는다(염전에 바닷물을 가두는 일을 하는 것), 소금물 안친다, 대패질한다, 꽃소금, 제재조염, 수입염, 볕소금, 가공염, 청대나무, 판두부, 간쟁이, 간잽이, 소금꾼, 소금쟁이'와 같은 민중 장인의 생활 어휘는 다 버려야 할 어휘인가? "북서풍을 따라서 일어난 소금은 입자가 굵고 단단하며, 동풍을 따라서 일어난 소금은 가루처럼 곱다. 남서풍을 따라서 일어난 소금은 거칠고 건조하여 푸석거리는 반면에 남동풍을 따라서 일어난 소금은 습해서 무겁다." (유종인(2007:32) 『염전』) 염부들은 바람결에 따라 소금 결이 달라지고 그 맛 또한 달라진다는 것을 알고 있다. 이처럼 소중한 토착 지식이 아무 필요 없다는 것인가? 그래서 못 배우고 무식한 무지랭이의 말은 아무 가치 없으니 감히 범접하지 말라는 말인가?

'꽁댕잇배, 낙판, 닺배, 대구릿배, 대꼬작, 뎃마, 두 대배기, 머구릿배, 머시배기, 목선걸래, 방배, 선외기, 이물비우, 주벅배, 피아노선, 허릿대, 호통' 등은 배와 관련된 어휘들이다. 이들 어휘는 대부분『표준국어대사전』의 올림말에 실리지 않았다. 우리나라 민간의 조선 기술력을 이해하기 위해서는 이들 어휘는 매우 소중한 것이라 할 수 있다. 아직 해안 지역에는 소규모의 목선 건조 기술을 전수받아 목선을 직접 건조하는 이들이 남아 있다. 이들을 조사 대상으로 배를 건조하는 데 필요한 다양한 부품의 이름을 정밀하게 조사하여 보존할 필요가 있으며, 전통적인 조선 건조 기술을 이해하는 데 없어서는 안 될 귀중한 어휘들이다. 이러한 어휘의 다종성이 무너진다면 우리 모국의 미래도 암담해질 수밖에 없다. 언어의 생태도 생물의 생태와 동일한 조건을 갖고 있다. 다양한 유전자가 교잡될 경우 건강한 생태가 보장되듯이 어휘의 다양성이 보장될 때 그 언어의 생태적 조건도 건강해질 수 있는 것이다.

언어의 다양성이 생겨나는 과정이나 그것을 유지하는 힘은 편협한 언어 정책으로는 해결되지 않는다. 지역 생태계에 관한 토착 지식을 이용하려는 진지한 노력이 필요하다. 전통적인 소금 생산 방식이 공업화된 대량 생산 방식과 달리 오랜 인류의 경험이 축적된 결과이기 때문에 진지하게 토착적인 인간 삶의 방식을 천착하기 위해서도 그들이 사용하던 방언과 생활용어에 대해 귀 기울일 필요가 있다. 토착 언어와 문화를 원시적이고 후진적이라고 무시하면서 서구의 언어와 문화로 대체하는 것이 현대화와 진보의 조건이라고 생각하는 사람들은 모든 사람이 한가지 언어만을 사용하는 것을 이상적인 세계라고 생각할 것이다. 과연 그럴까? 언어적 다양성이 절멸되는 것은 인간 정신의 진화에 커다란 저해 요소가 될 것이다.

인문 지식·정보의 미래

04
사전과 인간 지식정보

01 | 『옥스퍼드 영어사전』에 얽힌 두 가지 이야기

한 나라의 지식과 문화 생산 역량은 사전의 어휘 총수와 그 활용 빈도로 측정한다. 소중한 우리 민족의 언어 유산을 포기하여 사전 지식의 가난함을 자초하는 일은 잘못된 언어 정책이나 정책 운용의 잘못에 기인하는 바가 크다. 자국 언어의 미시적인 자료 정보를 체계적으로 함께 수록한 방대한 사전을 나라마다 다투어 출간하고 있다. 영어사전에서 라틴어의 유산을, 터키어사전에서 아랍어의 유산을 돌보는 것과 같은 이유로 우리가 만들어야 하는 국어대사전에는 다양한 어휘를 수집하여 발음, 문법, 의미, 어원 등 각종 미시 정보를 상세하게 수록해야 한다. 또 이를 지원할 수 있는 언어 정보 처리 기술 능력을 갖추는 일은 국가의 지적 발전을 위한 일과 밀접한 관계가 있다.

1928년 6월 6일 오후 8시 영국 런던의 세인트폴 대성당 옆 필립 하드윅 궁전 앞에는 화려한 축하 만찬 행사가 진행되고 있었다. 전 인류를 대표하는 영국인의 자긍심을 담아낸 『옥스퍼드 영어사전 Oxford English Dictionary』 출간을 기념하는 자리였다.

이날 행사는 영국 수상을 지낸 스탠리 볼드윈Stanley Boldwin을 비롯하여 영국의 지성을 대표하는 많은 인사들과 사전 편찬을 위해 헌신한 봉사자들이 한데 어우러진, 20세기 세계 최고의 지성의 꽃을 피운 성과를 자축하는 자리였다. 자원봉사자로서 『옥스퍼드 영어사전』 편찬에 참여할 사람들에게 보내는 호소문(사이먼 윈체스트가 쓰고 공경희가 옮긴 『교수와 광인The Professor and the Madman』(세종서적, 2000))의 내용을 잠깐 살펴보자.

> "1857년 11월, 당시 웨스터민스터의 주임 사제였던 트렌치 대주교는 언어학회에서 '우리 영어 사전들이 가진 결함들에 관하여'라는 내용의 논문을 발표했다. 이 일로 인해 언어학회에서는 현존하는 영어 사전들의 결함을 보충할 증보판을 준비하자는 결정을 내리게 되었다. 그러나 기본적으로 사전의 수준이 워낙 형편없었기 때문에 단순한 증보판이 아닌 영국의 국어인 영어와 언어학회의 심각한 현 상황을 개선할 수 있는 새로운 사전을 편찬하자는 목소리가 점점 커졌다. 따라서 1859년 1월, 언어학회는 '새 영어 사전 출간 계획서'를 발표했다. 이 계획서에는 사전 출간 작업의 성격과 영국과 미국 대중에게 새 영어 사전 출간에 필요한 자료를 수집해 달라는 내용이 포함되어 있었다. 그런데 이때 수집해서 보내 주는 자료에는 반드시 어느 곳, 어느 시기든 작가들이 사용한 품격 높은 영어 어휘가 들어간 인용문

이 포함돼 있어야 하며, 또 모든 올림말과 인용문은 일률적으로 백지 반 장에 기록해야 한다고 설명되어 있었다. 또 이렇게 모여진 인용문은 알파벳순과 의미에 따라 분류하여 올림말로 만들 것이라고 차후의 과정까지 상세히 설명하고 있다. 이 언어학회의 호소문은 엄청난 반응을 불러일으켜서, 수백 명의 자원 봉사자들이 각자 책을 읽고 인용문을 발췌하여 '부편집인들'에게 보내기 시작했다. 역시 자원 봉사자들로 이루어진 부편집인들은 알파벳 한 글자나 한 글자의 분량 가운데 일부를 담당하여 자원봉사자들이 보낸 자료를 다시 정리하고 분류해서 사전 편찬에 쓸 수 있도록 올림말의 뜻풀이를 만들었다. 이런 영어 사전 편찬 작업의 전체 편집 책임은 허버트 콜리지 씨가 맡았는데, 안타깝게도 그는 이 작업이 막 시작된 즈음 세상을 떠나고 말았다. …(생략)"

이처럼 『옥스퍼드 영어사전』 출간 사업은 영국 정부의 최고 책임자인 수상에서부터 영국을 대표하는 지성인들, 대학과 민간 기업을 비롯한 온 국민의 관심이 집중된 세계적인 과제였다. 특히 이 사업을 주도한 영국 언어학회에서는 이 사전 사업을 성공적으로 추진하기 위해 영국을 대표하는 많은 학자들뿐만 아니라 일반 다중의 지식인들을 대거 참여시킴으로써 그들의 사전 사업의 성과를 인류 문명사 발전의 큰 위업으로 찬양할 수 있었던 것이다. 『옥스퍼드 영어사전』은 프레더릭 퍼니발과 제임스 머리 등 사전 편찬을 위해 기여한 많은 사람의 노력 덕분으로 완성될 수 있었다. 특히 전설처럼 전해오는 윌리엄 마이너라는 사람은 살인 혐의로 정신병동에 수용되어 있으면서도 세계에서 가장 위대한 사전을 만드는 작업에 직접 참여한 감동적인 후일담을 남겼다. 그는 개인적으로 참으로 슬프고 불행한 삶을 살다간 사람이다. 그러나 정신병동에 갇힌 무료한 삶을 달래기 위해 어느 누구보다 정확한 사전 편찬 자료를 작성하여 끊임없이 옥스퍼드 대학으로 송고하였다. 사전 편찬실에서는 이토록 정교하고 정확한 사전 기초 자료를 보내오는 주인공이 누군지 몰랐는데 나중에 그가 바로 살인 범죄자 신분으로 정신병동에 갇혀 있었던 윌리엄 마이너라는 사람이었다는 실체가 밝혀짐으로써 그에 얽힌 이야기가 널리 알려지게 되었다. 수많은 지성들은 물론이거니와 수천 명의 자원봉사자들이 이 사전을 편찬하는 데 기여했다. 이러한 사실은 약 100여 년 전에 이미 영국에서 사전 편찬을 위한 오프라인에서의 다중 협업이 이루어졌음을 의미한다.

오늘날 다중 협업으로 구성되는 '위키피디어Wikipedia'나 전문가 집단의 협업으로 이루어지는 '놀KNOL'이 온라인상에서 다중의 지적인 협업으로 추진되고 있는데 이러한 일이 이미 오래전 영국에서 진행했다는 사실은 매우 놀라운 일이다. 옥스퍼드 영어사전 편찬을 위해 많은 자원 봉사자가 직접 참여했다는 점을 강조했는데 비밀에 싸인 광인, 윌리엄 마이너의 이야기는 극적인 서사적 구조의 역할을 해냈다. 윌리엄 마이너의 이야기는 매우 엄격하고 까다로운 사전 사업을 이토록 공개적이고 개방적으로 진행한 영국 옥스퍼드 사전의 탁월함을 찬양하기 위한 일종의 극적 장치의 역할을 충분히 해낸 것이리라.

이 이야기의 줄거리는 대개 이러하다. 옥스퍼드 영어사전 책임편찬자인 닥터 제임스 머리는 20년의 세월이 흐르는 동안 너무나도 정교하고 정확한 사전 편찬 기초 자료를 꾸준하게 보내 주던 이 신비롭고 흥미로운 주인공인 윌리엄 마이너를 만나서 그동안의 노고에 대한 감사의 인사를 전하고 싶어한다. 닥터 제임스 머리가 윌리엄 마이너와 서신을 통해 약속한 장소인 크로손 역에서 마차를 타고 20여 분 달려가 도착한 곳은 놀랍게도 '브로드무어 수용소'였다. 의문의 주인공이 아마 이 병원에서 일하는 매우 근엄하고 지적인 의사일 것이라는 기대와는 달리, 그는 놀랍게도 이 수용소에 20년 동안 장기 수용된 정신병 환자였다. 1872년 2월 17일 새벽 2시, 템즈강 건너 웨스트민트 사원 맞은편, 부랑자가 뒤끓는 람베스라는 범죄 구역에서 네 발의 총성이 차가운 새벽 공기를 흔들었다. 옥스퍼드 사전 편찬 사업의 충실한 협조자였던 윌리엄 마이너는 람베스에서 조지 메리트라는 사람을 살해한 주인공이었다. 이후에 그는 브로드무어 수용소에 구속된 상태로, 옥스퍼드 영어사전 편찬을 위한 정밀한 자료를 송고하면서 무료한 수용소 생활 20년을 접어갔다. 윌리엄 마이너와 그의 생을 추적하는 영어사전 책임 편찬자인 닥터 제임스 머리간의 영화와 같은 이야기가 전개된다. 문제는 바로 130여 년 전 기획되었던 『옥스퍼드 영어사전』 편찬과 관련된 후일담의 의미이다. 20년 동안 꼬박꼬박 사전 편찬 자료를 송고한 주인공 윌리엄 마이너가 알고 보니 끔찍하게도 정신병동에 수감된 살인자였다는 것은 어떤 의미를 갖는 걸까?

『옥스퍼드 영어사전』과 얽힌 두 번째 이야기이다. 〈매일신문〉 2006년 2월 3일 정인열 기자가 쓴 데스크칼럼 「세계적인 사전 만들자」라는 내용의 일부를 간추린 것이다.

> "1928년 6월 6일 오후 8시 영국 런던의 세인트폴 대성당 옆 필립 하드윅 궁전 앞에는 화려한 축하 만찬 준비가 진행되고 있었다. 이날 저녁 만찬 행사에는 세 차례나 영국 총리를 역임한 스탠리 볼드윈를 비

롯해서 그때 이후 그처럼 많은 지성인이 한자리에 모인 일은 거의 없다고 해도 과언이 아닐 정도로 영국에서 내로라 할 만한 기라성 같은 지성을 대표하는 인물 150여 명이 이 축하 만찬에 초대되었다. 그 모임은'그런 종류로는 역사상 최고의 업적'이라는『옥스퍼드 영어사전』출간을 축하하기 위해 마련된 자리였다.

그 '최고의 업적'이란 지난 71년의 긴 세월을 거쳐 세상에 모습을 드러낸 1만 5천 490쪽에 41만 4천 825개의 표제와 182만 7천 307개의 예문을 갖춘 10권짜리『옥스퍼드 영어사전』을 완성한 것이며, 이를 축하하기 위해 총리가 주재한 만찬 행사였다.

한 나라의 사전 편찬 사업에 국가 최고 지도자를 비롯하여 많은 지도급 지성인들이 국가 지식 체계를 결집하는 사전 편찬을 기념하는 뜻 깊은 자리에 모여 이를 자축한다는 말만 들어도 부럽기 짝이 없다. 이 사전에 대해 볼드윈 총리는 찬사를 아끼지 않았다."사막의 섬에 떨어지게 되어 딱 한 작가의 작품만 가져갈 수 있게 되는 그런 선택의 때가 온다면 나는 옥스퍼드 영어사전을 선택하겠다. 우리의 역사, 우리의 소설, 우리의 시, 우리의 드라마, 이 모든 것이 이 한 권의 책안에 다 들어 있다. 나는 아무리 외로운 곳에 가더라도 이 사전이 있다면 살아갈 수 있을 것 같다. 옥스퍼드 영어사전은 인류 역사상 최고의 업적이다."라고 예찬하였다. 한 국가의 최고 지도자가 적어도 이 정도의 지성을 정치력과 함께 갖춘 나라여서 그런 인류 역사의 지적 자산을 묶어내도록 지원하고 이끌 수 있었으리라."

1857년 무렵, 영국이 아프리카와 인도 그리고 아메리카를 비롯한 많은 나라를 정복하고 지배하면서 그들의 언어 통일은 매우 긴요한 국가 정책 과제가 되었다. 셰익스피어와 같은 위대한 대문호를 그들의 자존심을 상징하는 인물로 추앙하면서 인도와 바꾸지 않겠다고 할 만큼, 그들은 언어와 문학에 대한 문화적 자긍심을 가지고 변방의 식민 국가를 타자화하는 한 방편으로 활용하였다. 이처럼 국가가 언어로 된 지적 자산을 관리하는 영역에 이르기까지 세심한 관심을 가지고 지원하고 또 그 사업의 성과를 성공적으로 이끌어 낼 안목을 가진 지도자가 있었기에 제국의 세계를 경영할 수 있었던 것이 아닐까? 이와 함께 영어의 어휘 수와 역사적인 발달 과정 등을 밝혀 줄 사전의 필요성을 느낀 '영국언어학회'의 연구자들이 중심이 되어 일반 국민이 가담하고 또 국가가 지원하는 방식으로 사전 편찬 작업을 성공시켰다. 옥스퍼드 영어사전의 편찬은 소수 전문가들만 가담하여 이루어진 것이 아니라 위키피디어의 대백과사전처럼 이미 130년 전에, 윌리엄 마이너와 같은 자원 봉사자들의 협업으로 이루어졌다는 데 큰 의미가 있다. 그리고 지루할 정도로 장기간에 걸쳐 꾸준한 국가적 지원과 투자가 있었기 때문에 세계적인 성과를 이루어낼 수 있었다.

길어도 10년이면 탄생될 줄 알았던 사전은 결국 71년 만에 탄생하게 됐다고 지질학자이자, 언론인 출신의 사이먼 윈체스터는 자신의 책 『영어의 탄생-옥스퍼드 영어사전 만들기 70년 역사』에서 적고 있다. 지금도 『옥스퍼드 영어사전』은 지속적으로 증보하면서 온라인 판을 보급하는 형식으로 발전시키고 있다. 2007년 3월 초 〈파이낸셜 타임즈〉는 2008년부터 『옥스퍼드 영어사전』을 전면 개편할 것이라고 전하고 있다.

갑자기 옥스퍼드 영어사전 편찬에 얽힌 이야기를 꺼낸 이유는 우리나라에서 8년 만에 벼락치기로 추진하여 누더기가 된『표준국어대사전』편찬 작업의 무성의한 국가 지원체제의 문제점을 지적하고 그 대안을 마련하기 위함이다. 엄민용 기자가 쓴『건방진 우리말 달인』(다산초당, 2008)에서 조롱하듯『표준국어대사전』을 비판하는 대목을 눈여겨보아야 한다.

> "이 우달이가 이곳저곳에 가기도 했지만 국립국어원은 서둘러『표준국어대사전』개정판을 내어야 하고, 누리집(홈페이지) '표준국어대사전찾기'도 고쳐 놓아야 해, 그렇지 않으면『표준국어대사전』과 국립국어원 누리집 내용을 철썩같이 믿는 국민은 계속 엉터리 국어생활을 할 수밖에 없잖아."

엄민용 기자는『표준국어대사전』에 나타나는 여러 가지 문제점의 수정 대안을 하나하나 제시하여 다산초당 누리집www.gasanbook.com에 올려두고 있다. 학계에 계시는 분들은 그런 사소한 문제쯤은 어련히 다 알고 있으니 관심조차 보일 필요가 없다고 생각할지 모른다. 바로 이러한 현실이 우리나라의 사전 지식의 생산과 관리의 현주소라고 말할 수 있기 때문에 비판의 목소리에 귀를 기울여야 한다.

사전 지식은 국력의 바탕이며, 문화 발전의 원동력이다. 나라마다 모든 지식을 체계적으로 정리한 사전을 편찬하여 그 나라 다중의 지식 능력을 강화하는 데 노력을 기울이고 있다. 사전은 편찬자의 철학에 따라 다양하게 만들어진다. 국가적 차원에서의 사전 지식은 대중적인 지식 기반에 영향을 미친다. 지식을 조합하고 융합하면 새로운 창조적인 지식이 탄생할 수 있다. 지식만으로 창조성을 기를 수는 없지만 지식 없는 창조성을 키운다는 것은 불가능하다. 방대한 지식 체계를 가장 조리 있게 정리하여 데이터베이스화 할 수 있는 방안은 바로 국어 정보 처리 기술력을 높이는 것이다. 지금 전 세계 지식 자원은 대부분 인터넷으로 연결되어 세계 어디서든 지식과 정보를 검색하고 교환할 수 있다. 그러나 지식 자원을 합리적으로 공유할 수 있는 환경은 아직 미비하며, 그 형식도 제각각이다.

지식 영역이 증대하면서 언어로 인한 오해도 빈번하게 생겨난다. 일상 신문을 보면 전문용어들이 부지기수이다. 정부의 공문서, 각종 보고서에도 전문가들끼리 통용되는 전문어(자곤, jargon)을 사용함으로써 일반 다중들은 바보가 될 수밖에 없다. 오히려 전문어를 공유하는 이들끼리는 서로 일체감으로 느끼며, 각종 학회나 포럼을 통해 자기들끼리만 모여 특권 지식층을 형성하고 있다.

『표준국어대사전』은 국어사전으로서 우리말을 집대성한 사전이다. 지난 1999년 국가가 처음으로 편찬, 발간한 사전이지만 적잖은 문제점을 드러내 부실 편찬이란 질타를 받는 등 말이 많았다. 그러나 이제 지난 결과를 비판하는 데 머물러 있어서는 안 될 일이다. 본고는 국가 사전 지식 생산과 관리상에서 나타나는 거시적인 여러 문제점들을 제시하고 또 새로운 방향을 모색하고 알리려는 목표를 가지고 있다.

인문 지식·정보의 미래

제3장

국가 사전 지식의 생산과 관리

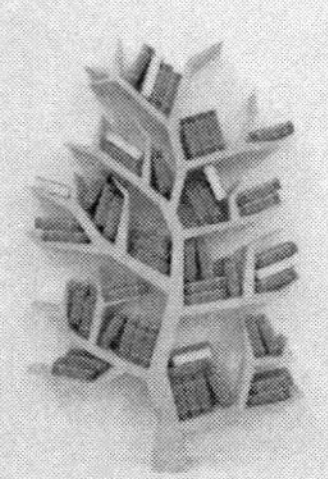

인문 지식·정보의 미래

01
협업과 공유의 가능성

01 | 생각과 기술의 나눔

최근까지 우리나라의 지식 생산은 엘리트 중심의 폐쇄적인 방식으로 진행되어 왔다. 특히 국가 사전 사업이 『표준국어대사전』이라는 폐쇄적 규범 언어 중심 관리 대상 어휘에만 한정해왔기 때문에 이 사전의 외연外緣에 거의 방치되듯 관리 대상에서 벗어나 있던 많은 사전 지식을 종합 사전 지식으로 수렴해내지 못했다.

지금 세상의 소통 방식은 급격하게 바뀌고 있다. 유로워드넷Uro-word Net처럼 국가와 국가 간에 또는 대륙 간의 언어 소통을 위한 기반 구축을 추진하고 있다.[1] 국내에서도 〈그림 3〉처럼 21세기 세종

1 유로워드넷(Uro-word Net)은 미국의 심리학자 밀러(G.A Miller)가 개발한 영어 워드넷(wordNet1.5)에 기반을 둔 다국 지원 언어 관계망인데 유럽 8개 국가의 연

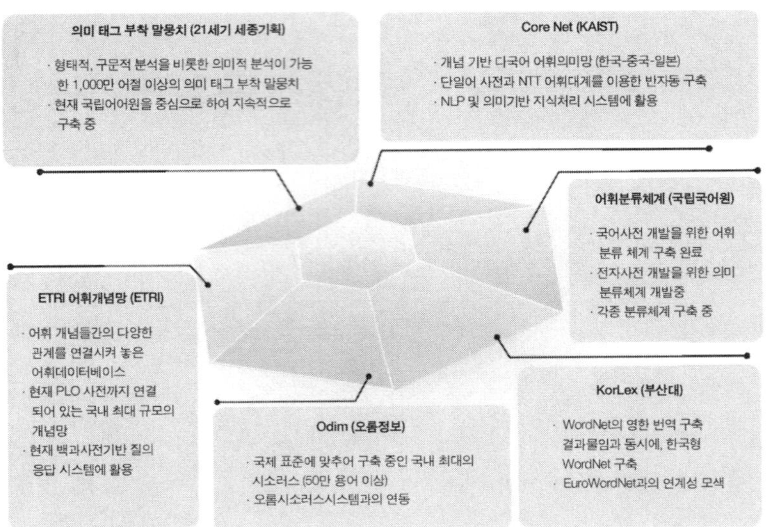

〈그림 3〉 최호섭, 〈국가적 차원의 어휘망 연구 개발〉, (국립국어원 학술회의 발제문, 2007)

계획으로 의미태그 말뭉치, KAIST의 코어넷Corenet, 국립국어원의 어휘 분류체계 구축, 부산대의 KolNet, 오름정보의 Odin, ETRI의 ETRI 어휘개념망 사업이 추진되고 있다. 언어 정보 처리 기술은 시험적 단계로서 제한된 범위에서의 어휘망 구축 작업이 진행되고 있다. 향후 이러한 연구 성과들이 집적화되면 보다 발전적인 어휘망을 활용한 웹기반 다국어 사전개발이나 아시아권 국가 간의 소통 기반 구축이나 자연언어 정보 처리 기술로 발전할 수 있을 것이다.

지식의 소통과 표현 방식에서 인터넷을 활용함으로써 엄청난 변화의 시대를 맞이 하고 있다. 따라서 지난 시대의 지식 관리 생산 방식에서 탈피하여 새로운 변화에 적응할 수 있는 모형 개발을 서

구 기관이 협동으로 작업한 8개국 언어의 다국어 어휘 의미 데이터베이스이다.

둘러야 할 시점이다. 우리나라 사전 사업의 사례를 들어 보자. 광복 이후 한글학회와 민간 출판사나 대학 연구소가 주도해왔던 국어사전 사업을 『표준국어대사전』이라는 이름으로 국가가 주도하게 되자 그 이전에 경쟁력을 축적해왔던 민간 출판사들은 연이어 도산할 수밖에 없었다. 미시적인 사전 사업이 민간 주도형으로 이루어지는 일본이나 미국 등 선진국과 달리 한국의 민간 출판사는 사전 사업에 손댈 엄두조차 내지 못할 정도로 위축되어 있다. 일반 국민은 『표준국어대사전』의 내용에 대해 많은 의문과 불만이 있어도 그 의사 표현의 방도가 없었다. 그뿐만 아니라 폭증하는 새로운 과학 지식 정보를 담고 있는 어휘들도 즉각 사전 올림말로 채택되지 못하고 국가 지식 기반의 외연으로 방치되었다. 나날이 새롭게 생산되는 사전 지식 정보를 국가의 중심 기관인 국립국어원에서 종합적으로 수집 관리해야 함에도 불구하고 오랜 동안 방치해 놓은 사이, 세계 12위권의 경제력을 갖고 있음에도 지식 생산 경쟁력은 40위권 밖으로 밀려날 수밖에 없는 것은 우리가 자초한 결과이다.

그렇다면 해결점은 어디 있는가. 이제 지식의 생산자와 소비자는 둘이 아니고 하나, 곧 다중은 지식과 문화의 프로슈머Prosumer라는 인식 전환이 필요하다. 먼저, 인터넷을 통해 전문가 집단은 물론 이거니와 누리꾼(네티즌)들이 생산하는 지식을 대규모 협업으로 국가 지식 구조 속으로 결속시켜 활용하는 방법을 채택하지 않으면 국가적 지식 경쟁력은 약화될 수밖에 없다. 누리꾼이 직접 가담하는 방식은 정보의 질적인 신뢰성의 문제가 해결되지 않은 상황이기 때문에 전문가 집단의 협업을 유도해야 한다. 곧 전문가들에 의해 생산되는 지식이 주로 출판물이나 논문으로 수렴되므로 이들과 협업을 추진할 필요가 있다.

이러한 지식 자원의 유통 방식을 고려하여 매년 출판사에서 쏟아져 나오는 텍스트 지식 정보의 소스를 효율적으로 공유하는 관리 체계를 국가가 마련하지 않으면 안 될 시점이다. 폭증하는 새로운 사전 지식을 유익한 용도로 변환시킬 수 있는 국가 지식 생산 및 관리 조직을 지금이라도 국가가 앞장서서 재구성하지 않으면 국가간의 지식 경쟁력은 더욱 뒤떨어질 수밖에 없게 된다. 먼저, 국가가 가지고 있는 지식 자원을 국민에게 공개, 공유하는 개방적인 방식인 위키노믹스Wikinomics의 방식을 응용해야 한다. 웹 사전인 위키피디아에 접속해보면 협업으로 만들어진 백과사전의 성과가 매우 효율적이고 신속한 지식 생산 방식이라는 면에서 얼마나 큰 위력을 발휘하고 있는지 알 수 있다. 물론 우리나라 현실에서 완전하게 누리꾼에게 지식 정보 생산을 의뢰할 만큼 신뢰도나 정교성 등의 문제가 없는 것은 아니다. 그러나 앞으로 누리꾼의 지적 수준이나 신뢰성을 높이는 일 또한 국가 발전 전략의 일부가 되어야 한다.

지식의 증가는 인류 문명 발전을 위해 매우 긴요한 것이다. 그러나 지식이 폭발적으로 증가하여 지식의 총량이 지나치게 많거나 세분화되면 지식의 전체 상황도 눈에 보이지 않고 지식간의 관련성도 파악하기 힘들다. 오늘날 백화점의 생활용품 코너에 진열된 세재품만 보더라도 용도의 차이나 효용성의 차이를 분간하지 못할 정도로 다양한 제품이 쏟아지고 있으며, 제품의 성분을 꼼꼼하게 따져도 적절한 제품을 구입하지 못할 정도로 다양한 전문용어로 상품 사양이 작성되어 있다. 이처럼 오늘날 넘쳐나는 지식은 불포화상태로 개인의 삶을 지배해오고 있다.

현재 우리나라 지식 생산은 주로 대학의 교수나 연구소(기업 및 정부 소속 연구원 포함)의 연구자 중심으로 생산되고 있으며 이들의 유통은 학회 발표 및 논문, 저술, 인터넷 블로그 등재 등의 방식으로 관리되고 있다. 따라서 고급 사전 지식 관리를 역량이 있는 출판사와 협업 방식으로 진행하는 것이 현재로서는 최선의 방안이다. 물론 연구자들과 출판사 간의 저작권 문제 해결과 출판사와 국가 기관과의 저작권 문제의 해결을 위해서는 보다 정밀한 논의가 진행되어야 할 것이지만 미래 국가 지식 경쟁력 강화를 위해서는 이러한 과제들이 단계적으로 해결되어야 할 것이다.

21세기는 지식의 시대이다. 지난 20세기까지는 자원이나 에너지 같은 물질을 중시하였으나 이젠 지식을 기반으로 하는 지식이나 문화 생산이 중시되는 때이다. 지식을 적절하게 이용하여 가치를 창조하는 일이 무엇보다 중요한 과제다. 출판물, 논문, 인터넷 정보 형식으로 폭발적으로 늘어나는 지식이 아직 제대로 정리되지 못한 카오스 상태로 마치 도시의 쓰레기 처리장과 같아서 이를 효율적으로 이용할 수 없다. 최근 도서관 육성 법안이 강화되면서 도서관을 통한 대중 지식 보급의 노력도 매우 중요하다. 그러나 도서관의 책은 말하자면 지식의 시체Corpse에 지나지 않는다. 모든 국민이 자유롭게 정리된 사전 지식을 통해 지식 기반의 외연을 넓히는 동시에 이를 활용할 수 있는 방안은 결국 웹기반 사전 구축이 이루어짐으로써 가능하다. 지식을 체계적으로 분류하고 이를 다양한 분야와 네트워크를 구축함으로써 유용한 정보로 전환할 수 있으며, 또 지식의 폭을 지식인층에 머무르지 않고 다중에게 전파할 수 있게 된다. 곧 방대해지는 지식 기반을 사전 지식으로 체계화하는 일은 인간과 정보기술과 연계하여 효용성이 높은 지식 환경을 구축하는 일이다.

가까운 일본의 경우 국가 사전으로 우리 사전 분량의 10배가 넘는 30여 권의 종합국어대사전이 있으며, 이를 기반으로 하여 반의어사전, 유의어사전, 하위어사전과 같은 전문적인 사전을 비롯하여 외국 지명사전, 외국 인명사전, 술사전, 음식사전, 꽃꽂이 사전 심지어는 귀신 사전과 같은 다양한 사전들이 편찬되었다. 다양한 사전은 국민의 지적 경쟁력을 강화하는 동시에 다양한 문화 생산을 위해 가장 기초적인 밑거름 역할을 한다. 곧 국가 사전은 국가 발전의 원동력이자 문화 생산의 견인차 역할을 하는 것이다. 좋은 사전을 만들어낼 수 있는 능력은 국력과 비례한다. 훌륭한 사전은 곧 그 나라의 지적 생산 능력이나 지적 생산 관리 능력이 뛰어나지 않으면 불가능한 일이기 때문이다. 좋은 사전을 편찬하는 일은 국가 지식 경쟁력을 강화하기 위해 필수적인 조건인 동시에 반드시 추진해야 할 국가의 정책적인 과제로 손꼽을 수 있다. 좋은 사전을 만들기 위해 우리들이 지금까지 해온 방식을 개선하는 일은 무엇보다 시급한 일이지만 어떻게 개선하고 발전시킬 수 있을 것인가에 대한 문제를 논의하기 전에 우리 주변의 문화사적 변화의 목소리에 귀 기울여야 한다.

02 | 기술 융합

2006년 8월 22일, 국립국어원의 2006년도 제7회 언어 정책 토론회에 참석한 조동일 박사는 『표준국어대사전』이 규범사전을 지향하면서 역사적 · 지역적 문화유산을 담고 있는 옛말과 방언을 싣지 않았다고 비판하였다. 그에 따르면, 사전은 언어를 규범화하는 것이라는 입장은 부당하며 사전의 일차적 기능은 독해를 위한 길잡이 노릇이라고 주장한다. 그는 또한 사전이 뜻풀이만 해서는 안 되고 뜻이 생기고 변천해온 내력을 밝혀야 한다며 국어대사전은 표준어, 옛말, 방언, 고유어, 한자어를 차별하지 말고, 모든 국어를 포괄하는 사전이어야 한다고 주장하였다. 곧 규범사전으로서 시작된 『표준국어대사전』이 규범사전의 격식도 갖추지 못하면서 마치 종합국어사전의 방식으로 만들어짐으로써 그 정체성을 잃어버린 것이다.

국어사전은 '일반어'를 효율적으로 찾아볼 수 있도록 배려하는 것이 최우선 과제이다. 그러나 일반어를 찾아 수록하는 데 힘쓰지 않고 '-의 잘못'이라는 식의 뜻풀이를 단 방언 올림말이나 전문어 또는 고유 명사로 항목을 늘이고 분량만을 키웠다. 일반어를 어떻게 많이 싣는가라는 본질적인 문제는 뒤로 밀어두고 규범적 내용을 정밀하게 담아내지 못하고 겉치레만 요란하게 했다. 한글학회에서 나온 『큰사전』을 비롯한 각종의 다양한 국어사전들이 민간 출판사에서 기획 출판함으로써 사전 사업이 민간에서 자리를 잡아갈 무렵 느닷없이 『표준국어대사전』 간행 사업을 국가가 주도함으로써 경쟁력을 가질만한 민간 출판사들이 도산위기로 내몰리게 되었다. 그동안 큰사전을 발행할 만한 경험이 축적된 출판사는 대부분 문을 닫게 되었다.

최근 국가 지식 경쟁력이 강화되어야 하는 시점에서 다양한 언어 자산을 생산 관리하는 체계를 정비하기 위해서 국가(국립국어원)은 직접 사전 출간 부문에서 손을 떼고 대학의 연구소나 전문출판사와의 협업적 분업 관계를 유지하는 방향으로 발전시켜야 할 것이다. 향후 국가 사전 관리 및 생산 방식을 국립국어원이 중심에서서, 관리 방식은 국어 정보화의 기술력을 발전시키는 방향으로 그리고 생산 방식은 민간 출판사와 대학 연구소와의 협업 방식으로 발전해 나가야 하리라 본다. 국가 기관은 데이터 관리를 고도화하고 그 자료를 민간 단위의 출판사나 대학 연구소에 조건부로 공개하여 민관 협력적 방식으로 발전시킴으로써 국가 지식을 고도화해야 할 것이다. 곧 국립국어원은 사전 지식 기반을 강화하고 그 성과들을 포털사이트, 출판사, 대학 연구소가 상호 협업의 방식으로 발전해 나가야 한다.

우선 정부 관리 체계로 진행되어온 『표준국어대사전』 간행 사업은 매우 제한적인 교육용 규범사전으로 발전되야 한다. 사전 사업을 국가가 주도함으로써 민간 출판사나 대학 기관에서 추진할 수 있는 사전 사업 기반 구축의 역량을 무능화하는 등 엄청난 악영향을 끼쳐왔음을, 지난 수년간의 국내의 사례로 충분하게 입증되었다. 국가 기관에서는 다양한 국어 어휘자료 수집과 이를 정교한 데이터로 관리하고 또 기계화할 필요가 있다. 사전 지식 생산과 보급은 국가나 포털사이트, 민간 출판사나 대학 및 개인 연구자들이 담당할 몫이다.

폭증하는 지식 정보와 기반을 넓혀야 함에도 국가 기관이 제한적 기준만을 고수하거나 독점함으로써 민간 출판사나 대학 연구기관의 지식 생산 기반을 약화시켜서는 안 될 것이다. 그리고 대학의 연구자들이 생산하는 다양한 지식 정보를 자연 상태로 방치해 둘 일이 아니라 사전 지식의 새로운 자료로 수집·정리·관리하고 정보화하는 역할을 국가 기관이 담당하는 것이 매우 유리하다. 여기서 구축된 각종 정보를 민간과 공유함으로써 국가와 민간 간의 협업 관계를 구축할 수 있는 신뢰의 기반을 마련해야 한다. 국가 기관에서는 민간 출판사나 대학 연구자들이 생산하는 각종 저작물의 소스를 대량 말뭉치로 구축하고 또 이들 자료를 정밀한 어휘망으로 구축하는 종합 데이터베이스 기지를 관리하는 역할을 담당함으로써 새로운 민관 협업으로 지식 생산성을 확대시켜야 한다. 이렇게 정제된 사전 지식 정보는 다시 민간 출판업자들에게 소스를 공유하여 출판 또는 포털사이트에 제공할 수 있도록 하며 협업에 의한 국가 지식 생산 능률을 극대화할 수 있다.

현재『표준국어대사전』의 외연에 표류하고 있는 지식 생산은 가히 폭발적이라고 할 수 있다. 최근 활발해진 고전 국역사업의 성과로 쏟아진 사전에 실리지 않은 한자어, 작가들이 생산해내는 신어, 다양한 매체에서 쏟아져 나온 신어, 외국 학문의 유입에 따른 분야별 전문용어, 특히 인터넷 발달로 인해 양산되는 IT 용어, 표준어의 외연으로 방치해두었던 지역어와 생활 직업 용어들, 북쪽 지역에서 사용되는 문화어를 포함한 새로운 신조어 등 관리를 기다리고 있는 사전 지식 대상의 어휘들이 제각각 방치되어 있는 실정이다. 물론 앞에서 말한 다양한 지식 정보들이 모두 유용한 가치를 지닌 것은 아니다. 엄격하게 국가 규범 관리의 테두리 속에서 정확한 표기법을 마련하고 또 용례의 수집과 함께 문맥상, 화용론적 어휘의 뜻풀이를 하는 가공 절차를 거침으로써 국가의 지식 체계 안으로 편입할 수 있는 후보들이다.

이처럼 폭증하는 국가 사전 지식의 생산물 가운데 특히 전문용어의 경우에는 전문 학술 단체나 KIST와 협업 방식으로 전문용어를 통일하고 표기의 표준화와 우리말 순화 작업을 현재 부분적으로 진행하고 있다. 그리고 외국 지명이나 사람 이름의 경우에도 정부언론외래어공동심의회를 거쳐 표기의 표준화 사업을 진행하고 있다. 그러나 이러한 일을 좀 더 체계적으로 국가가 관리해야 할 책임이 있다면 국가 사전 지식 체계의 생산과 관리를 위한 새로운 전략이 필요하다. 그동안 미시적으로 추진해온 전문용어 및 외국어 관리 체계를 재정비하고 새로운 소통 방식인 인터넷을 활용한 생산자와 소비자가 상호 소통할 수 있는 쌍방 관리 체계로 발전시킬 수 있는 방안들이 논의되어야 한다.

국어사전 지식의 주요 생산원인 대학 개인 연구실, 연구기관, 그리고 학회, 신뢰할 수 있는 출판사 등이 서로 협력하는 방안이 마련된다면 국가 사전 지식의 생산이 하나의 창구로 통합될 수 있을 것이다. 이러한 협업의 모델은 국가 사전 지식 생산을 효율적으로 관리할 수 있는 관리체계 구축으로 이어질 수 있다. 물론 이러한 협업 관계를 도출해 내는 일은 쉬운 일은 아니다. 지적 저작권 문제로부터 정보 공유, 협동 생산에 따른 이윤의 문제 등의 문제점이 없는 바도 아니다. 클레이 서키가 쓰고 송연석이 옮긴 『끌리고 쏠리고 들끓다Here Comes Everybody,(갤리온, 2008)』에서 '공유지의 비극Tragedy of the Commons'의 이야기로 집단 협업이나 집단 행동의 어려움을 잘 설명하고 있다. 개인이 생산한 지적 정보를 국가와 공유한다면 공동의 이익이 창출될 수 있지만 실제로 개인의 의사 결정은 그 반대로 지향하고 있기 때문에 공유지의 비극이 탄생한다. 예를 들어 출판사에서 생산한 고급 지적 정보를 국가 기관과 협업한다면 효율적으로 국가 지식 생산 총량을 통합하여 다시 이 지식 정보를 출판사나 개인 생산자에게 순환시킴으로써 국가 지적 경쟁력이 강화될 수 있다. 그러나 이러한 논의는 쉬운 일은 결코 아니다. 따라서 국가는 공유하는 지식 정보를 통합 관리하는 쪽으로만 발전시켜나가고 통합된 지식 정보를 다시 출판사에 순환시키는 국가 기관과 출판사 간의 협치Governance의 방식을 채택하자는 제안을 하고 싶다.

둘째, 국가 지식 정보의 관리 문제에 대해 살펴보자. 어떤 개인이나 또는 연구실 단위에서 대량으로 쏟아져 나오는 국가 지식 정보를 관리한다는 것은 거의 불가능하다. 따라서 국가 기관이 여러 지식 정보 생산자를 그룹으로 묶어줄 강력한 공동의 비전을 제시해줄 필요가 있다. 예를 들면 사전 통합 정보의 소스를 조건부로 공유하여 국가는 지식 정보를 관리하고 출판사에서는 이것을 다시 내용을 보완시키는 동시에 상업 출판을 하게 하는 협업 모델을 제안할 수 있다. 그 대신 지식 정보의 양이 대량화함에 따라 정보 처리 기술력을 증가시키는 데 힘을 모아야 할 것이다.

우리나라의 정보 지식 생산량은 전 세계에서 선두를 달리고 있다. 그 증거로는 블로그 생산이 1위라고 한다. 인터넷상에서 떠도는 정보 생산은 최강국이지만 이를 관리하는 부분에서는 아직 많은 문제를 안고 있다. 정보가 유용한 것도 있지만 쓰레기와 같은 것도 상대적으로 많다는 말이다. 이러한 정보를 종합적으로 관리하고 체계화하기 위해서는 검색 기능을 고도화하는 일도 중요하지만 정보 생산자 스스로 정보 유통기한을 설정하거나 정보의 신뢰도를 끌어올리기 위해서 다양한 노력을 경주해야 할 것이다.

지식의 증가는 문명 발전을 위해 좋은 일이다. 그러나 지식이 폭발적으로 증가해서 지나치게 세분화되면 지식 전체상도 보이지 않고 지식 간의 유기적인 관계도 파악할 수 없게 된다. 또한 방대한 지식 속에서 어떻게 필요한 지식을 찾아내어 활용하고 또 그 전체상을 구축해야 하는지 문제가 생기게 된다.

사전 지식의 관리라는 측면에서 폭증하는 지식을 수용하기 위해서라도 사전 자체의 내용을 확충하는 방법을 고도화하는 동시에 콘텐츠 관리의 효율성을 높이기 위해서는 무엇보다도 먼저 정밀한 어휘망 구축이 전제되어야 한다. 이를 기반으로 하여 국가 사전 지식을 국가를 뛰어넘어 국가간의 소통 기반이 될 수 있도록 웹기반 다국어 지원 사전으로 발전시켜야 할 것이다. 그뿐만 아니라 메타언어의 관리를 위한 기계번역, 동시 통역지원 등 국가적 차원에서 소통기반 관리에 힘을 모아야 할 것이다. 국가 차원에서 사전 어휘망을 구축해야 할 필연적인 이유를 몇 가지 관점에서 조명해 볼 수 있다.

첫째, 국어 연구 목적을 위해서는 영어의 워드넷WordNet이나 유럽의 유로워드넷Uro-WordNet과 같은 한국어 어휘망을 확보해야 한다. 문법 형태 분석의 태킹이 부과된 대형 말뭉치와 함께 한국어 어휘 전체에 대한 의미·개념 연계망을 패싯Facet으로 연결한 어휘망은 국어 연구 기반 강화를 위함뿐만 아니라 교육용·사전편찬용 기초 자료 확보를 위해 필수적인 과제이다.

둘째, 사전 편찬 목적이라는 관점에서 어휘망을 구축함으로써 어휘망을 이용한 사전 뜻풀이 및 각종 정보 표현에 필요한 기본 어휘를 추출할 수 있다. 또 어휘망과 기계 가독 사전의 유기적 연결 구조를 확보할 수 있으며, 사전 어휘 전체에 대한 국어학적 · 전산학적 활용 가능성 및 관리 효율성을 증대하는 데 이바지 할 수 있다. 대규모 어휘망 구축을 통한 기존 국어사전의 문제점을 보완하고 수정할 수 있으며, 특정 학문 분야별, 특정 영역별 사전 편찬의 고도화를 위해 필수적인 요건이다.

셋째, 국어 정보 처리를 위해서 어휘망 구축은 필수적이다. 국어 정보 처리에 필요한 대규모 한국어 어휘 데이터베이스 및 어휘망을 확보함으로써 의미 처리 기술 향상을 위한 국어학 기반의 범용적 대규모 지식베이스를 구축할 수 있다. 정보 검색, 기계 번역, 시맨틱웹 등 응용 기술에서 활용도 가능하다. 국가 간의 소통이 더욱 긴요해진 오늘날 국외 어휘망과 유기적 연결 구조를 구축함으로써 기계번역, 동시통역 등 언어 자원 관리의 첨단화를 꾀할 수 있을 뿐만 아니라 사전 기술의 계열적 균형을 꾀할 수 있다.

넷째, 국가적인 관점에서 국제 경쟁력을 가진 의미적 언어 자원을 확보하는 등, 어휘망 구축 사업은 국가간의 지식 경쟁력을 강화하는 필수적인 과정이라고 할 수 있다. 어휘망 구축은 사전 언어 지식의 정보화 처리를 위해 반드시 거쳐야 할 징검다리와 같은 역할을 한다. 이 과정을 건너뛰어서 사전 지식의 체계적 관리는 거의 불가능한 일이다. 의미적 연계망으로 언어 자원을 구축하는 일은 국가 지식 관리의 경쟁력 확보뿐만 아니라 국어 정보화 수준을 높일 수 있는 역할을 할 것이다. 또한 차세대 한국어 관리 체계의 지능화와 국어 정보 기술의 세계화를 위해서 매우 중요한 과업이다. 최근 어휘망, 시소러스, 온톨로지 등과 같은 언어 자원 관리에 대한 인식이 국내외적으로 널리 확산되고 있어 다행이다. 대학 연구소에서 이미 구축된 어휘망을 연계하여 이용함으로써 초기 형성 비용의 절감 효과를 통한 효율적인 관리 체계를 구축해야 한다.

일본에서는 일찍부터 시소러스를 활용하여 사전의 올림말이나 뜻풀이의 체계적 균형을 바로잡아나가고 사전 내용의 정교성이라든지 신뢰성을 구축하여 왔다. 지금까지 사전 사업은 올림말의 항목을 확정하고 이를 여러 집필자에게 분산하여 뜻풀이나 용례 등을 집필하도록 하였다. 그러나 여러 사람이 나누어서 각각 집필함으로써 사전의 올림말의 체계적 빈칸이나 뜻풀이의 계열 체계의 균형을 바로 잡기에는 역부족이었다. 무질서하게 흩어져 있는 올림말을 지식 지도로 그려 이들 간의 계열적 체계를 명시하여 메타 데이터의 거대한 사전을 만들어낼 수 있다. 어휘망이란 일종의 어휘 지식의 네트워크를 구축한 것이라고 할 수 있다.

03 | 어문 규정, 〈국어기본법〉과 사전

한 나라의 규범어를 규정하여 불편없이 사용하게 하려면 사전에 그 어휘를 실어 활용할 수 있도록 해야 한다. 그런 의미에서 『표준국어대사전』을 국립기관에서 국가 사업으로 추진했던 정신을 고려한다면 "표준어는 교양 있는 사람들이 두루 쓰는 현대 서울말로 정함을 원칙으로 한다."라는 '표준어 규정'을 철저하게 지켰어야 할 것이다. 그러나 이 사전에는 표준어 규정에 어긋난 사례들도 많이 있다.

김정섭은 「국어와 표준어와 외래어」(『외솔회지』 제8집, 2007)에서 "십 년에 걸쳐 우리 말살이의 대중으로 삼겠다고 만든 『표준국어대사전』(국립국어연구원, 1999)에는 옛 한문 글귀, 일본 한자말 따위와 보통 사람들의 삶과 거리가 먼 서양말까지 마구잡이로 올림말을 실어 놓았을 뿐만 아니라 자그마치 3,000군데나 틀린 곳이 있다니 국어사전에 기대어 대중말을 쓴다는 말은 터무니없다."라고 강조하고 있다. 국어 규범을 바르게 반영해야 할 『표준국어대사전』에 대해 뼈가 시릴 정도의 냉혹한 비판이다. 『표준국어대사전』이 규범을 근거로 하여 만든 사전이라면 〈한글 맞춤법〉 정신이 충실하게 반영되어야 하는 것은 당연한 일이다. 특히 규범적 성격을 분명하게 반영하지 않는다면 '종합국어대사전'이라고 해야 할지 모르지만 현재의 상황으로는 규범사전의 표준형이라고 보기 어렵다.

한국 어문 규범은 한 치의 오차나 오류를 허용해서는 안 될 뿐만 아니라 규범을 바탕으로 한 『표준국어대사전』은 규범이 정한 범주를 철저하게 지켜야 할 것이다. 그러나 지금까지 규범의 대상 범주가 명확하지 않았던 결과로 '북한어', '다듬은말(순화어)', '신조어', '방언', 문학 작품에 나타나는 '개인어' 등의 올림말이 무질서하게 실리게 되었다. 또한 그동안 국어심의회에서 논의해온 각종 회의 기록이나, 새로 등재한 표준 어휘와 채택되지 못한 어휘 등의 구분 기준에 관한 공식 기록 자료들도 거의 남아 있지 않다.

사전은 어문 규정을 철저하게 반영하여 국민의 어문 사용을 위한 거울이 되게 해야 한다. 어문 규정이 너무 어렵거나 일관성을 잃어버려 도리어 국민의 어문 생활에 방해를 주어서는 안 된다. 그 일례로 국어의 띄어쓰기 규정은 새로운 어휘의 복합이나 합성의 관계를 제약하는 측면도 하고 있다. 〈한글 맞춤법〉 제1장 총칙 제3항에는 "문장의 각 낱말은 띄어 씀을 원칙으로 한다."라고 규정해 놓고는 세부 규정 제5장에는 '띄어쓰기' 규정을 제1절 조사, 제2절 의존 명사, 단위를 나타내는 명사 및 열거하는 말 등, 제3절 보조 용언, 제4절 고유 명사 및 전문용어의 띄어쓰기 세부 규정을 제시하고 있다.

'한국어', '중국어', '일본어', '영어'와 같이 한자어로 복합된 말은 붙여 쓰지만 '아랍 어', '히브리 어', '키큐 어', '뱅갈 어', '바스크 어', '유키 어', '와포 어', 엘살바도르에서 사어로 알려졌던 '카코페라라 어'와 같이 원어와 한자어로 복합된 어휘는 띄어 쓰도록 되어 있다. '동해', '남해', '서해', '지중해', '북해', '남중국해', '흑해', '홍해'와 같이 '해海'와 결합하는 복합어도 마찬가지로 붙여 쓰지만 '에게 해', '발트 해', '카스피 해', '오만 해', '카리브 해'와 같이 외국어와 한자가 복합된 어휘는 전부 별개의 낱말로 인정하여 띄어 쓰도록 규정을 확대 해석하여 사전 편찬자가 임의로 띄어쓰기를 사전에 그대로 반영하고 있다. 이 무슨 해괴한 일인가? '키큐 어', '뱅갈어'는 분명히 한 낱말임에도 불구하고 규범에서 마치 이들이 전문용어인 것처럼 판단하고 제50항 "전문용어는 낱말별로 띄어 씀을 원칙으로 하되, 붙여 쓸 수 있다."하여 전혀 불필요한 조항을 설치하여 혼란을 가중할 뿐만 아니라 국어 정책이 언중들이 만들어 내는 새 낱말의 조어를 억제함으로써 다양한 어휘 기반을 약화시키는 불필요한 역할까지 하고 있다. 새롭게 생산되는 조어 양식을 국어 전문가의 안목으로 고유어와 한자의 복합, 고유어와 외국어의 복합, 한자어와 외국어의 복합 양식으로 구분하여 사전 편찬자의 임의적인 판단에 따라 새로운 낱말임에도 불구하고 별개의 낱말로 분리시켜 구로 처리하는 것은 물론, 새롭게 늘어나야할 어휘를 인위적으로 억제시키고 있다. 그 결과 모국어의 어휘 숫자는 계속 줄어들 수밖에 없도록 하고 있다. '어語, 해海 족族, 양洋, 도道, 섬島, 산山, 시市' 등과 같은 예와 같이 복합하거나 합성하여 만들 수 있는 이루 헤아릴 수 없을 정도로 많은 조어력을 억제시키고 있다. 이러한 어문 정책을 운용하는 방식은 모국어의 어휘 기반을 허약하게 하고 또 다양하게 생산되는 새로운 어휘를 인위적으로 절멸 위기로 내몰아내는 꼴이 되게 한다.

1988년 개정된 표준어 규정(제22항)은 "고유어 계열의 낱말이 생명력을 잃고 그에 대응되는 한자어 계열의 낱말이 널리 쓰이면 한자어 계열의 낱말로 표준을 삼는다."라고 규정하고 있다. 어문 정책을 어떻게 규범사전에서 구현하는가에 따라 고유어를 대량 학살할 위험성이 있음을 알려주는 사례 중에는 식물 이름들이 많이 있다. '노야기'를 '향유香薷'에, '함박꽃'을 '모란牧丹'에, '뱀풀'을 '금불초'에, '암눈비앗'을 '익모초益母草'에 뜻풀이를 함으로써 고유 어휘의 자리에 한자어가 들어오도록 만든 결과 고유 어휘는 자꾸 사라지고 있다. 잎이 있을 때는 꽃이 없고 꽃이 있을 때는 잎이 없어 꽃은 잎을 생각하고 잎은 꽃을 생각한다고 하여 이름을 '상사화相思花'라 하고 꽃이 지고 나면 잎이 피고 잎이 지고 나면 꽃이 되살아난다고 하여 '부활復活꽃'이라고도 한다. 그런데 '부활꽃'이라는 어휘는 사전에서 찾아 볼 수 없으며, 이것을 지방에 따라 '개난초'라고 부르는데 이 '개난초'의 뜻풀이를 '상사화의 잘못'으로 기술하는 오류를 범하기도 한다.

〈외래어 표기법〉 또한 문제가 심각하다. 법령상 아무런 근거가 없는 일종의 자문기구인 '정부언론외래어공동심의회'를 구성하여 물밀듯이 밀려드는 외국어를 원음주의 원칙에 따라 한글로 표기하면 모조리 외래어로 인정하는 절차를 밟고 있다. 가히 국정 책어 운영의 심각한 관리 부재의 상황이라 하지 않을 수 없다.

〈외래어 표기법〉의 표기 일람표에는 1) 국제 음성 기호와 한글 대조표 외에 2)-15) 15개국 국가별 자모와 한글 대조표로 구성되어 있다. 제2장 표기 일람표에서 기본 원리의 모순점이 있다. 곧 국제 음성 기호IPA와 한글 대조표는 소리나는 대로 표기하는 발음 표기법Pronounce transcription이고 15개국 국가별 자모와 한글 대조표에 따른 외래어 표기는 자모 표기법Spelling transcription이여서 각 국가별 외래어 표기 기준이 혼란을 피할 수 없게 되어 있다.

현 〈외래어 표기법〉에 따르면 이탈리아의 오리스따노Oristano는 '오리스타노', 마꼬메르Macomer는 '마코메르'로 안띠오구 뽀르꾸Antiocu porcu는 '안티오구 포르쿠'가 된다. 원음과 현행 표기법에 이처럼 차이를 보이고 있다. 된소리를 표기하지 않도록 규정한 것과 인명의 원음주의 표기법이 충돌된 사례이다. 많은 출판물에서 파열음의 된소리 표기를 금지시킨 〈외래어 표기법〉을 따르지 않는 이유는 원음주의 표기법과의 충돌로 나타난 현상이다. '빵, 빨치산, 껌'과 같이 파열음(ㅂ, ㄷ, ㄱ)의 된소리 표기의 예외를 정해 놓고 '베이징'은 '베이찡'으로 허용하지 않는 이해할 수 없는 표기법을 고수하고 있다. 규범이 정당하다면 왜 이런 일이 벌어질까? 특히 파열음의 된소리 표기는 제1장 표기의 기본 원칙과 달리 동남아시아 3개 언어(말레이·인도네시아어, 타이어, 베트남어)에서 자모와 한글 대조에서는 된소리 표기를 인정하도록 규정되어 있어 원리상 충돌된다. 그뿐만 아니라 현재 15개국의 〈외래어 표기법〉 외에 계류 중인 그리스어 표기법 등 3개 안이 있다. 이런 추세로 간다면 전 세계 6천여 가지의 개별 국가 및 민족어의 표기법을 마련해야 하는 엄청난 모순에 빠져들게 될 것이다.

국립국어원에서 단 한 번도 국어심의회의 사정 절차를 거치지 않은 외국어들이 『표준국어대사전』을 포함한 각종 국어사전에 대량으로 수록되어 있다. 그뿐만 아니라 엉터리 외국어 조어형이 다량으로 실려 있어서 국어사전을 활용하는 국민이 헷갈리도록 만들어 놓고 있다. 안정효가 쓴 『가짜 영어사전』(현암사, 2000)에서는 이런 엉터리 외국어를 집중적으로 분석해 놓고 있다. '가제'는 영어 'gauze'를 일본식으로 발음한 결과이다. 어원으로 독일말 '거즈Gaze'을 표기 기준으로 할 것이냐 영어식으로 할 것이냐는 별개의 문제이지만 분명 일본식 '가제'를 버젓이 올림말로 실어 놓고, 뜻풀이는 '거즈'로 회전하여 처리하고 있다. '간데라'는 밤낚시를 갈 때 석유를 분사하여 섬유망에 불을 밝히는 조명기구이면서, 한편으로는 조명도의 단위를 뜻하는 어휘이다. 『표준국어대사전』에서는 '간데라'의 어원을 일본어 'kandera'로 '조명기구'가 아닌 조명의 밝기 단위로만 인정하고 '촉', '촉광'으로 순화해야 한다고 한다.

유추하건대 앞으로는 한자어 대신에 영어가 그 자리를 차지할 날이 멀지 않을 것이다. 만일 조선조에 밀려들어온 한자어를 현재의 어문 규정처럼 원음주의 표기법으로 했다면 이미 우리말의 기반은 와해되었을 것이다. 중국中國을 '중궈'로 표기하지 않고 우리식 발음과 절충한 『동국정운』식 발음인 '듕귁'으로 하다가 이것도 안 되니 결국 한국식 한자음 '중국'으로 고정시켰으니 얼마나 다행인가. 'orange'를 '어륀쥐' 또는 '오뤤쥐'로 표기하지 않고 우리 발음에 맞도록 '오렌지'로 고정한 원리나 매한가지이다. 일제 식민지하에서 우리나라 생물학자들이 나비의 한 변종인 'Adopaea'를 '아도피아'로 표기하지 않고 '꼬마팔랑'이라는 고운 우리말 이름을 붙인 생물학자들의 슬기로움이 우리말 기반을 그만큼 더 공고하게 만들어주었다. 이래도 외국어를 원음주의에 편승하여 표기한다는 주장이 당위성을 가질 수 있겠는가, 그리고 그것을 고스란히 우리말로 인정하라는 말인가?

문제는 우리 고유어가 자리잡아야 할 자리에 한자어나 외국어가 생뚱맞게 들어와 그 자리를 차지하도록 방치하고 있다는 사실이다. 물론 우리말로 표현할 수 없는 어휘는 국어심의회의 심의 절차를 거쳐 외래어로 전환하여 사용해야 한다. 그러나 가능한 한 외국어에 대응되는 우리말로 순화하여 사용해야 우리 모국어가 보다 풍성해 질 것이다.

04 | 전문(학술) 용어

다음은 전문(학술) 용어 관리에 나타난 문제에 대해 살펴보자.

최근 세계사 기술 방식이 많이 바뀌고 있다. 유럽 중심적으로 쓰인 19세기 이전의 편파적인 서양사나 세계사가 계속 받아들여지기에는 점차 어려운 상황이 되고 있다. 그뿐만 아니라 아시아를 정체된 사회로 규정하던 오리엔탈리즘Orientalism 관념이 지속되는 것 또한 어려운 상황이다. 유럽 중심 제국주의 세계관에서 벗어나려는 다수의 사학자들은 서구 유럽 몇몇 국가들이 식민 지배의 역사를 왜곡하거나 또는 식민 지배 이전의 세계사를 무시해 온 기술 방식에서 벗어나 제국의 식민 지배 이전의 역사를 복원하고 식민 지배적 사관에서 벗어나 객관적인 기술을 시도함으로써 세계사의 내용이 상당 부분 이전의 기술 방식과 달라지고 있다. 인도 역사를 비롯한 아시아의 역사, 아프리카와 아메리카의 역사에서 식민지배 이전의 토착민이나 고대사의 역사적 기술이 보완되면서 국내의 세계사 교과서가 대폭 변화되는 모습을 보이고 있다. 강철구 교수가 쓴 『역사와 이데올로기』(용의 숲, 2004)에서 "유럽은 지리적 단위로서만이 아니라 합리성, 근대성, 진보를 상징하는 문화적 단위가 되었고 이는 비유럽의 비합리성, 야만성, 정체성停滯性과 대립되는 것으로 인식되었다."며 역사 인식의 틀을 바꾸어야 한다고 주장하고 있다. 역사 인식의 틀을 유럽 중심주의에서 일탈시키려는 움직임은 매우 중요한 관점이라고 판단된다. 이옥순 외 몇 사람이 쓴 『세계사 교과서 바로잡기』(삼인, 2007)에 실린 아시아권의 몇몇 국가에 대한 역사 기술에서 국어사전에 실리지 않은 학술 용어인 올림말이나 또는 사전 기술의 오류에 대한 문제점을 짚어본다.

『중학교 사회1』(교학사 차경수 외 302쪽)에서 태국의 대표적인 불교 사원으로 소개한 "프라 케오"는 "프라 깨우Phra Kaew"로 고쳐야 한다. 또한 『중학교 사회1』(디딤돌 263쪽)은 수코타이 왕조의 대표적인 불교 사원을 사진으로 보여주면서 그 밑에 "수코타이 왕조의 중심 사원, 와트 만 다트 사원"이라고 써놓았는데, 이 사원 이름의 정확한 발음은 "왓 마하탓Wat Mahathat"이다. 『고등학교 세계사』(교학사 197쪽)에서 수코타이 왕조의 국왕으로 소개해 놓은 "라마 캄헹"은 "람 캄행Ram Khamhaeng"으로, 『중학교 사회1』(고려출판 291쪽)의 "차크리 왕조"는 "짜끄리Cakri 왕조"로 수정되어야 한다. 또 교과서 대부분이 태국의 대표적인 강으로 언급한 "차오프라야Chao Phraya"는 "짜오프라야Cao Phraya"로 해야 정확하다. 마찬가지로 『고등학교 세계사』(지학사 179쪽)가 방콕 왕조의 창건자로 소개한 "차오프라야 차크리"는 "짜오프라야 짜끄리Caophraya Cakri"로 수정해야 한다. 『고등학교 세계사』(지학사 275쪽)에 근대적 개혁을 추진한 왕으로 등장한 "출아롱콘"은 "쭐랄롱꼰Culalongkorn"이 정확하다. 『고등학교 세계사』(지학사 179쪽)에서 태국의 유서 깊은 불교 유적지로 소개된 "와트 야이차트 몽클"은 "왓 야이차이 몽콘Wat Yaichai Mongkhon"이 바른 표기다.

타이의 역사 기술에서 왕조나 사원, 국왕, 강, 불교 유적지에 대한 이름 표기의 혼란상에 대해 지적하고 있다. 중고교 교과서에 이러한 오류가 있다니 상상이 되지 않는다. 정부의 〈외래어 표기법〉이 국가 단위의 표기법으로 세분화되는 과정에서 원음주의 표기법을 원칙으로 하면서 파열음(p, t, k) 된소리 표기를 인정하지 않다가 동남아 3개 국어에 한해서 된소리 표기를 인정하게 되자 위의 예문에서처럼 된소리 표기의 혼란상을 노출하게 되었다. 그뿐만 아니라 '프라케오', '왓 마하탓', '람 캄행'과 같은 올림말은 아예 사전에 실리지도 않았다. 다음은 중고교 세계사에 실린 베트남의 사례다.

> 베트남어 용어 베트남어 한글표기에는 이중으로 문제가 있다. 첫째, 한자漢字에서 온 베트남 역사의 주요 개념들을 한자의 한글 발음으로 표기했다는 것이다. 이것은 베트남 고유의 발음에 따라 표기되어야 옳다. 예컨대 『중학교 사회1』(두산 282쪽, 디딤돌 263쪽, 지학사 304쪽)에 나오는 '이씨 왕조"는 '리Ly, 李씨 왕조"로, '진씨 왕조"는 '쩐Tran, 陳씨 왕조"로, '여씨 왕조"는 '레Le, 黎씨 왕조"로 수정되어야 한다. 또 『중학교 사회1』(고려출판 289쪽)은 중국에 저항한 베트남의 여성 영웅 '춘착 춘니 자매"를 소개하는데, 이는 '쯩짝Trung Trac, 徵側 쯩니Trung Nhi, 徵貳 자매"로 고쳐야 한다. 『중학교 사회1』(두산 282쪽)에서 말하는 11세기 대월국의 창건자 '이공온"은 '리 꽁우언Ly Cong Uan, 李公蘊"으로 표기해야 한다.
>
> 둘째, 베트남어 한글 표기는 체계적이지도 않고 현지 발음과도 다르다는 문제가 있다. 『중학교 사회1』(지학사 304쪽)과 『고등학교 세계사』(지학사 101쪽)에 나오는 베트남의 고대 문자 '추놈"은 '쯔놈chu nom, 字喃"으로 표기되어야 옳다. 특히 지학사 판 『고등학교 세계사』의 베트남 용어 한글 표기에는 오류가 많다. '찐 왕조"는 '쩐Tran, 陳 왕조"로, '레 로이"는 '레 러이Le Loi, 黎利"로 '트린"은 '찐Trinh, 鄭"으로, '구엔"은 '응우옌Nguyen, 阮"으로, '타이손"은 '더이선Tayson, 西山"으로, '구엔 푹앙"은 '응우옌 푹아인Nguyen Phuc Anh, 阮福映"으로 수정해야 한다. 또 베트남의 근대화 운동을 이끈 인물로 소개된

'판보이차우"와 '판추친"은 각각 '판 보이쩌우Phan Boi Chau, 潘佩珠"와 '판 쭈찐Phan Chu Trinh, 潘周楨"으로 바뀌어야 한다.

베트남어의 상황은 매우 심각하다. 특히 베트남은 한자 문화권 나라이기 때문에 한자에서 유래된 고유명사들은 한자 발음으로 표기하고 있다. 베트남 고유어에 표기, 역시 현지 원음과 상당한 차이가 있어 중고교 교과서별로 대단히 혼란스럽다.

'리시 왕조', '쩐씨 왕조', '레씨 왕조'니 하는 왕조 이름은 아예 사전에서 찾아 볼 길이 없을 뿐만 아니라 베트남의 민족 운동을 선도한 여성 영웅인 '쯩짝, 쯩니' 자매의 이름, 역시 사전에 실려 있지 않다.

베트남의 고대문자 '추놈'은 『표준국어대사전』에 '추놈(베chu 'nôm[字喃])' 『표준국어대사전』 『어』 =추놈 문자."과 같은 식으로 뜻풀이를 하고 있는 회전문식 순환 오류를 보이고 있다. 물론 〈외래어 표기법〉에도 합당하지 않는다. '레 러이', '쩐', '응우옌', '떠이선', '응우옌 푹아인' 등 이루 헤아릴 수 없을 정도로 많은 고유명사들의 표기법의 오류는 물론이거니와 아예 사전의 올림말로 다루지 않고 있다. 『표준국어대사전』에서 적어도 중고교 교과서에 실린 학술 용어는 누구든지 쉽게 찾아 볼 수 있도록 지원해야 함에도 이런 지식 정보가 거의 방치되어 있는 현실이다. 세계사 학술 용어 사전이나 혹은 인명 지명 등 고유 명칭 표기 사전을 별도로 관리하여 새롭게 생산되는 각종 학술 정보를 신속하게 제공을 할 필요가 있다.

한국정보통신기술협회에서 간행한 『손에 잡히는 IT 시사용어』(전자신문사, 2007)에서 사용 빈도가 높은 325항목을 소개하고 있다. 그 가운데 20개 어휘를 뽑아 보았다.

> "Android안드로이드, Blogosphere블로고스피어, Convergence컨버전스, Crowdsourcing크라우드소싱, Cybersclerosis사이버 경화증, Digerati디제라티, Digilogy디지로그, Digital Symbiosis디지털 공존 공생, Divergence디버전스, Facebook페이스북, Faceophere페이소피어, Folksonomy포크소노미, Free Agent프리 에이전트, Google Earth구글 어스, Googling구글링, Hobbyholic하비홀릭(취미광), Infolust인포러스트(정보열광자), Lnnovation혁신, Internet Edge Device차세대 인터넷 단말기, Internet Singularity인터넷 싱귤래리티(특이점)"

이상 20개 어휘 가운데 〈외래어 표기법〉으로 처리된 것이 대부분이다. 이처럼 전자 정보 통신과 관련된 전문용어들이 물밀듯 밀려들고 있다. 오늘날 우리 국어의 어휘 기층을 차지하는 한자어처럼 머지않아 순수한 우리말 어휘는 대부분 도태되고 이와 같은 외국어가 점령할 기세이다. 가능하다면 이러한 어휘는 우리말 조어로 순화를 하는 일을 대대적으로 추진하여 우리말이 고사되지 않도록 해야 한다.

최근 외국과의 직접적인 교류와 지적 소통과 물적 교류가 늘어나고 또 인터넷 등 다양한 매체를 통한 소통이 다양해지면서 외국으로부터 들어온 차용 어휘가 급격하게 늘어나는 추세이다. 이미 오랜 옛날부터 갖가지 외국 차용어를 사용하고 있었다. 특히 중국으로부터의 어휘 차용은 우리 모국어의 어휘 기반을 뒤흔들 만큼 엄청났다. 고려시대에는 몽골어, 조선에는 여진어, 조선 말엽에서 일제 강점기를 거치며 일본어 등의 차용어가 그 이후 영어를 비롯한 서방 인구어의 차용어들과 최근 전문용어 등이 물밀듯이 밀려들고 있다. 남북 언어 이질화의 주범이라고 할 수 있는 남북 전문용어 통일 문제도 결코 만만한 과제가 아니다.

2005년 이후 〈국어 기본법〉이 제정된 이후 전문용어는 반드시 국어심의회 심의를 거치도록 법적으로 규정하고 있다. 학술단체연합회나 전공학회에서 개별적으로 추진하고 있는 전문용어의 표준화를 위해서 특단의 대책이 수립되지 않는다면 한국어가 사라지는 심각한 상황이 닥칠지도 모른다.

국가 사전 지식은 텍스트 상황으로 여기저기 흩어져 있다. 출판이나 인터넷을 통한 각종 리소스가 마치 실타래처럼 엉켜 있기 때문에 이를 효율적으로 검색하고 또 지식 자원으로 활용하기 위해서는 정확한 지식 정보를 의미 표시로 전환한 온톨로지 형태로 프레임워크를 구축해야 한다. 그렇게 해야 국가 지식을 효율적으로 정보 지식으로 전환하기 쉬운 동시에 이를 국가 발전 지적 자원으로 전환이 가능하다. 서점과 도서관을 비교해 보자. 서점에서는 각종 도서를 주제 분류별로 전시해서 판매 중심의 정보만 관리하고 있지만 도서관은 각종 도서의 분류시스템을 구축함으로써 시대를 앞서가는 지식 체계를 구축하고 있는 셈이다. 마치 도서관에 전시된 책의 분류학적 관계를 체계화하는 모형처럼 국가 사전 지식을 워드프로세스로 작업한 소스 텍스트를 지식 모형으로 체계화하는 정보 처리 전략이 필요하다.

05 | 신조어, 고유어 절멸 신호등

우리말의 전통적인 조어 양식은 두 낱말을 결합시켜 새로운 한 낱말을 만드는 복합 방식이나 새로운 낱말에 곁가지가 붙여 새로운 낱말을 생성하는 합성 방식이 주종을 이룬다. 또 다른 방식으로는 문학 작가나 시인들이 새로운 말을 만들어 사용하다가 사회 전반으로 확대되는 방식이 있을 수 있고 또 최근에 인터넷의 누리꾼이나 언어 정책 기관이나 언론사에서 새로운 낱말을 인위적으로 만드는 방식, 외국어를 자국어로 편입시켜 사용하는 차용의 방식 등이 있다.

한국어가 절멸의 상황으로 치닫고 있음을 알려주는 좋은 사례를 신조어에서 찾을 수 있다. 한 언어가 자생력을 갖기 위해서는 언중들이 스스로 다양한 말을 만들어 내는 신조어의 생산성이 증대될 때, 그 언어는 생존성이 보장된다고 할 수 있다. 최근 외국어와 전문용어가 대량으로 밀려들어 오면서 일반 국민이 고유어로 된 새로운 말을 만드는 자생력이 떨어지고 있을 뿐만 아니라 지나친 규범의 통제 때문에 새로운 말을 만들어내는 기력이 쇠잔해진 감이 없지 않다. 리처드 엘리스가 쓰고 안소연이 옮긴 『멸종의 역사no turning back』(AGORA, 2006:55)에서 "생태와 진화에 관한 다른 대부분의 문제들과 마찬가지로 멸종도 한 가지 원인만으로 일어나는 경우는 거의 없다. 멸종은 여러 가지 원인들, 그 원인들 간의 상호작용, 그리고 그로 인한 증가 효과 때문에 일어난다."라는 말처럼 우리말을 사용하고 있는 사람들이 생산해 내는 신조어의 기반이 고유어의 복합이나 합성 형식이 아니라 한자어와 외국어의 혼태blending로 대량의 말을 만들어내기 때문에 어느 시점에 가서는 고유어는 우리말 어휘 기반에서 도태되고 말 것이다.

천년 이상의 중국어와 한문의 영향 아래 있었던 우리말과 글은 중국말을 그대로 원음주의로 받아들이지 않고 우리식 발음으로 전환시켜 받아들인 세종대왕의 슬기로움이 있었기 때문에 우리의 말과 글은 소멸되지 않았다. 차라리 우리말과 글에서 충당할 수 없는 어휘 대신 한자를 수용하되 발음은 우리식으로 전환하여 사용함으로써 모어의 생태를 유지할 수 있었던 것이다. 그러나 최근 어문 정책의 기반은 매우 위험하다. 외국어를 원음 그대로 한글로 전사하여 사용하는 것을 허용함으로써 세월이 지나면 고유어를 밀쳐낸 빈 자리에 한글로 표음된 외국어가 가득찰 수밖에 없을 것이다. 특히 전문용어를 원음이나 학명 그대로 수입하여 이른바 〈외래어 표기법〉에 따라 한글로 원음을 그대로 표기한다면 글자의 꼴은 한글이지만 그 어휘의 본체는 전부 외국어이다.

모국어의 절멸이 우리 스스로 인위적인 요인에 의해 진행된다면 매우 불행한 일이 아닐 수 없다. 어휘들이 생명력을 잃어버리고 소멸되는 것이 있는가 하면 끊임없이 마르지 않는 냇물처럼 새로운 어휘들이 생성되어 언어의 생태 질서를 유지해 주어야 하는데 문제는 새로 생성되는 어휘들이 전통적인 조어 양식을 깨뜨리고 그 어휘의 기반이 우리말이 아닌 외국어나 한자로만 이루어지고 있다는 점이다.

(1) 한자와 영어의 결합

갭^보험(gap +保險) : 렌터카 차량이 완전히 파손되거나 도난당하였을 때, 보험사에서 받을 수 있는 보험금이 렌트한 금액보다 적을 경우 그 차액을 보상받을 수 있는 보험.

검색^재핑(檢索 +zapping) : 아무 낱말나 인터넷 포털 사이트 검색창에 입력하는 행위.

게임-병(game +兵) : 컴퓨터 게임에 특별한 기술이나 지식을 가진 병사.

복합^환승^센터(複合換乘 +center) : [교통] 환승 편의를 위해, 지하철역, 버스 정류장, 대형 주차장 등이 함께 들어서 다양한 대중 교통 환승이 가능하도록 한 곳.

악플^테러(←惡 +reply terror) :{컴퓨터} 특정인을 겨냥해 인터넷에 비방하는 글을 올리거나 근거 없는 소문을 퍼뜨리는 행위를 비유적으로 이르는 말.

웹버족(←web +silver +族) : {사} 인터넷을 뜻하는 웹web과 노인을 뜻하는 실버silver의 합성어로 디지털기기를 능숙하게 활용하는, 정보화된 노년층을 의미.

한-드(韓 +drama) : '한국 드라마'를 줄여 이르는 말. #4P2P 네트워크나 동영상 전문 포털에서 PP들의 프로그램명을 검색하면 '한드(한국 드라마)', 'CATV케이 TV' 등과 함께 쉽게 검색된다.

글루미-족(gloomy +族) : {사회} '우울한 세대'라는 뜻이지만, 우울함을 감추는 것이 아니라 우울함 자체를 당당하게 밝히고 즐기는 세대를 이르는 말. = 글루미 제네레이션

스포테인먼트-적(←{sposts +entertainment} +的) : 「관」 운동 효과와 오락성을 아울러 갖춘. 또는 그러한 것.

아이팟-지수(iPod +指數) : {사회} 빅맥 지수와 같이, 애플사의 엠피스리인 '아이팟 나노'의 가격을 기준으로 각국의 통화 가치와 물가 수준을 가늠하는 지수.

(2) 영어와 영어의 결합

건-숍(gun shop) : 서바이벌 게임용 총을 전문으로 취급하는 상점.

마쿠아(makua) : 럼주에 구아바주스, 레몬주스, 설탕 따위를 섞은 술. 열대 지방에 사는 작은 새의 이름에서 따왔다.

샤이닝^룩(shining look) : {패션} 반짝이는 색상과 금속 질감 등

광택감을 강조한 옷차림.

알파^우먼(그.alpha 영.woman) : {사회} 남성보다 뛰어난 능력을 지닌 여성. 공부뿐 아니라 운동과 리더십 등 모든 분야에서 남학생을 압도하는 알파 걸이 성장한 것이라는 의미로 만들어진 말이다.

앱선티이즘(absenteeism) : {사회} 습관적으로 결근하는 것.

위키리크스(wikileaks) : {컴퓨터} 정부와 기업의 불법적 • 비윤리적인 행태를 고발하는 인터넷 사이트. 인터넷 백과사전인 '위키피디아'에 유추하여 만든 말이며, 리크leak는 영어로 '누설'을 뜻한다.

플레이^튜터(play tutor) : {사회} 엄마 대신 아이들과 함께 놀아 주고, 교육도 시켜 주는 사람.

뉴킨(New Kin) : {사회} 다양한 인종과 문화적 차이를 있는 그대로 받아들이고 인정하는 주의. 또는 그런 사람들을 이르는 말.

미디어^해빗(media-habit) : {사회} 매체 수용 성향.

아파도^출근-족(--- 出勤族) : {사회} 몸이 아파도 참고 출근하는 사람, 또는 그런 무리.

(3) 고유어와 한자의 결합

끌-녀(-女) : 매력적으로 끌리는 여자.

악성-댓글-자(惡性--者) : {컴퓨터}=악플러.

(4) 고유어와 영어의 결합

몸-테크(←-+technology) : 몸을 가꾸고 건강을 지키는 일.

몸-팅(-ting) : {컴퓨터} 모니터 화면을 통하여 상대방에게 자신을 몸을 실시간으로 보여주는 일을 채팅에 빗대어 이르는 말.

셋-맘(-mom) : 자녀가 셋인 엄마.

(5) 한자+한자

혈-공(血工) : 피가 날 정도로 열심히 공부함.

군-삼-녀(軍三女) : '군 복무를 3년은 해야 한다'고 방송 인터뷰에서 말한 여성.

(6) 고유어+고유어

먼-바라기 : 우두커니 먼 곳을 바라보는 일.

우리말의 전통적인 조어 양식은 고유어나 한자어와 결합하는 복합이나 합성의 방식이다. 그러나 최근에 와서는 이러한 전통적인 고유어의 조어 양식이 무너지고 있어 우리말이 설 자리를 잃어가고 있다. 위의 예문에서 보듯이 한자어와 영어, 영어와 영어의 결합으로 이루어지는 조어형이 절대 다수를 차지하고 있으며, 그 조어 양식도 전통적인 조어법이 아니라 어두 문자의 혼태형이 주종을 이루고 있으니 엉터리 영어가 이 땅에서 생성되어 고유어의 빈자리를 차지하고 있다는 말이다.

이러한 상황으로 진전되는 원인은 외국어와 외래어 관리에 허점을 드러내고 있기 때문이다. 외래어를 포함한 전문용어는 국어 규범 관리상 국어심의위원회에 심의 절차를 거친 것만 외래어로 인정하도록 함에도 외국어를 한글 표기로 바꾼 것을 모두 외래어인 것처럼 받아들이기 때문이다. 앞으로 한국어의 어휘부에는 외국어 혼태형인 절름발이 외국어가 물밀듯이 밀려들어 올 것이다. 바로 이러한 현상이야말로 모국어의 생태 환경이 변화되고 또 국어의 어휘 기반이 무너져 가는 뚜렷한 증거라 할 수 있다.

정부 관료나 학식 높은 학자들 그리고 언론방송인들이 전문용어와 외국어를 무차별로 받아들이는 데 앞장서고 있다. 머지않아 훈민정음이 만들어지기 이전의 한자 이두의 시대처럼 영어 이두의 시대로 바뀔 것은 분명하다.

06 | 넘쳐나는 외국어

1986년 이전까지는 일본 외래어에 대한 순화 작업을 강화하면서 그래도 모어의 순도를 높이려는 방향으로 국어 정책으로 시행되어 왔는데, 〈외래어 표기법〉안이 별도로 마련되고 또 『표준국어대사전』이 완간된 이후 갑자기 외래어와 외국어의 경계가 무너져 내리면서 이른바 외래어가 물밀듯이 밀려들어 오게 되었다. 88올림픽 경기 개최와 함께 외국 선수들의 이름과 외국 국가명 및 각종 지명을 한글로 표기할 목적으로 '정부 · 언론외래어심의공동위원회'가 결성되면서 외래어는 봇물이 터진 것처럼 밀려들게 되었다. 특히 언론 보도를 통해 외국어와 외래어의 구분 없이 〈외래어 표기법〉에 따른 국적 불명의 외국 음차어音借語를 대량으로 유입시켰다. 이와 함께 정부에서 이들 국적 불명의 음차어를 한국어 어문 규범 관리 기준에 따른 외래어 심의 과정을 거쳐 외래어와 외국어를 엄격하게 선별해야 함에도 단 한번도 이러한 절차를 거치지 않았다는 사실은 충격적이지 않을 수 없다. 그리고 그것을 『표준국어대사전』에 상당수 싣게 됨으로써 정부가 주도한 『표준국어대사전』은 외래어와 외국어의 경계를 무너뜨리는 결정적인 역할을 하였다. 일반 국민도 외국어를 〈외래어 표기법〉에 따라 표기하면 외래어가 된다고 인지하는 상황이 되었다. 일이 이쯤 되자 국립국어원의 외래어 정책은 거의 손을 놓고 '정부 · 언론외래어심의공동위원회'에서 만들어 낸 외래어는 국어심의회의 심의를 단 한번도 거치지 않은 채 그대로 방치하는 상황에 이르게 되었다.

국립국어원의 외래어 정책 책임자 가운데 한 사람이었던 박용찬(2007: 16)은 "외래어는 따로 사정하여 〈외래어 표기법〉에 따라 적도록 한 것이다. 그러나 아직까지 외래어를 사정하는 특별한 절차나 규정이 마련돼 있지 않다. 다만, 외래어의 어형을 통일하기 위한 〈외래어 표기법〉이 마련되어 있을 뿐이다."라고 기술하고 있다. 곧 외래어 관리에 대해서는 규범이 정한 바대로 절차적 과정을 제대로 밟지 않았다는 말이다. 정부가 이렇게 정책적 대응을 제대로 하지 않는 동안 국적 불명의 음차어(외국어)가 난무하고 한글로 표기된 한국식 영어 신조어가 엄청나게 늘어나 우리 모어의 어휘 기반을 위협하는 상황이 되었다.

지금 우리나라에 주요한 지식 생산의 기반이 되는 말은 외국어라고 해도 과언이 아니다. 놀라운 사실은 외국어를 한글로 표기하면 전부 외래어가 된다는 망상이 이 사회 구석구석 팽배해져 있다는 점이다. 여기서 한 걸음 더 나아가서 영어의 정확한 원음을 한글로 표기한다면 영어 학습에도 뛰어난 효과가 있다고 굳게 믿는 사람들이 많다고 한다. 홍성호가 쓴 『진짜 경쟁력은 국어 실력이다』(예담, 2008:22)에서 "마후라나 빤스, 난닝구, 빵꾸 같은 말도 일상적으로는 아직 쓰고 있으나 적어도 표기에서는 사라졌다. 지금은 오히려 '머플러, 팬티, 러닝셔츠, 펑크'와 같은 다듬은 말이 더 익숙하다.”라고 인식하고 있지만 ‘머플러, 팬티, 러닝셔츠, 펑크’와 같은 어휘는 〈외래어 표기법〉에 맞추어 한글로 표기한 것일뿐 국어심의회의 심의 절차를 단 한번도 거친 적이 없다. 〈한글 맞춤법〉에서는 외래어는 별도의 〈외래어 표기법〉에 따라 표기하도록 규정을 해두고 있으며, 〈표준어 규정〉에서는 외래어는 반드시 국어심의회의 심의 절차를 거치도록 정해 두었다. 그뿐만 아니라 최근 2005년 〈국어 기본법〉이 제정된 이후에는 전문용어는 반드시 국어심의회의 심의 절차를 거치도록 국가 법률로 규정해 두고 있다. 늘어나는 전문용어나 외국어를 〈외래어 표기법〉에 따라 한글로 표기하면 모두가 외래어가 되는 것이 아니라는 국민들의 인식을 예사롭게 넘길 문제가 결코 아니다. 학자들 간에도 ‘외래어’와 ‘외국어’를 언중들의 사용 정도에 따라 우리말로 어느 정도 정착되었는지 실태 조사를 통해 구분해야 할 것이라는 매우 어정쩡한 기준에 따라 판정하려고 하는 데 심각한 문제가 있다는 말이다. 그뿐 아니라 이러한 매우 불투명한 외래어의 잣대에 기대어 한글학회에서 만든 『큰사전』이나 국립국어원에서 만든 『표준국어대사전』에서는 한 번도 외래어로 심의를 받지 않은 외국 인명, 지명, 전문용어들이 가득 실려져 있다. 이런 상황으로 외국어가 계속 밀려들어 온다면 모국어의 기반은 급속하게 무너질 수밖에 없게 된다. 이미 의상 전문서적이나 건축학, 화학, 의학, 물리학 등의 서적을 들여다보면 우리 글자는 조사나 어미의 자리를 지키는 이두吏讀에 지나지 않는다.

돈까스/돈카스/돈카츠 → 돈가스

뷔페/부페/뷔폐 → 뷔페

테이프/테잎/테프 →테이프

가스렌지/까스렌지/까스랜지 → 가스레인지

모자르트/모자르트/모잘트 → 모차르트

로우프/롤우프 → 로프

비닐롱/비니루 → 비닐

챠트/차드 → 차트

위의 예들처럼 외국어의 한글 표음 표기가 혼란을 보이니까 이것을 〈외래어 표기법〉으로 통일하여 표기하는 것은 상당히 일리가 있다. 그러나 이들을 원음주의를 기반으로 한 한글 음차 표기로 전환한 것이 모두 외래어가 될 수 없다는 점이다. 국가 규범을 기반으로 만든『표준국어대사전』에 이와 유사한 외국어를 아무런 절차를 거치지 않고 올림말로 대량으로 실어둔 탓에 일반 대중들은 외국어를 한글로 표음 전사한 것은 전부 외래어인 것인 양, 착각하고 있다는 사실이다. 심지어 국어 전공자들조차도 철석같이 그렇게 믿고 있는 사람이 많다는 점이다. 각종 인명이나 지명을 국립국어원에서는 마치 외래어인양 착각하도록 대량으로『표준국어대사전』에 싣거나『외래어표기법 사례집』으로 만들어 보급함으로써 많은 국민에게 모두가 모국어의 일부인 차용어로서 외래어인 것으로 착각하게 만든 것이다.

이들의 사용 사례를 엄격하고 면밀하게 조사하여 제한된 범위만 골라 외래어로 인정하는 사정 절차를 철저하게 밟아야 한다. 앞으로 국어심의회의 심의 과정을 거치지 않은 것은 단순하게 외국어의 한글 표음 기호에 지나지 않는다는 사실을 명백하게 해야 한다. 외국에서 유입되어 들어오는 말로는 인명·지명(고유명사)이 제일 많다고 할 수 있으며, 학술 교류가 활발해지면서 각종 전문용어와 함께 일상 용어가 그 대부분을 차지한다. 인명・지명(고유명사), 일상 용어, 전문용어, 국적 불명의 음차어들을 우리말로 적는 표기 기준인 〈외래어 표기법〉은 거의 외국어 음차어에 가깝다. 완전한 외국어 발음 표기법도 아니고 우리말 음운체계를 반영하는 〈외래어 표기법〉도 아닌 엉거주춤한 상태의 표기법으로 전사된 형태다.

외국 문자나 원음에 대응되도록 한글로 표기한 어휘를 외국어라고 말할 수 있는가. 현재 언론 기사나 학술 서적 및 각종 출판물이나 영상 매체에 외국어가 그대로 쓰인 경우가 많지만 가독률을 고려하여 원어로 기록하는 것은 가급적 피하려는 경향이 있다. 그런데 아직 우리말로 굳어지기 이전 상태에서 외국어를 어떻게 한글로 표기할 것인가에 대한 규정은 없는 상황이다. 다시 말하자면 외국어 표기를 위한 규정은 없는 상황에서 곧바로 〈외래어 표기법〉을 만들어 놓고, 모든 외국어가 이 〈외래어 표기법〉을 통과한 다음에는 '외래어'로 승격시키는 잘못된 절차를 밟고 있다. 〈한글 맞춤법〉 제1장 총칙 제3항에 "외래어는 외래어 표기법에 따라 적는다."라고 규정하여 〈외래어 표기법〉으로 표기된 것은 일단 외래어로 인정하지만, 표준어 사정 원칙 제1장 총칙 제2항에 "외래어는 따로 사정한다."라고 규정되어 있기 때문에 〈외래어 표기법〉으로 표기했더라도 반드시 사정된 것만 외래어로 규정할 수 있다.

〈한국 어문 규정〉에서 규정한 바와 같이 외래어를 별도로 사정 절차를 거치도록 규정한 것은 모국어에 외래어가 지나치게 밀려들어 오지 않도록 배려한 것이다. 전 세계적으로 '외래어'라는 용어를 사용하는 나라는 일본과 우리나라뿐일 것이다. 일본의 그때을 국내에 적용시키는 과정에서 일본에서는 외국어를 자국어로 음차한 다음 '사용률', '인지율', '이해율' 등 사용 실태를 엄격하게 조사하여 매우 제한적으로 외래어로 인정하고 있으나 우리나라에서는 이러한 엄격한 검증을 한번도 시행한 적이 없다.[2] 어문 규범 집행의 절차상의 적법성 준수라는 문제와 〈외래어 표기법〉 자체의 문제점도 많지만 특히 '정부언론외래언어심의공동위원회'의 표기 결정 자체를 번복하는 일이 잦다. 이러한 외국어 관리 소홀 때문에 국민들은 무엇이 외래어인지 외국어인지도 구분하지 못하도록 혼란을 부채질 해 왔다.

『표준국어대사전』에 등재된 이른바 외래어들은 국어심의회에서 사정을 거치지 않은 것이다. 이 '외래어'들은 그 자체가 신뢰할 수 없는 것이라고 말할 수 있다. 박용찬(2007:17)도 "국어사전에 올림말로 올라 있는 외래어는 국어사전 편찬자의 자의적이고 비공식적인 외래어 사정 결과일 뿐이다. 외래어로 볼 수 없는 외국어도 국어사전에 상당수 올라와 있다."라는 충격적인 보고를 하고 있다. 그 실례를 살펴보자. 『표준국어대사전』에서 '캔'을 중심으로 이어지는 일련의 외래어 올림말의 실상이다. 이는 음차어 표기에 기대어 국내에서 새로 만든 말들로 국적 불명의 외래어와 신조어가 마구 뒤섞여 있는 상태인데, 이러한 상황은 빙산의 일각에 지나지 않는다.

캔(can) 명 ①양철로 만든 통. '깡통'으로 순화. ¶캔 커피/캔 맥주.§② (수량을 나타내는 말 뒤에 쓰여) 주로 음식물을 '[1]'에 담아 그 분량을 세는 단위. ¶맥주 다섯 캔만 주세요.§

캔디01(candy) 명 설탕이나 엿을 굳혀서 만든 과자. 캐러멜, 드롭스, 누가 따위의 여러 종류가 있다. '사탕'으로 순화. ¶그는 가게에서 아이들에게 줄 캔디 한 봉지를 샀다.§

2 國立國語研究所 [外來語]委員會編, 『外來語言い 換え手引き』,(ぎょうせい, 2006)

> 캔디02(Kandy) 명 《지2》 스리랑카 중부에 있는 관광 도시. 소승 불교의 중심지이며, 차 · 고무 따위의 집산지이기도 하다.
>
> 캔버라(Canberra) 명 《지2》 오스트레일리아에 있는 도시. 기하학적인 도로망으로 유명한 계획 도시이며, 주(州)에 소속되지 않은 연방 직할지이다. 오스트레일리아의 수도(首都)이다.
>
> 캔버스01(canvas) 명 《미》 유화를 그릴 때 쓰는 천. 삼베 같은 천에 아교나 카세인을 바르고 그 위에 다시 아마인유, 산화아연, 밀타승 따위를 섞어서 바른다. '화포(畫布)'로 순화.
>
> 캔버스02(canvas) 명 《운》 조정 경기에서, 파도나 물보라를 막기 위하여 경기용 배의 갑판에 치는 포장.
>
> 캔버스-보트(canvas boat) 명 물이 스며들지 아니하는 캔버스로 만든 조립식 보트. 보통 공기를 불어 넣어 부력(浮力)이 생기게 한다.

'캔can'이 어떻게 하여 외래어로 둔갑하여 올림말로 올라왔는가? 또 그 뜻풀이도 "양철로 만든 통. '깡통'으로 순화."한다고 했는데 '깡통'의 '깡'은 본디 '캔'의 일본식 발음이고 한자어인 '통'과 복합되어 '깡통'으로 만든 말이다. '캔디'는 '사탕'이라는 이미 굳어진 우리말이 있는데도 왜 외래어 올림말로 실려 있는지 도무지 알 수 없는 일이다. '캔버라Canberra'의 경우, 〈외래어 표기법〉 제4장 인명, 지명 표기의 원칙 제1절 제2항에는 "제3장에 포함되어 있지 않은 언어권의 인명, 지명은 원지음을 따르는 것을 원칙으로 한다."라고 규정하고 있다. Canberra의 원 발음은 국제 음성 부호로 [kǽnbərə] 혹은 [kǽnberə]이다. 그런데 국제 음성 부호 전사 기준에는 [ə]는 [어]로 표기하도록 규정하고 있으나 실재 표기는 이와 다르다. 문제는 '캔can, 캔디candy, 캔버라Canberra, 캔버스canvas, 캔버스-보트canvas boat'와 같은 어휘를 어떤 절차를 거쳐서 우리말로 결정한 것인가 하는 점이다. 『표준국어대사전』에는 사정 절차를 한번도 거치지 않은 외국 인명·지명 등 외국 고유 명사와 국적 불명의 음차어가 넘쳐나고 있다.

국어의 순도를 높이는 일이 꼭 고유어를 보존하는 일만은 아닐 것이다. 적법 절차에 따라 외국어를 걸러내야 한다. 필요에 따라서는 외국어 음차어로 걸러내고 때에 따라서는 차용어인 외래어로 인정하는 동시에 순화 작업을 지속적이고 합리적으로 추진해야 한다.

'정부 · 언론외래어심의공동위원회'라는 임시 위원회가 구성되어 활동하기 시작한 이래 〈외래어 표기법〉에 대해서는 진지하게 연구하거나 검토한 것 같지 않다. 그리고 국립국어원에서도 외래어 관련 업무를 한 사람이 지속적으로 관리해옴으로써 자체에서 나타나는 문제점에 대해 적기에 대응하지 못한 데에서 심각한 문제가 누적되어 왔다.

음운 체계가 서로 다른 전 세계의 외국어를 우리말로 표기하는 원칙이 아무리 정밀하더라도 문제가 있을 수밖에 없다. 외국의 경우 우리나라와 같이 국가별로 미시적인 외래어 표기 세칙을 가진 나라는 아무 데도 없다. 정부의 특별위원회가 구성되어 문제가 있을 때 대응하는 정도이다.

현재 〈외래어 표기법〉에 의해 표기법이 결정되면 이것을 가지고 국어심의회의 심의를 거치게 되어 있으나 그런 절차를 단 한번도 밟지 않았다는 사실만 해도 충격적이지 않을 수 없다. 1995년 3월 16일 문화체육부 고시 제1995-8호 〈외래어 표기법〉의 주요 내용은 다음과 같다. 〈외래어 표기법〉은 제1장 표기법의 기본 원칙, 제2장 표기 일람표(국제 음성 부호 및 12개국 자모와 한글 대조표), 제3장 표기 세칙(15개국), 제4장 인명, 지명 표기의 원칙으로 구성되어 있다. 그런데 〈외래어 표기법〉의 내용을 검토해 보면 더욱 가관이다.

첫째, 〈외래어 표기법〉이 안고 있는 기본적인 문제는 무엇이 '외래어'인지 규정되어 있지 않다는 점을 먼저 꼽을 수 있다. 다시 말하자면 '외국어 표기법'인지, '외국어 음차 표기법'인지, 심의 과정을 거친 〈외래어 표기법〉인지 불분명하다. 그 결과는 뻔하다. 상황이 이쯤 되니까 이경숙 전 대통령직인수위원회 위원장과 같은 최고의 지식인도 '오렌지'와 '프랜들리'가 외래어인지 외국어인지도 구분하지 못할 수밖에 없게 된 것이다.

둘째, 표기 기본 원칙이 혼선을 빚고 있다. 제1장 표기의 기본 원칙 제1항은 "외래어는 국어의 현용 24 자모만으로 적는다."라고 하여 관용화된 차용어를 적도록 규정해 두고서는 제4장 인명, 지명 표기의 원칙 제2항에서는 "제3장에 포함되어 있지 않은 언어권의 인명, 지명은 원지음을 따르는 것을 원칙으로 한다."라고 하여 외국어 표음 표기로 되어 있어 대원칙이 흔들려 있다. 외국 인명, 지명을 원음주의로 적기 위해서는 한글 자모 24자로는 도저히 불가능하다.

셋째, 제2장 표기 일람표 〈표 1〉 국제 음성 기호와 한글 대조표는 국제 음성 기호IPA에 대응되는 발음 전사pronunciation transcription 방식인데 그 나머지는 자모 전사alphabet transcription 방식으로 바뀌었다. 발음 전사와 알파벳 전사는 얼마나 큰 차이를 보이는지 부연 설명이 필요하지 않을 것이다.

넷째, 제3장 표기 세칙에 인용되어 있는 사례들을 살펴 보자. 제13절 스웨덴 어의 표기 용례에 '스납트, 획스트, 옥토베르, 웁살라,

봇쉬르카, 캄파, 엘리' 이러한 용례들이 과연 우리 국어의 일부로 녹아든 우리말인가? 외국어와 외래어는 분명하게 구분해야 함에도 〈외래어 표기법〉은 전혀 그런 문제는 고려하지 않고 만든 것이다. 규범집의 용례로 든 외래어조차 『표준국어대사전』에서는 올림말로 처리하지 않은 것이 무려 150여 개나 된다.

다섯째, 제4장 인명, 지명 표기의 원칙 제2절 제1항은 "중국 인명은 과거인(신해혁명을 전후로 시기 구분을 함)과 현대인을 구분하여 과거인은 종전의 한자음대로 표기하고, 현대인은 원칙적으로 중국어 표기법에 따라 표기하되, 필요한 경우 한자를 병기한다."라고 규정되어 있다. 동 제2항은 "중국의 역사 지명으로서 현재 쓰이지 않는 것은 우리 한자음대로 하고, 현재 지명과 동일한 것은 중국어 원음에 따라 표기하되, 필요한 경우 한자를 병기한다."라고 규정하고 있다.

> 도문05(圖們) 명 《지2》 '투먼'의 잘못.
>
> 발해-만(渤海灣) 명 《지2》 '보하이 만'의 잘못.
>
> 연변02(延邊) 명 《지2》 '옌볜'을 우리 한자음으로 읽은 이름.
>
> 옌볜(Yanbian[延邊]) 명 《지2》 지린 성(吉林省)에 있는 조선족 자치주.

이러한 외래어 표기 원칙에 따른 『표준국어대사전』에 실린 중국 관련 지명을 검색해 보면 기가 막히는 일이 벌어진다. 두만강 '도문' 지역을 방문해 본 사람들이 많을 것이다. 국경 건너 용정 지역에는 아직 우리 선조들의 삶의 흔적이 남아 있음에도 불구하고 『표준국어대사전』에서는 그곳 지명 '도문'이 '투먼'의 잘못이라고 한다.

기본 원칙은 매우 중요하다. 기본 원칙에 발음 전사법과 철자 발음법이 뒤섞여 있고 또 원음주의는 우리말 음소 표기 원칙과 상충된다. 국가별 표기 제약 원칙이 있고 또 인명, 지명은 시대에 따라 표기 원칙이 달라지고 있다. 엄밀하게 말한다면 외래어 표기는 우리말로 굳어진 대로 표기하면 된다.

여섯째, 어느 나라를 기준으로 한 외래어냐에 따라 표기법이 매우 유동적이다. '게놈Genom'은 독일에서 들어온 말인데 '낱낱의 생물체가 가진 한 쌍의 염색체'로 뜻풀이를 하고 있다. 그런데 '게놈'은 미국 영어식으로는 '지놈Genom[dʒi:noum]'이다.

일곱째, 외래어 표기는 국어에 차용된 낱말에 대한 표기 방식이기 때문에 '원음주의'에 따를 것이 아니라 우리말로 정착된 발음대로 표기해야 한다. 그러나 인명, 지명 표기법에는 '원음주의'로 표기하도록 규정하고 있는 것은 〈외래어 표기법〉이 외국어 음차 표기법과 〈외래어 표기법〉이 혼착된 결과이다.

'버스'냐 '뻐스'냐와 같은 표기법의 문제는 더 논의할 필요가 없다. 외래어가 무엇인지, 또 필요에 따라 외국어를 우리말로 표기해야 할 경우 음차어 표기를 어떻게 할 것인지의 문제를 결정하기 이전에 '외래어'와 '외국어'를 엄격하게 구분하는 일이 선결되어야 한다. 이들의 구분이 그리 용이하지 않다는 이유로 관리를 소홀하게 해서는 안 된다. 규범과 국어기본법 상으로는 외래어를 분명하게 구분하도록 정해져 있다. 특히 외래어 표기에 관해서는 마치 한글로 세계 모든 언어를 다 표기할 수 있다는 착각에 빠져 영어를 정확하게 표기하기 위해 'f, v, th'에 대응되는 문자를 만들자고 제안하는 사람도 있다. 여기에서 한 걸음 나아가 이렇게 하면 영어 발음을 정확하게 배워 영어를 잘할 수 있다는 주장을 하는 이들도 있다.

훈민정음을 창제한 세종께서도 『동국정운』을 펴내면서 이상적 현실음으로 한자음을 표기할 수밖에 없었던 고민만큼 〈외래어 표기법〉은 그렇게 쉬운 문제는 아니다. 외래어는 우리말로 녹은 빌려 쓰는 말의 일부이다. 그렇지 않은 것은 전부 외국어이고 비록 한글로 전사되었더라도 외국어이며, 외국 음차어에 지나지 않는다.

세종대왕께서 『훈민정음』을 창제하기 이전에 우리말을 한자 어휘의 토씨에만 남은 이두吏讀였듯이 얼마 지나지 않아 곧 우리말 글은 외국어 어휘에 토씨만 남은 영어 이두로 변할 것이다. 마구잡이로 외국어를 한글로 음차하여 외래어로 퍼 옮기는 국어 정책이 바로 서야 한다.

외국어인지 외래어인지 갈래를 잡아야 할 사람들은 물론 국립국어원의 규범을 관리하는 사람들이다. 언론 보도의 통일을 위한 임의 기구인 '정부·언론외래어심의공동위원회'도 '정부·언론 외국어 표기 심의공동위원회'로 위원회의 명칭과 기능을 제한하여 '인명·지명 등의 고유 명칭' 표기 통일을 하는 자문활동 기구로 영역을 제한해야 한다. 그렇게 위원회의 명칭과 기능을 제한하지 않는다면 '일반 용어, 전문용어, 국적 불명의 음차어'까지를 심의 대상으로 인정하면 한국어는 외국어의 바다로 바뀔 것이다. 외국어는 반드시 실태조사를 한 후, 국어심의회의 심의 절차라는 여과 과정을 거치도록 관리되어야 한다. 곧 '외래어' 범주에 대한 사정 절차를 반드시 거치도록 운영되어야 한다. 이 부분은 〈국어기본법〉에 명시된 '국어심의회'의 임무와 역할이다.

07 | 로마자 표기

우리말을 로마자로 표기하는 방식을 '로마자 표기법'이라고 하는데 1933년 『한글 맞춤법 통일안』에 조항으로 규정되었던 내용을 1984년 별도의 '국어의 로마자 표기법'으로 규정을 만들었다가 다시 2000년 7월 7일에 대폭 개정한 〈국어의 로마자 표기법〉을 〈문화관광부 고시 제2000-8호〉로 발표하였다. 우리말 로마자 표기는 규범으로 정착되기 이전에는 서양 외국인들이 다양한 로마자 표기 방식을 소개하였다. 어문 규범으로 정착된 것은 1933년 『한글 맞춤법 통일안』에서 시작됐다. 외국인들의 로마자 표기는 한국어 학습을 위한 학습서나 사전 등에 한글과 로마자를 일대일 대응 방식의 표기 방식으로 제안한 것만 해도 60여 종에 이른다. 1835년 인도네시아에서 발간된 『중한일 비교 어휘집』의 표기법이나 1880년 파리외방 선교회 조선 선교사들이 일본 요코하마에서 간행한 『한불ᄌᆞ뎐』, 1897년 게일James S. Gale, B.A.이 일본 요코하마에서 간행한 『한영ᄌᆞ뎐』 등에서 한글 자모에 로마자를 대응시킨 표기법 등 다양한 방식이 있다. 람스테드G. J. Ramstedt의 『한국어문법Korean Grammer』의 표기법 외에도 흔히 MR체계라 널리 알려진 맥퀸McCune과 라이샤워Reischauer가 제안한 로마자 표기법과 1954년에 발표한 예일Yale이 만든 표기법도 있다.

1948년 문교부가 제정한 '한글을 로오마자로 적는 법'이 처음으로 공식적인 표기법으로 이용되기 이전에도 '정인섭 안'(1935), 조선어학회의 '조선어음라마식표기법'(1940), 최현배 안(1942)이 있었다.

1948년 문교부가 제정한 〈한글을 로오마자로 적는 법〉은 정인승,

김선기, 최현배 등이 제정위원회를 결성하여 만든 것인데 대부분 최현배 안(1942)을 기본으로 하였다. 1959년 국어 심의회 외래어 분과에서 〈한글의 로마자 표기법〉을 제정하여 문교부가 공포하였는데 이 표기법은 한글의 현행 표기법을 로마자로 적는 음보다 형태를 중시하는 표기법이었다. 1979년 국어 심의회 외래어 분과에서 '국어의 로마자 표기법' 개정안을 마련하였으나 보류상태로 있다가 1981년 학술원으로 표기법 업무가 이관되면서 외래어 및 국어의 로마자 표기법 소위원회를 구성하여 1983년 6월에 최종안을 마련하여 1984년 1월에 문교부에서 고시하였다.

1984년 문교부 안이 국어 정보화 계획과 88올림픽 경기, 2002년 월드컵 경기 등이 개최됨에 따라 반달표와 어깻점 등 컴퓨터 자판기와 호응에 문제가 있다고 판단하고 2000년 7월 7일에 대폭 개정한 현행 〈국어의 로마자 표기법〉을 〈문화관광부 고시 제2000-8호〉로 발표하였다. 그동안 2000년에 문화관광부 고시 제2000-8호 발표된 로마자 표기법 안에 대해서는 끊임없는 비판과 민원이 제기되어 왔다. '로마자 표기법'의 표기는 국제 무역과 통상 문제, 국내 거리 표지판, 관광표지판, 정부 및 기관의 고유명칭, 기업 명칭, 개인 성명에 이르기까지 외국 사람이 우리말을 알아볼 수 있도록 로마자를 빌어서 표기하는 방식이기 때문에 엄격하게 내국인용이 아니라 외국인용이라고 할 수 있다. 그리고 이 표기법이 한번 개정이 되면 개인 생활에서부터 대내외적으로 경제적, 국제 신인도, 출판, 관광 등 다방면에 걸쳐 엄청난 영향을 미치기 때문에 국가적 부담이 매우 크다고 할 수 있다.

2000년에 개정된 로마자 표기법은 한국어의 음소체계를 고려하여 자음의 경우 '무성(ㄱ)-유기음(ㅋ)-격음(ㄲ)'의 음소 대립을 로마자로 반영한 점에 대해 한국어를 전혀 모르는 외국인에게는 발음의 정확성이 떨어질 수밖에 없다. 또 파열음의 경우는 '무성(ㄱ, ㄷ, ㅂ)-유기(ㅋ, ㅌ, ㅍ)-격음(ㄲ, ㄸ, ㅃ)'과 같이 계열적인 균형을 이루지만 파찰음의 경우 '무성(j)-유기(ch)-격음(jj)'과 같이 파열음 계열과 계열적 체계 균형이 맞지 않는다. 모음의 경우는 특히 인구어 계통의 언어에 존재하지 않는 'ㅡ'나 다양한 이중모음의 표기를 로마자와 일치시키기란 결코 용이한 일이 아니다. 'ㅕ, ㅒ, ㅙ'의 경우 'yeo, yae, wae'와 같이 3개의 모음으로 표기하여야 하기 때문에 컴퓨터 자판기 입력 속도도 떨어진다는 면에서 2000년 개정 취지에 역행한다는 비판이 많았다. 2000년도 로마자 표기법 개정은 국어 정보화에 따른 입력 속도를 고려한 점이 개정 사유였다는 측면에서 충분히 비판 할 수 있다. 곧 2000년도 로마자 표기 개정안이 지나치게 국어 음운체계를 기준으로 한 관점에서 개정되었다는 점에서 한국어를 모르는 외국인을 전혀 고려하지 않았다는 비판적 여론이 만만치 않다.

세부 규정에서 '제3장 표기상의 유의점'이라는 부분은 용례 해설로 처리해도 될 문제가 아닌가 판단된다. 특히 '제3장 제4항의(2) 성의 표기는 따로 정한다.'는 규정은 유명무실한 것이다. '성의 표기는 따로 정한다.'라고 규정해 놓고도 후속적으로 어떤 표기 규정도 마련하지 않은 점은 어문 규정의 관리 측면에서도 충분한 이의를 제기할 수 있다. 제3장 제5항 '도, 시, 군, 구, 읍, 면, 리, 동'의 행정 구역 단위와 '가'는 각각 'do, so, gu, eup, myeon, ri, dong, ga'로 적고, 그 앞에는 붙임표(-)를 넣는다.'는 규정도 불필요한 규정으로 판단된다. '봉동'의 경우 '봉동동'으로 표기가 된다는 몇몇 예들 때문에 '-'을 처리하는 것은 정보 처리 측면에서도 생산적이지 않다.

'제3장 제7항 인명, 회사명, 단체명 등은 그동안 써 온 표기를 쓸 수 있다.'라는 규정 또한 인명, 회사명, 단체명의 로마자 표기가 바뀔 경우 외국에서는 그 대상이 바뀐 것으로 인식하기 때문에 이를 유보할 수 있다고 했지만 '인명, 회사명, 단체명 등'에서 '인명, 회사명, 단체명' 외에 어떤 범위까지 유보하는지도 매우 불투명하다.

국내 지명 가운데 '독도獨島'는 'Dokdo, Dongdo(East Island), Seodo(West Island)'로 표기하고 있다. 독도의 로마자 표기는 'Dokdo'로 하도록 〈문화관광부 고시 2000-8호〉에 따라 고시한 바가 있다. 그러나 'Dok Do', 'Dok-do', 'Tokdo', 'Tokto', 'Tok-do', 'Tok-to'와 같이 표기법이 혼란을 보임에 따라 '독도'를 포함한 국내 지명 표기의 표준안을 유엔의 국제지명위원회를 비롯한 롱맨, 웹스트, 옥스퍼드 사전 출판위원회에 제출하여 표기법의 통일을 위한 홍보를 강화할 필요가 있다.

이외에도 음절 경계 문제 등 여러 가지 보완해야 할 점이 많다고 판단되지만 조삼모사朝三暮四격으로 규범이 바뀔 경우 국민에 대한 부담이나, 국제적 신인도 문제, 경제적 부담, 출판물의 개정, 여권 관리 등 국민 생활의 전반을 뒤흔드는 일이 되기 때문에 매우 신중하게 그리고 조심스럽게 문제점을 보완해 가야 할 것이다.

국민의 일상 생활과 밀접한 관계가 있는 성명의 로마자 표기에서 만큼은 통일을 시켜야 할 당면 과제이다. 야구선수 박찬호Park와 골프선수 박세리Pak의 성씨 로마자 표기가 다르다는 사실은 널리 알려져 있다. 또 '강Kang, 방Bang, 양Yang, 조Cho'씨가 '캥, 뱅, 얭, 초'로 읽혀지고 있으나 이를 똑바로 잡으려는 노력은 거의 없는 실정이다. 앞에서 살펴본 바와 같이 '제3장 제4항의(2) 성의 표기는 따로 정한다.'라는 규정만 남아있을 뿐이다.

여권의 인명 표기에서 '곽'씨의 로마자표기는 69가지가 된다. 그뿐 아니라 부모와 자식, 형제, 자매의 영문 성씨의 로마자 표기가 달라 국제적으로 손해를 보거나 망신을 당하는 경우가 더러 있다고 한다. 〈국어의 로마자 표기법〉이 시행 · 공포된 지 8년이 되지만 〈성씨의 로마자 표기 시안(김세중, 2001)〉에 대한 공청회만 열었을 뿐 아직까지 확정하지 못하고 있는 실정이다. 또한 현행 〈국어의 로마자 표기법〉은 이름과 성을 서로 다른 표준안에 의해 표기토록 하고 있는데 전혀 이렇게 해야 할 이유가 없다. 외교통상부의 〈여권업무 실무 편람〉에 영문 성명은 ICAO규정에 따라 한글 이름을 영문 철자로 표기하도록 규정하고 있으나 "우리나라의 경우 한글 발음을 영문으로 표기하는 표준 표기법이 없어 민원인들이 원하는 영문 철자를 여권 상에 기입하는 데로 표기하고 있다"고 밝히고 있다. 그러니 한글로는 같은 성씨가 사람마다 제각각으로 로마자 표기가 다른 실정이다. 성씨 표기법은 개인의 자유의사에 맡겨두는 것도 검토해볼만하다.

국어의 로마자 표기 규범을 관리하는 문화체육관광부(국립국어원)와 여권의 관련 업무 담당 부처인 외교통상부, 전자주민증 관련 부처인 행정안전부 등 정부기관에서 긴밀하게 협의하여 통일된 표준안을 마련하여야 한다. 그리고 상당 기간의 유보기간을 두어 점진적으로 교체하도록 함으로써 로마자 표기에 따른 국민 부담을 최소화해야 한다.

인문 지식·정보의 미래

02 창조적 문화 기반, 한국어종합기반사전

01 | 문화를 잉태하는 언어

한 국가의 사전 사업은 국가와 민간의 협동으로 이루어내는 고도의 지적 산물이다. 신뢰성이 있는 세계적 사전 편찬 기획은 대부분 대학이나 민간 출판업계가 추진하고 국가가 지원하는 형식으로 이루어진다. 대영제국의 옥스퍼드 사전이 그 명성에 걸맞는 유명 사전 가운데 하나이다. 사전편찬은 그 나라의 지적 수준을 가늠하는 매우 중요한 잣대가 되는 동시에 사용자들의 자존심을 자극한다는 면에서 매우 신중하고도 사려 깊은 사전 편찬자의 철학과 기술력이 뒷받침되어야 한다.

우리나라에서 종합국어대사전의 기획은 1930년대 조선어학회라는 민간학술단체에서 처음으로 기획하여 이룩한 것이다. 『큰사전』의 탄생은 조선어학회 33인으로 대표되는 지식인들에 의해 일제에 저항하는 민족 공동체를 만들고 나라를 되찾는다는 매우 분명한 명분인 맞춤법에 따른 표기 통일과 표준화라는 목표를 가지고 시작되었다. 그 중간 과정에는 엄청난 어려움을 거쳤다. 핵심적 인사들은 조선어학회 33인 사건으로 구금되고 환산 이윤재 선생과 한징 선생은 옥사를 하였다. 또 일제 고등법원 재판부에 제출했던 출판 초고 원고를 일부 분실하여 경성역 구내 화물 보관소에서 극적으로 찾아내는 등의 우여곡절을 거쳤다. 심지어 편찬 비용이 모자라서 운크라로부터 원조를 받아 완간하게 된다.

그 후 국어사전 사업은 국가 주도로 전환되면서 『표준국어대사전』이 탄생되었다. 이 사전이 나온 이후 많은 문제점이 노정露呈되었을 뿐만 아니라 민간 사전 전문 출판들은 거의 도산하게 될 정도로 우리나라의 사전 사업의 전망은 매우 불완전한 상황에 빠지게 되었다. 『표준국어대사전』의 정확성이나 신뢰성 문제뿐만 아니라 지속적으로 늘어나는 낱말들의 수용하지 못하는 한계점에 봉착되어 있는 것이 더욱 큰 문제였다. 가까운 일본의 경우 국가에서는 『표준국어대사전』 분량의 열배가 넘는 33권 분량의 종합기반사전을 갖추고 있으며, 시소러스를 기반으로 한 전산화 검색 시스템이 완비되어 있다. 그 가운데 공용어사전, 중사전과 소사전을 비롯한 각종 전문용어(의학, 전산, 법률, 행정 등)사전을 비롯한 심지어는 귀신 사전, 포커 사전, 술 사전에 이르기까지 매우 다양한 사전이 만드는 원천으로 활용되고 있다.

우리의 말과 글은 영원히 고정되어 있는 것이 아니라 끊임없이 변화하는 생성과 소멸의 과정을 함께 하고 있다. 마치 탁류가 쉼 없이 흘러가면서 정화되어 맑고 푸르게 되듯이, 진흙탕물 같이 뒤섞인 신조어나, 외래어, 온갖 전문용어나 상품 명칭이나 단 일회성의 낱말까지 모여 탁류로 고이게 된다. 이 탁류를 여과시키고 정수시킨 다음 사람들에게 식수로 공급하듯이 규범에 맞도록 다듬고 품격 있는 말을 골라 국가의 규범사전인 『표준국어대사전』에 실어야 할 것이다. 그러다가 세월이 지나면 사용되지 않는 말은 고어사전으로 옮겨져야 할 것이다. 저수지에 물을 여과하여 식수로 공급하고 그 허드렛물은 모아 다시 정류처리 과정을 거치듯이 한 국가의 언어 관리도 이러한 순환적 관리 체계를 갖추어야 함에도 이러한 순환적 관리 체계가 제대로 갖추어져 있지 않다. 예를 들면 『표준국어대사전』 편찬 이후 이를 보수하고 개선하기 위한 예산은 전무한 형편이었으며, 그것을 지속적으로 관리할 수 있는 인력도 고정되어 있지 않다.

최근 우리나라에서는 지식 생산에는 엄청난 투자를 하고 있다. 고전의 한문 원전 번역 사업, 외국 저서나 논문의 번역으로 우리나라 사전에 실리지 않은 낱말들이 넘쳐나고 있을 뿐만 아니라 지역의 방언, 생활용어, 그리고 쏟아져 들어오는 차용 전문용어, 외래어와 외국어 음차 표기, 국제회의나 국제적 행사 때 초청되는 많은 인명, 지명, 상품 명칭과 신조어들은 둥지를 틀 만한 공간이 전혀 없다. 예를 들면 『훈민정음』 해례본의 '해례본'이라는 낱말조차도 『표준국어대사전』에도 등재되어 있지 않다. 최근 동아시아의 역사에 대한 관심이 높아지면서 『요사』, 『금사』, 『원사』, 『청사』에 나타나는 관직 명칭이나 한자로 표음된 인명이나 지명은 전공자들조차도 한글 표기가 통일되어 있지 않은 상황이다. 심지어 『조선왕조실록』에 실려 있는 여진 사람들과의 교류 관계에 나타나는 그들의 인

명, 지명, 관직 명칭이 얼마나 혼란스러운지 모른다.[3]

맑은 식수를 마시기 위해서는 비록 탁한 물이더라도 이를 모아 정수 과정을 거쳐야 하듯 우리의 일상에서 사용하는 말과 글 또한 이치가 같다. "한국어종합기반사전"이란 "다른 사전의 원천source로 활용될 수 있도록 풍부한 올림말과 풀이가 갖추어져 있으며, 구조적으로 변형이 가능한 형태를 가진 사전"을 말한다. 다시 말하자면 『표준국어대사전』에 담아내지 못한 우리말 자산 전반을 모은 기반사전Base dictionary을 의미한다. 정화가 되지 않은 원수를 모으는 탱크로 비유할 수 있다.

현재 〈겨레말큰사전〉 사업도 교착상태에 빠져 있다. 2007년 4월 한시법으로 제정된 〈겨레말큰사전 남북 공동편찬사업회법〉에 근거한 이 사업의 향후 전망도 매우 불투명하다. 통일부와 문화체육관광부가 협력하여 이미 국축된 이들 소스 자료를 통합하여 종합한국어기반사전으로 전환하는 것도 신중하게 검토해 보아야 할 것이다.

문화 창조란 다양한 지식과 정보가 충분히 공급될 수 있을 때 진정으로 꽃을 피울 수 있다. 미래 지향적 선진국으로서의 경쟁력을 강화하기 위해서는 새로운 지식 기반을 구축할 수 있는 시스템을 갖추어야 한다. 지속적으로 생산된 고급 지식과 정보를 다중들에게 공급할 수 있는 신지식 기반 SOC를 구축해야 하는 것은 미래 다중 지식 역량을 함양하는 기반이 된다. 새로운 정부의 정보화 역량 강화의 핵심 과제는 이미 생산된 지식과 정보를 융합하고 효율적으로 관리하는 체계 구축에 초점이 놓여야 할 것이다. 그러나 그러한 움직임의 낌새는 전혀 보이지 않는다. 새로 만든 미래창조과학

3 김주원, 『조선왕조실록의 여진족 족명과 인명』, 서울대학교출판부, 2007.

부가 창조적 과학 기술의 역량을 강화하는 것도 중요하지만 인문학적 융합을 이끌어내기 위한 기반으로서 〈한국어종합기반사전〉 사업 추진을 고려해 보면 좋을 것이다. 고부가가치를 창출할 수 있는 미래 지향적 지식 기반 인프라를 구축하기 위해서는 한국어 정보화 기반을 굳건하게 하는 일이 무엇보다 중요하다. 역사 발전은 누군가가 행하지 않은 행동, 누군가가 감행하지 않은 선택에 따라 결정된다. 이러한 결정은 다른 나라 사람이 결정할 일이 아니라 바로 우리들이 할 수 있는 것이다.

사전 편찬 기술의 눈부신 발전과 함께 종이사전에서 인터넷 사전으로 소통의 방식이 변화되었으며, 언어자료정보 처리 기술력도 눈부시게 발전되었다. 되돌아보면 당시 수작업으로 진행했던 국가주도형 사전에 곳곳에 문제점이 발견되고 있다. 문제의 심각성은 이러한 사전 자체의 체계적 불완전함보다도 그동안 새롭게 생산된 많은 전문용어들과 고전의 국역 작업의 성과로부터 건져낸 숱한 용어들과 지역어 조사사업이나 생활어휘 조사사업을 통해 새롭게 발견된 낱말 자산이 엄청나게 늘어나 있지만 이들을 제대로 갈무리하지 못함으로써 오는 문제가 더욱 큰 문제가 아닐 수 없다.

옥스퍼드 영어사전은 대영제국의 국가지원을 받아 옥스퍼드 대학교에서 편찬한 세계적인 명품 사전이다. 그동안 여러 차례 보완과 증보를 거듭하면서 현재는 인터넷으로 제공하고 있는 가장 신뢰받는 사전으로 평가를 받고 있다. 옥스퍼드 영어사전은 인간 지혜의 결정물인 책 속에 들어 있는 명언이나 명문장을 예문으로 수록하고 있으며, 그 집필을 영어영문학자만이 아닌 영국 시민들이 직접 가담하여 이루어낸 지적인 결정물이다. 사전 사업은 국가가 담당할 때 그만큼 위험 부담이 있을 뿐만 아니라 폐쇄적이고 방어적일 수 있기 때문에 전 국민에게 개방하여 국민 참여를 유도함으로써 전 국민의 자긍심을 이끌어낼 뿐만 아니라 민간에서 사전 편찬 기술력을 신장시킬 수 있는 좋은 기회가 된다.

『표준국어대사전』이 태생적으로 가지고 있는 한계가 규범이라는 제한과 표준어라는 가로막이가 있어서 규범에 벗어나거나 비표준어인 경우 이 사전에 담을 수 없는 것은 분명하다. 따라서 국립국어원에서는 『표준국어대사전』의 보완 및 정비 작업을 지속적으로 추진하여 웹기반 사전으로 공개하는데 멈추어 있을 것이 아니라 지속적으로 사전 내용을 세계적인 수준으로 발전시키기 위한 재정 투자와 함께 노력을 해야 한다.

이제 사전 사업이 단순한 사진 지식을 관리하는 차원이 아니라 폭발적으로 늘어나는 국가 지식·정보 체계의 생산과 관리라는 관점에서 그 발전 전망을 새롭게 해야 한다. 사전 지식은 국력의 바탕이며, 문화 발전의 원동력이 창조적인 상상력을 일깨우는 둥지이다. 나라마다 모든 지식을 체계적으로 정리한 사전을 편찬하여 그 나라의 다중들의 지식 능력을 강화하는데 노력을 기울이고 있다. 사전은 편찬자의 철학에 따라 다양하게 만들어질 수 있다. 국가적 차원에서의 사전 지식은 국가 대중적인 지식 기반에 직접적인 영향을 미친다. 새롭게 생산되는 지식을 조합하고 융합할 때 새로운 창조적인 지식이 탄생할 수 있다. 물론 지식만으로 창조성을 기를 수는 없지만 지식 없는 창조성은 불가능한 것이다. 따라서 사전을 만드는 일은 국가 지식 산업의 기초 공정이라고 할 수 있다.

방대한 지식 체계를 가장 조리 있게 정리하여 자료할 수 있는 방안은 바로 한국어 정보 처리 기술력에 달려 있다. 지금 전 세계 지식자원은 대부분 인터넷으로 연결되어 세계 어디서든 지식을 열람하고 교환할 수 있다. 그러나 지식 자원을 합리적으로 공유할 수 있는 환경은 아직 미비하며, 그 형식도 제각각이다. 최근까지 우리나라의 지식 생산은 엘리트 중심의 폐쇄적인 방식으로 진행되어 왔다. 특히 국가 사전 사업이 『표준국어대사전』이라는 폐쇄적 규범 언어 중심 관리 대상으로 한정하여 왔기 때문에 이 사전의 외연에 거의 방치되듯 관리 대상에서 벗어나 있던 많은 사전 지식을 집결한 한국어종합기반사전 지식으로 수렴해내지 못했다. 한 나라의 사전 사업은 지속적인 성장을 위해 필수 불가결한 과제이다.

사전은 한 국가의 지식을 모아서 체계적으로 분류하고 기술한 말과 글의 정갈한 둥지이다. 특히 온라인 소통의 시대, 빠르게 발달하는 정보 기술에 따라 외국으로부터 유입되는 각종 신지식이 급격하게 증가하는 추세를 보이고 있어 거의 대부분의 나라들이 이 새로운 사전 지식의 언어를 어떻게 처리할까 고민이 많다. 나라 안으로는 각 지역의 문화와 전통적 특성이 강조되는 시대적 흐름에 따라 지역어에 대한 인식이 확대되자 지역어나 생활 직업어를 사전 지식의 범주 안으로 끌어들여야 한다는 주장이 늘어나고 있다. 그리고 어느 때보다 활발하게 대학의 연구실이나 연구소를 통한 연구 성과들이 넘쳐나고 있으며, 각종 고전 국역 사업의 확대에 따라 새로운 한자 낱말이 대폭 늘어나고 있다. 또 창작자들의 창작물이 대량으로 쏟아져 나오면서 국가 사전에 실리지 않은 낱말이 엄청나게 늘어나고 있다. 특히 전문 분야가 세분화되면서 분야별 전문용어가 정제되지 않은 채로 〈외래어 표기법〉에 따른 한글 표기로 넘쳐나고 있다. 특히 최근에는 정보통신IT산업 분야와 관련되는 전문용어가 일상생활에서도 무질서하게 사용되고 있다. 이처럼 사전에 정제해서 실어야 할 지식은 끊임없이 늘어남에도 불구하고, 이를 총체적으로 관리할 국가적 임무를 수행할 곳은 정해져 있지 않을 뿐만 아니라 이러한 임무를 수행해야 할 당위성마저도 인식하는 관료들이 거의 없다는 것이 큰 문제이다. 그렇다고 이렇게 늘어나는 다양한 사전 지식을 어느 개인이나 대학 연구 기관에서 담당하여 관리하기에는 한계가 있다. 각종 중고등학교 교과서에 실린 낱말에 대한 정보도 제대로 제공하지 못할 정도로 정밀한 지적 통제 없이 관리되고 있다. 또 선택의 협소함으로 이루어진 낡은 언어로는 진화하는 언어 지식을 온전히 담아낼 수 없다. 따라서 새로이 생산되는 지식 영역의 대중화를 위해서는 가장 먼저 사전 지식의 기준을 새로 설정하고 또 그 자료의 생산과 관리를 강화해야 한다. 이러한 일은 어느 개인이 주도할 수 없다. 따라서 향후 『표준국어대사전』은 규범사전으로써 온전한 기능을 할 수 있도록 지속적으로 발전시켜나가야 할 것이며 다른 한편으로는 사전 외연에 방치되어 있는 새로운 낱말들을 수용한 저수지를 마련해야 한다. 그 방식은 국가가 참여하고 다중이 협업하는 방식으로 진행되어야 한다. 문화가 국가 경쟁력을 좌우하는 21세기에 적응할 기반을 마련하는 지름길이다.

02 | 왜 한국어종합기반사전이 필요한가?

쉽게 말하자면 정제된 식수를 공급하기 이전에 흙탕물 같은 원수를 모으는 말의 둥지를 만들자는 것이다. 그 흙탕물은 비록 오염되어 있을지 모르지만 고도의 지식의 원천이며 문화의 정수가 섞여 있다. 곧 식수로 공급하기 이전 상태의 메타 언어의 창고라고 할 수 있다. 온라인 국민형인터넷사전 사업이나 겨레말큰사전 사업을 두루 통괄하여 제대로 된 한국어종합기반사전을 만들 필요가 있다.

메타 언어로 기술되는 각종 지식과 정보를 구조화하고 언어정보처리 기술로 통합하기 위해서는 사전 기술 언어에 대한 새로운 발상이 필요하다. '표준어'라고 하는 매우 제한된 대상 언어로서는 불가능하다. 언어 통일성을 유지하기 위한 전략으로 '표준어'라는 범주는 유용하지만 국가 지식 체계를 통합 관리하기 위해서는 '표준어'의 둥지 밖에 방치되어 있는 한국 전통 문화 용어, 전문용어, 신어, 한자어, 민속 생활 낱말, 지역어, 인문 사회 과학의 서적 속에 있는 신개념의 전문 학술 용어 등을 대량으로 수집하여 그 가운데 사용도가 높은 낱말들은 추출하여 『표준국어대사전』에 포함시켜 표준어 대상의 외연을 넓혀나가야 한다. 단절이 아닌 또 일회성이 아닌 지속적으로 사전 민·관·학이 협동하여 국가 지식·정보의 관리를 위한 체계 구축이 필요하다. 김중순 교수는 「문화 창조의 동력 한국어」(우리말 사랑 큰잔치 발표문, 2008)에서 "낱말수는 인간의 경쟁력을 가늠한다. 사용할 수 있는 낱말수를 많이 가진 사람은 전장에서 총탄을 많이 가진 군인처럼 유리하다. 인간의 모든 활동, 군사적, 외교적, 정치적, 경제적, 사회적, 문화적 활동은 말로써 이뤄진다. 말은 생존경쟁의 가장 중요한 무기이다. 그 무기가 풍부한 사람은 경쟁에서 이긴다. 그것이 인류문명에 적극적으로 창조적 기여를 할 수 있는 길이다."라고 강조했다. 한국어의 낱말을 확대하는 일은 매우 중요한 과제이다. 규범이 한국어의 낱말을 늘이는 것을 억제하는 역기능으로 작용해서는 안 된다.

왜 한국어종합기반사전이 필요한가? 국가 지식·정보의 경쟁력을 강화하기 위해서는 한국어 어문 정책을 구현하는 규범사전인 『표준국어대사전』 이외에 한글 쓰거나 한국 사람의 언어로 표현되는 모든 지식·정보를 총괄하는 한국어종합기반사전을 설계하기 위한 전략적 방안이 마련되어야 한다.

03 | 사전 관리의 협력 방안

그렇다면 앞에서 살펴본 바와 같이 넘쳐나는 각종 사전에 실린 정보를 통합 관리할 현실적 대안이 무엇일까? 우리나라의 현실에서 고급의 사전 지식의 산출 통로는 역시 대학과 각종 연구소와 정부 기관이라고 할 수 있다. 한국의 주요 사전 지식 생산의 출구인 이들 결과물은 주로 논문이나 책자형식으로 보급되고 있기 때문에 주요 출판사들과의 다중 협력을 위한 체계를 구축하는 일이 매우 시급한 과제이다. 물론 원저자와 출판사간의 저작권 문제의 해결이 주요한 관건이지만 이들 간의 포괄적인 다중협업의 방식으로 사진 지식의 소스를 국가 기관에서 비영리적 목적으로 관리할 필요가 있다.

현재 국가 사전지식의 관리 기관인 국립국어원은 출판사들로부터 각종 저작물 소스를 공급받아 이를 코퍼스로 구축한 다음 사전 미등재어나 용례를 자료베이스로 구축한다. 이를 정보 처리 기술력을 활용하여 사전 지식을 종합관리를 하는 동시에 국내외 사용자들에게 웹상에서 지원할 수 있는 기반을 구축하는 방식이다. 이와 동시에 사전 지식 기반을 다시 민간 출판사에 피드백을 시켜 각종 다양한 사전을 편찬하여 사용자들에게 공급하도록 해야 한다.

이처럼 국가와 민간 간의 협업을 구성한 후 각종 제기될 수 있는 지적 저작권 문제는 출판사와 개인 창작자와 국가가 공동으로 합의하는 방식으로 국가 사전 지식의 생산과 관리 체계를 갖춘다면 국가 간의 지식 경쟁력을 강화할 수 있게 될 것이다.

이러한 제안을 하는 이유는 그동안 국가가 생산하고 관리하는 사전이 정체되어 있을 뿐만 아니라 역동적인 지식 생산을 통합 관리하는 역량이 현저하게 떨어져 있고 자체 내용의 정밀도나 정확성에 있어서도 여러 가지 문제점을 노출하였기 때문이다.

지식과 정보 자원의 효율적 관리를 위해서는 무엇보다도 선행해야 할 일은 언어정보 처리 기술 기반을 구축하고 또한 그 기술력을 지속적으로 발전시키는 것이다. 지난 시대 지식 생산들은 소수 정예의 엘리트 계층이 담당하였지만 이젠 다중이 직접 가담하는 지식 기반 구축의 협업 방식을 발전시킴으로써 중간 관리비를 최소하면서도 국가 지식 경쟁력을 증대시키는 것으로 전환해야 한다. 온라인상의 신뢰성 문제가 남아 있지만 비판적 관점에서 머물지 말고 다중의 지식 기반을 강화함으로써 다중 스스로 미래를 선택하고 미래를 만들어내는 장인이 될 수 있도록 국가 지식 생산과 관리의 방식을 전환해야 할 시점이다.

국가는 사전 지식·정보의 자료 관리만 담당하고 출판사나 대학 연구소가 사전을 출판하는 협업의 관계를 유지하며 상호 지식·정보를 공유하는 윈-윈전략이 필요하다.

04 | 창조적 문화 기반 강화와 사전

국민 편의와 한국어를 배우고자 하는 많은 외국인을 생각하면, 한국어사전의 외연을 넓히고 규범의 기계화를 통해 실용 한국어의 시대를 열어야 한다. 정보화, 세계화의 물결이 우리의 일상으로 스며들고 있으며 다문화 사회라는 말이 더는 낯설지 않다. 한국어는 더는 우리만의 언어가 아니다. 우리는 모어의 전통에 깊숙히 뿌리를 내리면서도 변화하는 언어 환경에 능동적으로 대응하는 새로운 한글 공동체의 미래상을 정립할 때임을 절감한다. 우리말과 글의 규범이 올바르게 반영한 사전 편찬이야 말로 우리 스스로가 우리 말글의 주인 역할을 할 수 있게 해 줄 것이다. 지난 여러 세기 동안 쌓아온 인류의 지적인 노력이 무익한 결과가 아닌 유익한 것으로 집대성하기 위해 다중들의 관심과 전문 실무자의 지속적인 노력과 경제적인 후원이 더욱 두터워지는 국가의 성숙함이 뒤따라야 한다는 점을 강조하고 싶다.

한 나라의 지식과 문화 생산 역량은 사전의 낱말 총수와 그 활용 빈도로 측정된다. 소중한 우리 민족의 언어 유산을 포기하여 사전 지식의 가난함을 자초하는 일은 잘못된 언어 정책에서 기인하는 바가 많다. 자국 언어의 미시적인 자료 정보를 체계적으로 함께 수록한 방대한 사전을 나라마다 다투어 출간하고 있다. 영어 사전에서 라틴어의 유산을, 터키어 사전에서 아랍어의 유산을 보호하는 것과 같은 이유로 우리가 만들어야 하는 한국어기반사전은 다양한 낱말을 수집하여 발음, 문법, 의미, 어원 등 각종 미시 정보를 상세하게 수록해야 한다. 또 이를 지원할 수 있는 언어정보 처리 기술 능력을 갖추는 일은 국가의 지적 발전을 위한 일과 밀접한 관계가 있다.

국가나 기업의 경영 방식을 조롱이라도 하듯 최근 평범한 네티즌들이 자발적으로 관리자의 통제 없이 세계 200여 개 국어로 지원되는 위키백과사전을 만들어 내는 기적이 현재 연출되고 있다. 지금이야말로 엄청난 변화의 시대이다. 동시 다발적으로 연결되고 끌리고 쏠리고 들끓는, 조직 없이 연결된 다중들이 위력적인 집단 행동과 조직화의 능력을 발휘하고 있다. 국가나 기업을 비롯한 국가 지식의 생산과 관리를 위한 조직화의 새로운 방향을 모색하지 않으면 어떤 폭풍우를 만날지 아무도 예측하지 못하는 시대로 진입해 있다.

다중의 지식 기반이 열악한 상황에서 국가 선진화는 도저히 불가능하기 때문에 다중들의 폭넓은 지식 기반 강화를 위해서는 도서출판을 통해 생산되는 모든 지식을 총체화하는 사전 지식 관리 기반을 마련하는 일이 매우 시급한 과제이다.

대학의 연구실이나 국가나 기업의 각종 연구원 단위에서 생산된 지식이 책이나 논문의 형식으로 대중 사회에 파급되는 형태였다. 문화 생산 역시 마찬가지였다. 자연히 문화의 생산자와 소비자 간에는 견고하고도 폐쇄적인 벽이 있어 그 골은 깊었고, 그로 인해서 그들의 관계는 더욱 소원해질 수밖에 없었다. 이젠 세상의 소통 방식이 바뀌고 있다. 인터넷을 활용한 지식의 소통과 표현 방식에서 엄청난 변화의 시대를 맞고 있다. 따라서 지난 시대의 지식 생산 방식에서 탈피하여 새로운 변화에 적응할 수 있는 모형 개발을 서둘러야 할 시점이다.

폭증하는 새로운 지식을 유익한 용도로 변환시킬 수 있는 국가 지식 생산 방식과 조직을 지금이라도 국가가 앞장서서 재구성하지 않으면 국가 간의 지식 경쟁력은 더욱 뒤떨어질 수밖에 없게 된다. 먼저, 국가가 가지고 있는 지식을 국민에게 공개, 공유하는 개방적인 방식인 위키노믹스의 방식을 부분적으로 응용해야 한다. 웹 사전인 위키피디아에 접속해 보면 협업으로 만들어진 백과사전의 성과가 얼마나 큰 위력을 발휘하고 있는지 알 수 있다. '저비용 협업 인프라' 또는 '대규모 협업의 무기'라고까지 말하는 다중 지식을 효율적으로 활용할 수 있는 지혜를 국가 경영에도 도입할 단계이다.

엘리트층은 국가 지식을 보다 발전시키고 또 그것을 정교하게 관리하는 역할을 맡고 대중 생산자들이 만든 지적 성과를 지식과 정보로 통합하는 협업 방식은 저비용 협업의 국가지식 생산 시대로 진입 가능하게 할 것이다. 포털 사이트에서 구축된 대규모 과학적 문화적 콘텐츠를 창의적으로 공유하고 가공할 수 있도록 관심을 가져야 21세기 국경 없는 경쟁의 시대를 살아갈 수 있을 것이다. 그것은 인터넷 정보 생산자들의 신뢰성, 정교성, 가치 타당성, 과학성의 문제가 통제적 방식이 아니라 자율적 방식으로 해결된다는 조건을 전제한 것이다.[4]

4 이상규, 「국제화 시대의 한글의 현재와 미래」, (616돌 세종날 기념 전국 국어학 학술 대회, 2013. 5. 25.)

03
비판적 관점에서 본 『표준국어대사전』

01 | 말도 많고 탈도 많던 『표준국어대사전』

1991년 1월 우리나라 어문 연구 및 관리를 위해 문화관광부의 소속 기관으로 국립국어연구원의 탄생과 함께 첫 사업으로 1991년 〈종합국어대사전〉 편찬 사업이 결정되었다. 사실 종합국어대사전은 하루아침에 이루어질 수 있는 것이 아니라 중장기적인 계획 아래 가능한 사업이다.

처음부터 지나친 실적주의에 편승하여 그 이듬해인 1992년 『종합국어대사전』편찬에 착수하였다. 재정적 지원이 없이 일제 강점기에 한글학회에서 만들 『우리말큰사전』의 사업 속도에 비하면 엄청난 속도와 탄력을 가졌다. 예산 지원과 함께 정주의 정책적 관심에 따라 사전편찬 인력을 확보했으나 사실 사전편찬의 전문적 인력은 거의 없었다고 할 수 있다. 실제로 경험을 가지 사전 전문 인력들은 전부 제야 세력이 있기 때문에 자연 석박 박사학위 소지자 중심으로 사전편찬팀을 구성하는 데부터 문제가 없었던 것이 아니다.

1997년 『종합국어대사전』이라는 이름에서 『표준국어대사전』으로 명칭을 변경 했다. 편찬위가 꾸려진지 7년만인 1999년 10월 9일, 상권을 발간하였고 1999년 12월 말, 상 · 중 · 하 3권 완간되었으니 전 세계 역사상 유례없는 빠른 속도로 『표준국어대사전』이 완성되었다.

민간이 주도하던 사전 시장은 급기야 위축되었고 도산으로 이어졌다. 다시말하자면 국가적 권위를 가진 『표준국어대사전』이 교육 및 정부 관청에 주도적인 힘을 갖게 됨에 따라 국내 사전 사업의 시장의 판도는 일대 위기를 맞이 하게 된 것이다. 다시 말하자면 민간이 주도함으로써 얻을 수 있는 기술력의 문제가 국가 주로로 획일화하는 지식정보 관리에 일대 위기에 처해졌음을 알게 된 것은 얼마 후였다.

『표준국어대사전』그 자체도 창조적으로 이루어진 사전이 아니라 종래의 사전들을 전부 모아 항목별로 복사하여 오려 붙인 후 새로 손질한 수준의 사전이기 때문에 종래 사전이 가진 결함이나 사전 자제의 체계계적 결함은 전혀 조정이 이루어지지 않은 채 급속하게 만들다보니 또한 문제점도 만만치 않게 지적되었다.

김영삼 정부에서 시작한 사전 사업을 그의 임기 내 자랑스럽게 출간하고 싶었지만 김대중 정부로 넘길 수밖에 없었다. 이 사전이 완성된 1999년 10월 9일 당시 박지원 문화 관광부 장관은 발간사에서 다음과 같이 언급하고 있다.

> "1991년 국립국어연구원이 국민의 국어 생활 향상을 도모하기 위한 조사·연구 업무를 관장하는 국가 기관으로 정식 발족하면서 새로운 사전의 편찬을 주요 핵심 사업으로 기획하게 되었습니다. 1992년부터 8년에 걸쳐 국어학계가 총동원되다시피 하여 흘린 땀방울이 이제 결실을 맺어 정부에서 직접 편찬한 사전인 만큼 다른 사전의 모범이 될 수 있도록 최선을 다하였습니다."

말 그대로 전국 국어학계가 가담하여 만든 사전이지만 이미 기존 사전을 오려붙인 사전이었기 때문에 "다른 사전의 모범이 될 수 있도록 최선을 다하였습니다."라는 말은 전혀 문제가 없지 않다.

여기서 더 나아가 당시 김대중 정부가 추진하던 남북 화해의 일환으로 "또한 북한의 말을 대폭 수록하여 우리 민족의 언어적 동질성을 회복하는 토대를 마련하고자 하였습니다."라는 박지원 장관의 언급은 언어의 정치성을 철저하게 드러낸 발언이라고 하지 않을 수 없다. 『표준국어대사전』은 서울을 중심으로 하는 "표준어" 사전임에도 "북한어"를 대량으로 올림말로 처리함으로써 이 사전의 정체성을 애초부터 흩어 놓은 것이다. 당시 심재기 국립국어연구원장 역시 이 책의 머리말에 "북한의 말도 폭넓게 수용하여 우리 민족의 언어적 동질성을 회복·유지하는 토대를 마련하고자 하였다."라고 하여 이러한 정치적 압력을 그대로 수용하고 있음을 확인할 수 있다.

이외에도 이 사전에서는 종래 사전들의 편찬 방식과 다르지 않게 방언 항목을 대량으로 비판없이 싣게 된다. 이 문제 역시 표준어가 아닌 방언을 실은 정당한 이유를 밝히지 않고 있다. 북한어나 방언이 모두 표준어라는 말인가? 앞과 뒤가 일치하지 않는 이러한 일들이 국가 기관에서 이루어졌다는 점에서 더욱 놀라움을 감출 수가 없는 것이다. 2003년 9월 19일 국회의원이었던 신기남 의원이 『중앙일보』에 "오류투성이 『표준국어대사전』..."이라고 하여 무려 수천여 군데 오류의 실태를 국회에서 문제 제기를 하였다.

놀라운 일은 『표준국어대사전』을 완간한 1999년 10월 이후 11월 달부터 사전편찬실을 해체해 버린 채 2003년부터는 주로 외주(주로 대학원 아르바이트생)로 부분적이 수정을 하였다. 2006년 10월 9일 『표준국어대사전』을 웹사전으로 증보하여 공개하기 위해 국립국어원에 다시 사전편찬실을 편재하여 수정보완한 중간 결과를 2008년 10월 9일 웹사전으로 정식 개통하였다.[5]

2008년도 당시 『표준국어대사전』개정 보고서 서문에 이상규 원장은

> "시간이 흐르고 세상이 변했지만 언어생활의 혼란을 치유하고 언어문화의 가치를 회복하는 길이 사전에 있다는 점은 변하지 않았습니다."

라고 하여 국가사전의 지속적인 관리를 위해 역량을 쏟아야 하며 그러한 노력의 타당한 이유를 강조하고 있다. 그러나 2009에 사전편찬실은 해체되고 이 사전에 대한 보완 문제는 거의 방기되고 있는 상황이다.

이윤옥(2013:97)의 『오염된 국어사전-표준국어대사전을 비판한다』라는 책에서 국가 사전으로 편찬된 사전 내용에 대한 비판과 함께 그 사전을 관리하는 국가 기관인 국립국어원의 직원들의 안일

5 국립국어원, 『표준국어대사전, 날개를 달다』, 2008. 10.

하고도 무책임한 대응에 대해 냉정하게 꼬집고 있다. 그 내용 가운데 우리나라 토착 고유종인 '금강초롱'을 일제시대에 일본 식물분류학자인 나카이 다케노신中井猛之進(1882~1952)이 당시 조선총독부 초대 공사 데라우찌 마사타케寺內正毅(1852~1919)의 이름 글자를 따서 '사내초寺內草'라 하여 헌사하였다고 한다. 그 금강초롱의 뜻풀이를 보면 더욱 가관이다. 일본의 『광사전』의 뜻풀이를 그대로 옮겨놓았다. 『표준국어대사전』을 만들 당시 기존의 사전류를 모아 낱말카드로 만들어 이리저리 짜깁기를 하는 과정에서 일본 사전을 그대로 베낀 것*을 삭제 하지 않은 채 방치했다. 만일 일본에서 지적저작권 문제로 제소를 한다면 국제적 망신을 당할 수 있다. 개인 출판사가 아닌 정부 주도로 만든 대표적 사전이 이런 모습이다. 지금이라도 『표준국어대사전』의 전면 개편을 위한 인력과 예산을 확보하여 정부 주도가 아닌 민간과의 협업으로 개선할 필요가 있다. 부끄럽고 창피스러운 나라가 되지 않기 위해서라도.

한편, 이덕심의 『일본어 한자읽기 사전』, (시사문화사, 1992)를 참조하면 여러 가지 사례를 찾아 볼 수 있다. '內金'은 '우찌산うちきん'이라고 훈독하는 일본어이다. 그런데 이 낱말이 『표준국어대사전』에 올림말로 실려 있으며, 풀이말로 "지급하여야 할 총금액 가운데 미리 지급하는 일부의 금액"이라고 한다. '법'이라고 했으니 법률 용어로 쓰이고 있는 말이다. 버릴 수 없다면 일본임을 알려야 한다. 영어사전에 프랑스어를 올릴 때에는 프랑스어라고 밝히는 것과 간다. 또 '物騷'는 '부찌소우ぶっそう'라고 읽는 일본어이다. 『표준국어대사전』에 올려놓고 "세상이 조용하거나 편안하지 못하고 어수선함"이라고 설명한다.

'三文文士', '三文文學', '三文小說'은 '서푼'을 뜻하는 '三文'さんもん

에서 유래한 일본어인데 뜻밖에도 『표준국어대사전』에 올라 있다. 우리말인 줄 잘못 아는 사람들이 있다면, '三文'만 내놓고 일본어라고 밝힌 다음 우리말로는 '서푼'이라고 해야 한다. '초손'·'초자'는 우리말일 수 있을 것 같으나 'ういまご', 'はっご'라고 훈독하는 일본어인데 『표준국어대사전』에 수록했다. 잘못 쓰이는 것을 알리려는 의도에서 수록했다면, 둘 다 일본어임을 밝히고 우리말로는 '長孫', '長子'라고 해야 할 것이다. 이러한 사례는 사전의 '베껴 쓰기', '오려 쓰기'의 전형적인 잘못된 관행의 사례이다. 일제 문화에 대한 철저한 반성을 거치지 않은 한심한 현실의 모습이다.

02 | 『표준국어대사전』 이름 문제

국어사전은 우리말의 낱말의 뜻을 모를 때 누구나 찾아서 그 뜻과 쓰임새뿐만 아니라 규범에 따른 표기나 발음을 정확하게 확인할 수 있어야 한다. 그뿐만 아니라 여러 가지 문법적인 정보나 문장 호응 관계의 제약과 같은 고급정보와 어원의 풀이 등의 정보를 제공해주어야 한다.

사람들이 사용하는 규범적인 언어가 그 올림말의 대상이 될 뿐만 아니라 규범이 정해 놓은 다양한 낱말이 사전에 등재되어 있어야 한다. 곧 사전은 그 나라의 언어 규범과 땔 수 없는 긴밀한 관계를 맺고 있다. 일제 치하에서 벗어나기 위한 민족운동으로서 국어운동을 펼치던 선각자들이 한편으로는 『큰사전』편찬 사업을 추진하면서 한편으로는 국어연구의 터전을 마련해 주었다. 그러나 우리말 규범과 우리말 사전은 처음부터 별개로 추진되어 왔기 때문에 지금도 규범과 사전은 상당한 거리가 있다고 할 수 있다.

국어 민간단체나 전문 사전출판사가 이끌어 오던 사전 사업을 정부기관인 국립국어원에서 1999년에 『표준국어대사전』을 간행하였다. 그런데 2003년 국정감사에서 1,200여 곳에서 오류가 발견되어 그 내용의 정정 사항을 정오표에 반영하였지만 여전히 사전체계의 균형이라는 측면에서 많은 오류를 안고 있다.

사전은 마치 물을 정화하듯이 새로 만들어서 사용하는 말을 모아서 신어사전으로 만들어 이를 규정에 맞도록 다듬어 사전에 실어 담아 사용하다가 시간이 지나 사용하지 않는 말은 배출하여 고어사전으로 넘겨주어야 한다. 사전관리의 기본 원리가 위에서 말한 바와 같이 이처럼 간단한 것만은 아니다. 새로운 신어를 빠짐없이 수집하고 이를 규정에 맞도록 잘 다듬어 사전에 올리는 작업은 결코 간단하지 않다.

무엇보다 사전은 지금까지 나온 책을 읽거나 대화를 나누다가 모르는 말을 제대로 찾아볼 수 있도록 만들어야 한다. 사전이 미비한 탓에 과거와 현재가 단절되고, 문화의 전승과 발전이 중단되어서는 안 된다.

『표준국어대사전』은 아마 우리 규범에 맞는 말을 올림말로 올려 그 뜻풀이를 한 "표준국어사전"이라는 의미로 해석하는 것이 국립국어연구원에서 사전을 기획한 의도와 일치하리라 본다. 사전편찬학 측면에서 제기할 수 있는 문제점이나 부분적인 오류의 문제는 논외로 하더라도 근본적인 여러 가지 문제를 안고 있다. 앞에서 말한 바와 같이 표준국어사전이라면 규범이 정하는 표준국어의 범주와 일치해야 할 필요가 있다.

한국 어문 규정은 〈한글맞춤법〉, 〈표준어규정〉, 〈외래어표기법〉,

〈국어의 로마자 표기법〉으로 구성되어 있다. 이 네 가지 규정에 담긴 내용을 토대로 하여 "표준어"의 범주와 『표준국어대사전』에서 담고 있는 "표준어"의 범주가 일치하지 않는다는 점을 강조하지 않을 수 없다.

〈한글맞춤법〉에서 규정하는 한국어의 대상은 "표준어"로 규정하고 있다.

> 제1장 총칙
>
> 제1항 한글맞춤법은 표준어를 소리대로 적되, 어법에 맞도록 함을 원칙으로 한다.
>
> 제3항 외래어는 '〈외래어 표기법〉'에 따라 적는다.

표준어의 사정원칙을 규정한 〈표준어 규정〉의 제1장 총칙의 의하면 '신어, 다듬은 말(순화어), 전문어, 표준어로 규정되지 않은 방언, 개인어' 등은 비표준어로 처리될 수밖에 없다.

> 〈표준어 규정〉
>
> 제1부 표준어 사정 원칙
>
> 제1장 총칙
>
> 제1항 표준어는 교양 있는 사람들이 두루 쓰는 현대 서울말로 정함을 원칙으로 한다.
>
> 제2항 외래어는 따로 사정한다.

뿐만 아니라 〈한글맞춤법〉 제1장 총칙 제3항에 규정하고 있는 외래어 또한 〈표준어 규정〉 제2항에 따라 외래어는 따로 사정한다고 명시되어 있지만 어디에서도 '외래어 사정' 원칙을 찾아 볼 수 없다.

결론적으로 『표준국어대사전』에서는 규범을 전혀 지키지 못하는 뒤죽박죽 올림말을 올려놓은 꼴이다. 신어, 다듬은 말(순화어), 전문어, 표준어로 규정되지 않은 방언, 개인어' 등은 표준어가 아님에도 사전 편찬자의 임의적인 판단으로 올림말로 선택되었으며, 외래어 또한 마찬가지의 방식으로 사전 편찬자 임의로 〈국어심의회〉에 상정하여 거수의 방식으로 통과시킨 꼴이다. 역으로 규범을 담아낸 『표준국어대사전』이 정당하다면 〈한국 어문 규범〉을 전면 수정해야 한다는 논리에 이르게 된다. 그렇지 않다면 표준국어대사전이라는 이름은 잘못 된 것이리라.

규범상의 '표준 국어'라는 범위와 『표준국어대사전』이 규정하고 있는 대상의 범위가 다르다. 한국 어문 규정대로라면 "신어, 다듬은 말(순화어), 전문어, 표준어로 규정되지 않은 방언, 개인어"는 『표준국어대사전』에서 다루어서는 안 될 것이다. 그뿐만 아니라 외래어 또한 사정 원칙이 뚜렷하지 않은데도 불구하고 대량으로 유입되어 있다.

사전이 어떤 종류인가에 따라 그 사전이 담아내는 내용을 차이가 있을 수 있다. 우리나라의 경우 종합국어사전이 단 한 번도 편찬된 적이 없기 때문에 그러한 주장도 가능하지만 교육용으로서 규범사전은 필요하다고 판단된다. 문제는 규범사전을 지향하면서도 규범을 제대로 담아내지 못한 점이 문제가 될 수 있다. 다시 말하자면 규범사전으로서 시작된 『표준국어대사전』이 규범사전의 격식도 갖추지 못했으면서 마치 종합국어사전의 방식으로 만들어짐으로써 그 정체성을 잃어버렸다고 해도 과언이 아니다.

인문 지식·정보의 미래

04
『표준국어대사전』의 체계적 미완성

01 | 『표준국어대사전』무엇이 문제인가?

1) 『표준국어대사전』에서 마구잡이로 방언형을 등재함

『표준국어대사전』은 사전의 이름이 말해주듯이 한국어의 규범 사전이라고 할 수 있다. 따라서 정부가 제정 공포한 규범을 철저하게 반영하여 준수할 당연한 책무가 있다고 할 수 있다. 그러나 아래와 같이 규범의 책무를 어김으로써 국가 어문규범을 반영하는 사전으로서의 정체성 문제가 논란의 씨앗이 될 수 있다. 최근 교육인적자원부와 초중등학교 교과서 및 편수자료를 일괄하여 이 사전의 표기체계에 따라 검수하도록 업무협정이 체결되었기 때문에 이 사전의 규범성의 문제를 재검토하지 않을 수 없는 실정이다.

먼저 이 사전이 규범사전이라고 할 때, 〈한글 맞춤법〉과 〈표준어 규정〉, 〈외래어 표기법〉, 〈국어의 로마자 표기법〉을 충실하게 반영할 의무가 있는데, 특히 올림말의 선정 원칙과 관련하여 표준어 규정에서 명시한 제1부 표준어사정원칙 제3장 어휘 선택의 변화에 따른 표준어 규정에서 '제3절 방언'의 규정에 의하면 제23항과 제24항에서 규정한 범위에서 벗어나는 방언형을 올림말로 취할 수 있도록 명시한 규정은 어디에서도 찾아 볼 수 없다.

제23항에서는 "방언이던 단어가 표준어보다 더 널리 쓰이게 된 것은, 그것을 표준어로 삼는다. 이 경우, 원래의 표준어는 그대로 표준어로 남겨 두는 것은 원칙으로 한다."와 제24항에서는 "방언이던 단어가 널리 쓰이게 됨에 따라 표준어이던 단어가 안 쓰이게 된 것은, 방언이던 단어를 표준어로 삼는다."라는 두 규정을 검토해 볼 필요가 있다. 방언인 단어와 표준어와 사용빈도의 우열에 따라 방언이 표준어보다 더 많이 사용될 경우 방언형을 표준어형과 함께 복수 표준어로 인정하거나 또는 방언형이 표준어형을 밀어낸 경우 방언형을 표준어로 인정한다는 말이다. 다시 말하자면 표준어와 대응되지 않는 방언형에 대한 규정은 없음에도 이 사전에서는 방언형을 대폭 수용하고 있어 규범사전으로서의 본질을 이탈하고 있다.

제4절과 제5절에서 단수표준어와 복수표준어의 규정 또한 많은 문제를 안고 있다. 제25항에서 "의미가 똑같은 형태가 몇 가지 있을 경우, 그 중 어느 하나가 압도적으로 널리 쓰이면, 그 단어만을 표준어로 삼는다."라는 규정에서 "의미가 똑같은 형태"의 대상이 표준어만을 뜻하는지 방언을 포함하는지 불분명하다.

여기서 "압도적으로 널리 쓰인다."는 규정도 매우 불분명한 개념이다. 언어지도 제작기Map Maker를 활용하여 〈지도 1〉에서 '부추'의

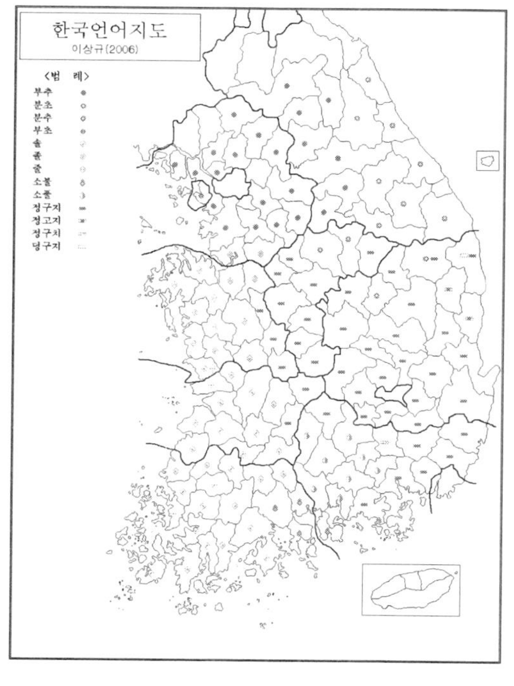

〈지도 1〉 한국언어지도

방언 분화형의 실현 빈도수를 보면 제25항의 규정과 차이를 보여준다는 사실을 알 수 있다. 곧 '부추' 계열의 어휘는 35이고 '솔/소풀/졸' 계열은 59이며, '정구지' 계열은 44이다. 뿐만 아니라 이들 분화형의 지역적 분포는 〈지도1〉과 같다.

복수 표준어를 규정한 제26항 "한 가지 의미를 나타내는 형태 및 몇 가지가 널리 쓰이며 표준어 규정에 맞으면, 그 모두를 표준어로 삼는다."에서 역시 '한 가지 의미를 나타내는 형태'의 대상이 표준어만을 뜻하는지 방언을 포함하는지 불분명하다. 제26항 규정에 따른다면 '널리 쓰이며'의 한계가 불분명하다. 앞에서 든 '부추'의 경우 복수 표준어를 규정하는 제26항에 따른다면 적어도 '부추', '정구지', '졸/솔'형은 복수표준어로 인정될 만하다.

'부추'의 방언 분화형 가운데 『표준국어대사전』 올림말로 등재된 낱말은 7개이다. '부추'를 제외한 6개의 낱말은 모두 방언형으로 처리하여 복수표준어로 인정하지 않았다.

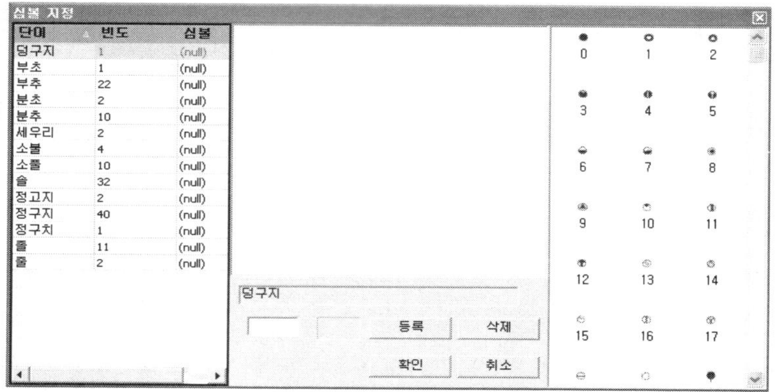

〈그림 4〉 '부추' 방언분화형의 빈도

부추[부 : -]명 《식》 백합과의 여러해살이풀. 봄에 땅속의 작은 비늘줄기로부터 길이 30cm 정도 되는 선 모양의 두툼한 잎이 무더기로 모여난다. 8~9월에 긴 꽃줄기가 나와 산형繖形 꽃차례로 흰색의 작은 꽃이 핀다. 열매는 삭과蒴果를 맺으며 익으면 저절로 터져서 까만 씨가 나온다. 비늘줄기는 건위˙화상 따위에 쓰고, 잎은 식용한다. 중국과 인도가 원산지로 한국, 일본 등지에 분포한다. ≒구채01(韭菜)˙난총01(蘭葱).(Allium tuberosum) [<부초<부치<구방>]

분추01명 《방》 '부추'의 방언(강원, 경북, 충북).

정구지명 《방》 '부추'의 방언(경상, 전북, 충청).

졸02명① 《방》 '부추'의 방언(충청). ②『옛』'부추'의 옛말. ¶韭 졸≪물보 상:3≫/山韭 與家韭相類 但根白葉如燈心苗 山韭生深山中 驗其葉 一如家韭 不似燈心也 說者多以 졸 當韭 今驗 졸之結子 無仁不堪入藥 始知韭之決是 부치 而 졸 則恐是山韭也 孝文韭 諸葛韭 藿 仝≪물명 3:6≫. §

솔06명 《방》 '부추'의 방언(경상, 전남).

소풀명 《방》 《식》 '부추'의 방언(경상).

세우리명 《방》 '부추'의 방언(제주).

앞에서도 논의한 바와 같이 규범사전에서 표준어 이외의 방언형의 올림말을 싣는 일관성을 찾아 보기 힘들다. 또한 뜻풀이 정보 처리 방식에서도 '부추'항에 《식》이라는 약물이 '소풀' 항에 다시 표시된 이유가 분명하지 않다.

2) 규범집과 『표준국어대사전』과의 띄어쓰기와 사잇소리 문제

규범집인 『한글맞춤법, 표준어 규정(1988년, 문교고시)』에서 구문으로 처리한 예들이나 단어로 처리한 것을 별도의 심의 절차도 거치지 않고 단어로 또는 구문으로 처리하여 규범집과 『표준국어대사전』이 일치되지 않는 예들이 많이 있다.

국회 의원→국회의원 그 곳→그곳, 그 동안→그동안, 그 때→그때, 그 중→그중, 우리 나라→우리나라, 끝음절→끝 음절, 첫음절→첫 음절, 소리나다→소리 나다

위의 예에서 일부는 『한글맞춤법, 표준어 규정』에서 구문으로 처리되던 것을 임의로 단어로 처리한다든지, 단어인 것을 임의로 구문으로 처리하여 띄어쓰기의 일관성을 규범과 사전이 각각의 모습을 보임으로써 혼란을 야기하기도 한다.

구문이나 합성어의 경우 띄어쓰기의 기준이 모호하여 규범의 띄어쓰기 항에 적용하기 힘들어 일일이 외우든지 표기할 때마다 『표준국어대사전』를 찾아야 한다. '국립공원', '근린공원', '묘지공원',

'자연공원', '체육공원', '해상공원', '해중공원'은 합성어로 처리하여 붙여쓰지만 '도립^공원', '시립^공원', '군립^공원'은 구문으로 혹은 합성어로 처리할 수 있게 되어 있다.

가) 강변도로, 포장도로, 비포장도로, 고속도로

나) 고가^도로, 간선^도로, 순환^도로, 산업^도록, 군용^도로, 도시^고속화^도로

가)는 합성어로 인정하고 나)는 구문으로 처리하는 이유가 무엇인가? 띄어쓰기의 일관성의 잣대를 찾을 길이 없다. '비상시', '유사시', '평상시', '필요시'는 붙여쓰고 '긴급 시', '위급 시', '위기 시', '불필요 시'는 띄어 쓰는 기준과 잣대로 또한 무엇인가.

'-과, -계, -별, -산, -상, -식, -용, -적, -체, -풍, -화, -형'은 붙여쓰기를 해야 하지만 '환상^열석, 약용^식물, 대형^화면' 등은 예외로 인정하고 있어 초중고교 교과서에서 띄어쓰기가 큰 문젯거리다.

동양 고전의 책 이름은 붙여 씀을 원칙으로 한다고 해놓고는 『조선경국대전(1394)』, 『조선문전(1895)』은 붙여 쓰고 『조선 서지(1901)』, 『조선어 문법(1911)』, 『조선 상고사(1948)』은 띄어 쓰고 있다.

특히 아래의 예는 전문용어인 경우 사잇소리의 기준에 따라 관행으로 사용되던 것이다.

'극대값→극댓값, 극소값→극솟값, 근사값→근삿값, 기댓값→기댓값, 꼭지점→꼭짓점, 대푯값→대푯값, 절대값→절댓값, 진리값→진릿값, 최대값→최댓값, 최소값→최솟값, 함숫값→함숫값'

이처럼 규정이 변경되어 50여 년 동안 관행으로 사용되던 표기법을 바꾸지 않을 수 없게 되었다. 특히 '최대값, 최소값'의 경우 광복 후 오랫동안 수학교과서에서 면면히 이어져 온 표기법이다. 이와는 반대로 『표준국어대사전』에서는 '반대말, 머리말, 인사말, 해님'은 차라리 사잇소리가 들어간 발음인데도 사잇소리가 없는 표기를 인정하고 있다.

3) 『한국 어문 규정집』에 있는 올림말도 『표준국어대사전』에서 찾아볼 수 없음

한국 어문 규정에서 명시하고 있는 접미사가 상당 부분 『표준국어대사전』의 올림말로 등재되어 있지 않다. 『표준국어대사전』이 규범사전이라면 『한국 어문 규정집』에서 인용하고 있는 각종 어휘나 접미사가 당연히 올림말이 되어야 함에도 불구하고 등재되지 않은 예가 많이 있다.

> 까마귀(감-+-아귀), 마감(막-+-암), 비렁뱅이(빌-+-엉-+-뱅이), 쓰레기(쓸-+-에기), 도로(돌-+-ㅇ), 바투(밭-+-우), 자주(잦-+-우), 차마(참-+-아), 넋두리(넋-+-두리), 옆댕이(녑-+-댕이), 잎사귀(잎-+-사귀), 늙정이(늙-+-정이), 덮개(둪-+-개)

위의 예들은 모두 『한국 어문 규정집』 28~30쪽에 실린 예들이다. 이들 가운데 '-아귀,' '-암', '-엉-', '-에기', '-ㅇ', '-우', '-아', '-두리', '-댕이', '-사귀', '-정이', '-개'와 같은 접사들은 이미 어간으로 굳어진 접사들이지만 조어형을 설명하는 예문에 활용된 것이라면 당연히 『표준국어대사전』의 올림말로 등재되어야 옳다.

4) 신어, 다듬은 말(순화어), 전문어, 표준어로 규정되지 않은 방언, 개인어

『한국 어문 규정집』에 따르는 규범사전이라면 '신어, 다듬은 말(순화어), 전문어, 표준어로 규정되지 않은 방언, 개인어'는 『표준국어대사전』의 올림말로 등재되지 않아야 한다. 만일 이들을 올림말로 등재하려면 『표준국어대사전』의 이름을 바꾸든가 『한국 어문 규정집』의 규범을 바꾸든가 선택해야 한다.[6]

> 바케쓰(←&일bakesu) 명 '들통', '양동이'로 순화. {<bucket}
>
> 바켄(&독Backen) 명스키를 신을 때에, 구두를 고정시키기 위한 쇠고리.
>
> 가격^인덱세이션(價格indexation) 《경》 ①=물가 연동제(物價連動制). ②산유국에서 원유 가격을 선진국의 인플레이션 상승률에 맞추어 인상하는 일.
>
> 스릴(thrill) 명 공연물이나 소설 따위에서, 간담을 서늘하게 하거나 마음을 졸이게 하는 느낌. '긴장감', '전율'로 순화. ¶스릴이 넘치는 추리 소설/스릴이 있다./스릴 만점의 경기였다./날이 갈수록 에로틱한 말단적 자극을 요구하며 아슬아슬한 모험의 스릴을 즐기려 한다. ≪박종홍, 새날의 지성≫§
>
> 덕^핀스(duck pins) 《운》 주로 소년들이 하는 구기로, 15.24미터 앞에 세워진 핀을 나무 공을 굴려 쓰러뜨리는 경기. 한 게임에 두 프레

6 「일러두기」(1)에서 "일반어뿐만 아니라 전문어, 고유 명사"도 수록한다고 했다.

임을 실시하며 한 프레임에 3개의 공을 굴린다.

'바케스, 바켄, 가격인덱세이션, 스릴, 덕핀스'와 같은 외래어들은 한때 신어로 사용되다가 사용빈도가 높은 말을 국어사전에 실어야 하지만 현행『한국 어문 규정집』에 의하면 외래어는 따로 사정한다고 규정되어 있으나 어떤 세부적인 사정 원칙이나 규정이 없다. 다만 사전 편찬자의 임의로 또는 기존 사전에서 퍼 와서 싣는 것이 관행으로 되었다. 엄격하게는 이 신어들의 사용실태를 엄격하게 조사하여 우리말로 정착된 것만 선정하여 사전 올림말로 올려야 할 것이다.

> 들-통02(-桶)명 큰 들손이 달린 그릇. 쇠붙이나 법랑으로 만들며 밑바닥이 둥그스름하고 조금 우뚝하다. ¶술국이나 설렁탕을 사러 다니는 들통을 들고 나는 것을 보면….≪염상섭, 후더침≫§
> 양-동이(洋--)명 한 손으로 들 수 있도록 손잡이를 단 들통. 함석, 구리, 주석, 알루미늄 따위로 만든다. ¶양동이에 가득 물을 담다/큰 양동이에는 막걸리가 한가득 담겨져 있었다./어머니는 한 양동이의 물을 길어다 독에 들이부었다. §

'바케스'를 외국어로 규정하여 '들통'이나 '양동이'로 순화한다고 규정해 놓고도 버젓이 올림말로 등재해 두었는가 하면 '바켄(&독Backen)', '가격인덱세이션(價格indexation)', '스릴(thrill)', '덕핀스(duck pins)'와 같은 외국어를 올림말로 실어두었다. 이런 외국어가 과연 외래어 수준으로 사용되는지 실태조사를 한 연후에 외래어 심의 절차를 거쳐 사전에 싣는 것이 적법한 것이 아닐까?

다음은 '두루마기'의 방언형이 어떤 기준도 없이 '두루매기', '후루막' 등의 방언형이 올림말로 올라와 있다.

> 두루마기명 우리나라 고유의 웃옷. 주로 외출할 때 입는다. 옷자락이 무릎까지 내려오며, 소매˙무˙섶˙깃 따위로 이루어져 있다. ≒주의04(周衣)˙주차의. ¶어른께 큰절을 올릴 때 두루마기를 벗는 것은 예에 어긋난다./김사용은 대견해하는 따스한 눈길을 염상진에게 보내며 두루마기의 긴 고름을 유연한 손놀림으로 매고 있었다. ≪조정래, 태백산맥≫§
>
> 두루매기명 '두루마기'의 잘못.
>
> 두루막명 '두루마기'의 잘못.
>
> 후루막명 《방》 '두루마기'의 방언(경기).
>
> 후루매기명 《방》 '두루마기'의 방언(강원, 경기, 전남, 충청).

특히 '두루매기', '두루막'은 뜻풀이를 '두루마기'의 잘못이라고 하고 '후루막', '후루매기'는 '두루마기'의 방언으로 처리하는 잘못을 저질렀다. 최남선(1963:120)은 『조선상식 풍속편』(권4) 의복류 주의조에서 두루마기의 어원을 '두루 막았다'로 풀이하고 옷 전체 휘돌아서 다 막힌 것을 나타낸다고 하고 있다. 두루마기의 방언 분화형은 '두루막'형과 '후루막' 양 계열로 '두루마기, 두루매기, 후루마기, 후루매기, 후리매' 등의 분화형이 있다. 그런데 '두루마기'의 명칭에 대해 김동욱(1973)은 몽고어의 'Xurumakči'와 대응된다고 보고 천시권(1976:1)은 몽고어의 'Xurumakči' 또는 만주어 'k^{h}urumə'와의 혼태blending에 의한 차용어로 인정하고 있다.[7] '두루막'계의 방언

7 천시권(1900), '두루마기고', 국어교육연구 8, 경북대.

분화형은 '두루마기, 두루매기, 두루막, 둘막, 둘매기'가 있으며 '두루막기'형은 강원도 대부분의 지역과 충북 중원, 단양지역과 충남 공주지역 경남 대부분의 지역에 분포되어 있으며, '두루막'형은 강원도 양양, 정선, 삼척 지역과 경북 전역과 경남 일부지역에서 '두루매기'형은 경기도 대부분 지역 경기도와 인접한 강원도 지역 전남북 전역에 고루고루 분포되어 있다.

'후루막' 계열의 분포지역은 다음과 같다. '후루막'형은 경기도 연천지역에 '후루매'형은 경기도 양주지역에 분포되어 있다. '후루매기'형은 경기도 연천, 부천, 이천, 강원도 원성, 충북 진천, 청원, 괴산, 충남, 서산, 당진, 아산, 천원, 예산, 청양, 부여, 서천, 논산, 전북 정읍, 정읍, 고창, 전남, 영광지역이다. 알타이어계에서 어두의 k/h대응 관계에 대해 河野六郎(144145)도 12개의 어휘를 제시하고 있는데 이 두루마기를 나타내는 '후루매'형은 만주어의 '쿠루머'(『동문유해』 상 55, 『한청문감』(권11:4))와 같은 계통의 언어로서 어두자음 'k/h'의 교체형인 차용어이다. '두루마기' 계열은 이 'Xuru'와 'k/t'교체의 의한 '두루'가 의미상 유추되어 '두루 막았다'라는 뜻의 '두루+막(塞)+이(접사)'라는 조어형을 만들어낸 것이다. 곧 차용형인 '후루매'에 의해 의미 연상을 한 새로운 꼴의 어휘가 만들어진 것이다. 어원적 차이에 의한 방언분화형을 어떤 것은 '-의 잘못'으로 어떤 것은 '-의 방언'으로 뜻풀이를 한 근거가 무엇인가?

02 | 지명 표기의 오류, 동북 3성의 지명

〈그림 5〉 연변지역 도로 안내 표지

『표준국어대사전』이 『한국 어문 규정집』의 규정을 지키는 사전이라면 외국 인명이나 지명을 뚜렷한 기준도 없이 싣는 것은 앞에서 지적한 바와 같이 "표준국어" 사전으로서 월권을 하는 셈이다. 특히 동북삼성의 지명은 현지 원음주의를 원칙으로 하고 역사적으로 변한 지명은 우리식 한자음으로 표기하도록 규정하고 있다. 아마 두만강과 압록강 물줄기를 따라 여행을 해본 사람이라면 현지에도 우리식 한자음을 상당에 그리고 한자표기를 하단에 표기하고 있다는 사실을 다 알고 있다. 우리 동포들이 밀집해 있는 중국 지역에서도 현지 원음이 아닌 우리식 한자음 표기를 하고 있는데 왜 우리나라에서는 원음표기를 고집하고 있는지 이해할 수 없는 일이다. '발해만渤海灣'을 "발해만渤海灣명 《지2》 '보하이 만'의 잘못"으로 뜻풀이를 하고 있으며, '요동반도'도 "요동-반도(遼東半島)명 《지2》 '랴오둥 반도'의 잘못."으로 뜻풀이를 하고 있다. 우리의 고대사를 전면 부인하는 이러한 지명 표기 방식을 그대로 사전에 싣고 있다니 참으로 한심스러운 일이 아닌가?

여순02(旅順) 명 《지2》 '뤼순'의 잘못.

위해03(威海) 명 《지2》 '웨이하이'의 잘못.

대련02(大連) 명 《지2》 '다롄'의 잘못.

도문05 圖們 명 《지2》 '투먼'의 잘못.

간도03(間島) [간 : -] 명 《지2》 ①'젠다오'를 우리 한자음으로 읽은 이름. ②=북간도02(北間島).

상해01(上海) 명 《지2》 '상하이'를 우리 한자음으로 읽은 이름.

백두-산01(白頭山) 명 《지2》 함경도와 만주 사이에 있는 산. 창바이 산맥(長白山脈) 동쪽에 솟은 우리나라 제일의 산이다. 최고봉인 병사봉에 있는 칼데라 호인 천지(天池)에서 압록강, 두만강, 쑹화 강(松花江)이 시작한다. 높이는 2,744미터. ≒백두02(白頭)˙북악 〔2〕˙불함산(不咸山)˙장백산(長白山).

장백-산(長白山) [--싼] 명 《지2》 =백두산01(白頭山).

발해만渤海灣 명 《지2》 '보하이 만'의 잘못.

'여순, 위해, 대련, 도문'은 '-의 잘못'이라는 식으로 뜻풀이를 하였으며 '간도, 상해'는 '-를 우리 한자음으로 읽은 이름'이라는 뜻풀이를 하고 있다. 전자는 현지 지명을 원음으로 후자는 우리 한자음을 병용하는 것을 허락하고 있는데 그 기준도 모호할 뿐만 아니라 현지의 조선동포들은 아직 우리 한자음으로 읽고 있는데 왜 남한에서는 우리 한자음을 부정하고 현지 원음을 강요하는지 알 길이 없다. 특히 '여순02(旅順)'은 '뤼순의 잘못'이라는 식으로 뜻풀이를 하고 있는 점은 도저히 용납될 일이 아니다. 특히 우리 민족의 영산인 장백산을 백두산과 동의어로 처리하면서 백두산의 뜻풀이에는 '창바이'라 표기하고 있다. 뿐만 아니라 '발해만'을 '보하이만'의 잘못으로 뜻풀이를 함으로써 우리 스스로 고대역사를 부인하는 엄청난 잘못을 저지르고 있다.

제주도에서는 산이나 높은 언덕을 오름이라고 하는데 '거미오름, 검은오름, 금오름, 다랑쉬오름, 따라비오름, 성널오름, 아부오름' 등 재미있고 아름다운 이름이 많이 있다. 그런데 외국의 이름 모를 나라의 인명이나 지명을 수두룩한데 우리나라의 남쪽 외딴섬, 제주도의 산 이름은 왜 하나도 실리지 않았는지? 『표준국어대사전』을 만든 사람들은 외국 사람들이었던 모양이다.

결국 『표준국어대사전』이라는 이름이 잘못되었거나 산전 편찬을 위한 일관된 기준이나 원칙의 부재상황에서 사전 사업이 추진된 결과이다. 문제가 이정도 제기되었다면 『한국 어문 규정집』의 규범과 『표준국어대사전』의 관계를 더욱 긴밀하게 연결하여 "표준국어 대사전"으로 발전 시키기 위해서 어떤 후속적인 보완이 필요한가라는 문제는 더욱 분명해졌다. 한가지 규범사전으로서가 아니라 최소한 한 국가의 말글살이를 종합화하기 위해서는 언어 창고로서의 종합국어대사전 편찬 사업이 절실하다는 점을 강조해 둔다.

03 | 『표준국어대사전』에는 실리지 않은 말이 너무 많다

우리민족은 이른 봄이면 1년 동안 먹을 장을 담그고 또 가을이 오면 삼동 동안 먹을 김장을 담그는 일이 가정 일상사에서 매우 큰 비중을 차지하였다. 이러한 전통은 우리민족의 식생활 문화가 다른 민족에 비해 매우 독특한 방식으로 발전하게 해주었다. 냉장고가 없던 시대에도 음식물을 오래 갈무리하는 비법을 터득해 온 것이 그 일례이다. 특히 김치와 같이 삭혀서 먹는 음식을 만드는 기술은 세계에서 가장 앞선 것으로 선조들의 뛰어난 삶의 지혜가 배어 있는 것이다.

1년 동안 내내 장맛이 변하지 않도록 볕이 나면 장독을 열어 두고 또 이슬비라도 내리면 얼른 장독을 닫으며 관리해온 이러한 문화적 전통은 은근하게 1년을 기다리는 끈기와 저력을 길러준 것이리라. 그런데 최근에 이러한 준비성 있었던 지난 삶의 방식이 급격하게 사라져가고 있다. 내일이 없는 도시생활로 내몰려 사는 산업자본주의적 삶의 환경 탓인지는 모르지만 내일 어떻게 되든 나몰라라 하는 삶의 방식에 언제부터인가 익숙해지는 듯하다.

그 하나의 예로 우리들의 일상언어의 곳간이 텅 비어 있다. 어느 날부턴가 기초가 부실하고 조급한 개발 독재 문화의 성과에 길들여진 나머지 우리 고유문화와 전통이 허물어져 가고 있다. 불과 3년만에 급조하여 만든 『표준국어대사전』에 실리지 않은 우리말이 너무나 많다. 소설을 읽다가 또는 시를 읽다가 모르는 어휘가 있으면 으레 국어사전을 펼쳐들지만 사전에 실리지 않은 말이 너무나 많다. 민족시인 이상화의 「비를 다오」라는 시를 보면 “반갑지도 않은 바람만 냅다 불어/가엾게도 우리 보리가 황달증이 든 듯이 노랗다/풀을 뽑느니 이장에 손을 대보느니 하는 것도/이제는 헛일을 하는가 싶어 맥이 풀려만 진다!”라는 대목에서 ‘황달증’이라는 어휘는 ‘황달증세’라는 얼굴이 노랗게 변하는 간질병의 하나이다. 그러나 지금까지 출판된 모든 ‘이상화 시집’에서는 이것을 ‘달증’으로 교열하고 있다. 또 ‘이장’이라는 어휘는 ‘농기구農器具’를 뜻하는 대구방언이다. 그런데 얼마전 ‘미래사’에서 출판한 ‘이상화 시집’에서는 ‘이랑’으로 교열해 두었다. 참으로 어처구니없는 일이 아닐 수 없다.

대표적인 민족 시인의 시가 이 모양으로 내버려져 있다. 청마 유치환의 '항가새꽃'이라는 작품에서 '항가새꽃'이 무슨 의미인지 아무리 국어사전을 찾아보아도 알 수 없다. 최근 허만하(2001)의 『靑馬풍경』에서 '항것괴'(『사성통해』, 상 23), '항것귀'(『훈몽자회』 상 8)의 '항것'은 '황가새'의 경남지역의 방언형이라는 사실을 밝혔다.

사전은 현재와 과거를 잇는 징검다리 역할을 하는 동시에 인문학적 지식과 정보를 제공하는 기능을 해야 함에도 문헌이나 개별 논문에 실린 어휘가 사전에 즉각 반영되지 않고 있다. 『삼국유사』 중 「二惠同塵」에서 "惠空... 負簣歌舞於市巷 號負簣和尙 所居寺因名夫蓋寺 乃簣之鄕言也"라고 했다. 혜공이라는 승려의 파격적인 거동을 전한 말이다. '簣'는 삼태기를 뜻하는 한자이다. '부개'는 '삼태기'를 뜻하는 우리말이라고 본문에 설명되어 있고, 지금도 쓴다. 국어원의 『표준국어대사전』에는 이 말이 없다. 『악학궤범』의 「정과정곡」에서 "니미 나를 ᄒᆞ마 니ᄌᆞ시니잇가"의 'ᄒᆞ마'는 후대의 문헌에 계속 나온다. 홍대용의 『을병연행록』(소재영 외 주해, 『을병연행록』, 서울: 태학사, 1997)을 보면 "대인들이 ᄂᆡ당의 ᄒᆞᆷ아 나와시리라 ᄒᆞ거늘"이라는 말이 있다. '하마'는 '벌써'의 뜻으로 쓰이는 말이다. 『표준국어대사전』에서는 "하마2: '벌써'의 방언(강원, 경상, 충북)"이라고만 하고, 이런 용례를 들지 않았다. 『시용향악보』의 〈상저가〉의 한 대목이 "게우즌 바비나 지ᅀᅥ"이다. '게궂다'는 『표준국어대사전』에서 "궂다2: 언짢고 나쁘다"의 "방언(경상)"이라고 했다. "창피스러워 싫다"는 뜻으로 널리 쓰이는 말을 부적절하게 풀이했다. 『을병연행록』에 "오ᄂᆞᆯ 뭇거지는 궁ᄌᆞ를 위ᄒᆞᆷ이라", "이런 뭇거디를 당ᄒᆞ야 한 귀를 나오디 못ᄒᆞ니 극히 붓그려 ᄒᆞ노라"라는 말이 있다.(272·522면) 이상화의 시 「나의 침실로」에 "마돈나 지금은 밤도 모든 목거지에 다니노라"라는 말이 있다. '뭇거지', '못거디', '목거지'는 같은 말이다. "사람들이 모여 잔치하고 노는 행사"라는 뜻으로 지금도 쓰이는 말이다. 『표준국어대사전』에 수록한 말이지만, 이런 좋은 용례를 하나도 들지 않았다.

사전은 일반 사람들이 모르는 말을 찾아보고 문화를 깊이 이해하는데 필요하다. 사전은 국내외의 독자가 여러 사전 이것저것 뒤지다가 뜻을 이루지 못하고 지치도록 해서는 안 된다. 사전이 미비한 탓에 과거와 현재가 단절되고, 문화의 전승과 발전이 중단되는 일이 없도록 해야 한다.

실재 『표준국어대사전』을 들여다 보면 「일러두기」(1)에서 "일반어뿐만 아니라 전문어, 고유 명사"도 수록한다는 매우 무책임한 단서를 달아두고는 아무짝에도 사용되지 않는 외국어나 전문어, 또는 고유명사가 너무나 많다. 사용빈도가 아주 적은 이런 올림말은 별도의 사전으로 처리해야 함에도 불구하고 '일반어'와 함께 뒤범벅이 되어 있다.

사전에서는 '일반어'를 효율적으로 찾아 볼 수 있도록 배려하는 것이 우선 과제이다. 일반어를 찾아 수록하는 데 힘쓰지 않고 '-의 잘못'이라는 식의 뜻풀이를 단 방언 올림말이나 전문어나 또는 고유명사로 항목을 늘이고 분량만을 키웠다. 일반어를 어떻게 많이 싣는가라는 본질적인 문제는 뒤로 밀어두고 국어사전을 백과사전처럼 만드는 잘못을 그대로 이어 겉치레만 요란하게 했다.

또한 사전이 어떻든 말뜻만 풀이하면 안 된다. 뜻이 생기고 변천해온 내력을 밝혀야 한다. 어느 어휘가 언제 처음 쓰이고 다음에 어느 문헌에서 뜻이 달라졌는지 설명해야 한다. 항목 하나하나가 어휘사여야 한다. 옥스퍼드 사전이 세계적인 권위를 갖는 이유가 철저하게 개별 어휘의 변천사를 반영하고 있기 때문이다.

표준어 범주에 들어가지 않은 말은 방언이니까 홀대해도 그만이라는 옹졸한 생각을 가지고 국어대사전을 만들 수는 없다. 국어대사전은 표준어 사전일 수 없다. 표준어인지 옛말인지 방언인지 가리지 말고, 고유어와 한자어를 차별하지 말고, 모든 국어를 포괄하는 사전이 국어대사전이다.

이처럼 『표준국어대사전』 인문학의 용어가 너무나 부족하다. 앞에서도 잠깐 언급했지만 한류 열풍이라고 하지만 실제로 한국학 관련 용어가 외국에 제대로 소개되지 않고 있다. 그 이유는 사전에 한국학 관련 올림말의 수가 적을 뿐만 아니라 이들을 다국적 언어로 번역되어 소개하지 않기 때문이다.

04 | 넘쳐나는 한자어

『표준국어대사전』의 올림말 가운데 약 70%가 한자어이다. 한자어는 한자 사용과 결부되어 심각한 논란의 대상이 되어왔다. 한글전용론자들은 한자는 버려야 하고 한자어는 순수한 우리말로 바꾸는 것이 바람직하다고 주장하고 있다. 최근에는 중국에서 약체자를 사용하고 있어 한자어를 고자에서 약체자로 바꾸어야 한다는 주장도 있다. 종래 간행된 이 사전 저 사전에서 올림말을 모은 결과, 없어야 할 한자어는 있고 있어야 할 한자어는 없다. 『표준국어대사전』에 이르기까지 모든 국어사전이 이런 잘못을 청산하지 못하고 있다.

한자 어휘의 오류를 그대로 싣고 있는 『표준국어대사전』은 전면 재수정을 해야 할 것이다. 단순한 한자의 오류도 여기저기에서 발견되며, 한자음의 오류 또한 적잖게 발견된다. 물론 이러한 예들은 수정 보완한다면 큰 문제가 되지 않는다.

> 횡단 구배横斷句配 /横斷勾配, 가종歌鐘=특종特鐘/ 가종歌鍾=특종特鍾, 우사雩詞/雩祀, 황종黃鐘, 응종應鐘/황종黃鍾, 응종應鍾, 만주 지안 현輯安縣/만주 지안 시集安市, 능주陵州/능주綾州

한자 어원에 대한 무지함 때문에 올림말의 뜻풀이가 잘못된 곳이 많다. 오랜 유래를 갖춘 전통적인 의미가 있어도 말하지 않고, 근대 이후 일본에서 다시 규정한 뜻만 적거나 서양말의 번역어로 여기기나 하는 것도 흔히 볼 수 있다. 오늘날 사용하는 말의 혼란상을 그대로 보여주기나 하고, 민족문화의 유산을 계승하는 임무를 망각하고 있다. 오랜 기간에 걸쳐 많은 노력해서 이룩한 사상 창조를 무효로 돌리는 횡포를 자행한다.

한자어에 대한 이해는 유래 구분에서 시작된다. (가) 중국 고전에서 유래해 동아시아 여러 나라에서 함께 사용해온 한자어, (나) 그 말의 의미와 용법이 한국에 와서 달라지거나 새로워진 한자어, (다) 한국 전통사회에서 만든 한자어, (라) 일본에서 만든 한자어, (마) 한국에서 근대 이후에 만든 한자어가 각기 다르다. (조동일, 연도 없음) 일률적으로 배격하거나 동일한 방법으로 수록하는 것은 잘못이다. 각기 어떻게 취급해야 할 것이지 고민하고 연구해야 한다.

(가)도 국어이다. 국어사전에 수록해야 찾아서 이용할 수 있다.

이런 말이라도 일본사전을 베낀 잘못을 청산하고, 우리가 다시 설명해야 한다. 중국 고전의 용례와 함께 우리 선인들이 사용한 용례를 찾아 넣어야 한다.

이런 한자어 '貫道', '瑣錄', '新意', '利祿', '天趣', '尖酸', '樞紐', '托傳', '和唱' 등이 『사전』에 누락되어 있다.

(나)의 좋은 예는 '소설'이다. 조동일(1991), 「중국 · 한국 · 일본 '소설'의 개념」, (『한국문학과 세계문학』, 지식산업사)에서 이 용어의 유래의 변천에 대해 자세하게 고찰했다. (1) 대단치 않은 수작, (2) 기록한 서사문학, (3) 거짓 일을 참된 듯이 말하는 창작 서사문학으로 요약되는 의미가, (1)은 이른 시기 중국에서, (2)는 조선전기쯤 한국에서, (3)은 조선후기 한국에서 생겼다. 같은 말이 서양말의 번역어로 쓰인 것은 그 다음의 일이다. 『사전』의 '소설3'에서는 이런 경과를 무시하고 (3)을 서양말의 번역어로 이해하고 설명했다.

순한문으로 쓴 글에서 사용한 보통명사에도 (나)라고 할 것이 있다. 중국 고전에서는 예사로 쓰던 단어에 특별한 의미를 부여한 용어로 만든 것들이다. 원효는 '和諍'의 철학을 이룩했다. 이이는 '잘 울린다'는 뜻의 '善鳴'을 '문학'을 의미하는 용어로 사용했다. 임성주는 '生意', 최한기는 '神氣'와 '運化'를 자기 철학의 기본용어로 사용했다. 『사전』에 '和諍' · '善鳴' · '運化'가 없다. '生意'와 '神氣'는 있으나 임성주와 최한기가 사용한 뜻은 설명하지 않았다.

사상을 창조하고 문화를 논하는 데 쓴 한자어는 대부분 (나)이고 (가)가 아니다. 예컨대 '教觀并修', '談禪法會', '事智', '寓興觸物', '離言眞如', '理一分殊', '智正覺世間', '推恕', '沖澹蕭散' 등 있다. 이런 말이 『사전』에 하나도 등장하지 않는다.

(다)의 예는 '야담'이다. 이 말은 한국에서 생겼으므로 『중문대사

전』(중화학술원, 1973)에 없는 것이 당연하다. 『사전』에서 "야담2: 야사를 바탕으로 흥미롭게 꾸민 이야기"라고 한 것은 설명이 부정확하다. 고전은 다 버려두고 용례를 "이문열, 영웅 시대"에서 용례를 가져온 것도 잘못이다. '野談'은 '野史'와는 구별되는 말이다. '야사'와 '野乘'은 중국과 일본에도 있고, '야담'은 한국에서 만든 말이다. 『어우야담』, 『청구야담』 등을 들어야 했다.

이런 한자어 '口學', '羅言', '錄册'. '端歌'. '世德歌', '女提學', '肉談風月', '傖家', '鄕風體歌' 등도 『사전』에 등장하지 않는다.

대학 연구소에서 많은 노력을 기울여 『한국한자어사전』(단국대학교 동양학연구소, 1996)을 내놓았으나 기대에 미치지 못한다. (가)와 (나)는 취급 대상이 아니기 때문에 한국에서 사용된 양상을 파악할 수 없다. (다)를 모은다는 표방하고서 제대로 하지 않았다. 보통명사에도 한국 한자어가 있다고 생각조차 하지 못하고, 역사학에서 다루는 고유명사 위주로 어휘를 뽑았다.

'야담'은 없고 '野譚'이라는 책 이름만 있다. '口學', '羅言', '錄册', '端歌', '世德歌', '女提學', '肉談風月', '傖家', '鄕風體歌'가 하나도 없다. '短歌'마저 없다.

이런 말은 『중문대사전』에서 찾을 수 없어, (가) 중국 고전에서 유래해 동아시아 여러 나라에서 함께 사용해온 한자어가 아니고 (라) 일본에서 만든 한자어임을 확인할 수 있다.

(마) '洋妾'은 자생적인 한자어이며 1930년대 소설에 흔히 등장했는데 『사전』에 없다. 소설을 읽으면서 고유어만 찾았기 때문이라고 생각된다. 서양을 뜻하는 '洋'을 얹어 만든 수많은 어휘의 생성과 소멸을 일제히 추적할 필요가 있다.

"敎述"은 국문학계는 물론 고등학교 수준의 문학교육에서도 널리 사용되고 있는데 『사전』에 없다. 어디서 굴러들어왔는지 "교술민요"와 "교술시"만 있다. 일본의 신조어는 우대하고 국내의 신조어는 박대하는 관습이 끈덕지게 이어진다.

(가)에서 (마)까지의 한자어를 모두 국어사전에 수록하고 그 어느 것인가 구분해야 하고 의미 변천을 설명해야 한다. 한자어는 국어가 아니라고 여기고 한자어는 국어학 연구의 대상으로 삼지 않는 잘못의 폐해가 심각하다. 만약 기존의 진용陣容이 반성을 해도 역부족이라면, 식견 있는 인재를 발탁해 일을 맡겨야 한다.

원전을 모두 뒤지는 것은 어려운 일이므로 오늘날의 연구서를 먼저 다루는 것이 효율적인 방법이다. 전통문화를 연구한 오늘날의 학술 논저를 읽고 이해할 수 있게 하는 사전이 절실하게 필요하다.

05 | 신어와 방언은 별도 관리해야 할 항목

아래는 박목월의 시 「만술 아비의 축문」이다.

> "윤사월 보릿고개/아베도 알지러요/간고등어 한손이믄/아베 소원 풀어드리련만/저승길 배고플라요/소금에 밥이나마 많이 묵고 가이소./니 정성이 엄첩다./이승 저승 다 다녀도/인정보다 귀한 것 일을락꼬"

이 대목에서 '엄첩다'라는 시어는 '제법이다', '기대 이상이다'로 풀이할 수 있는 방언인데 이 시어를 표준어대사전에 찾아보아도 실려 있지 않다. 그러나 이 '엄첩다'라는 방언을 표준어 '제법이다'

로 바꾸면 전혀 다른 분위기가 될 것이다.

목월의 「박꽃」이라는 시에 '아슴아슴, 저녁답, 자근자근'과 같은 방언 어휘가 있다. 이러한 말의 뜻을 알고 싶은 사람들은 어디에서 찾아야 할지 답답할 뿐이다. 그런데 『표준국어대사전』만 만들면 모든 일이 다 해결된 것 마냥 표준말이 무엇이니 이렇게 저렇게 따라오라고만 강요하는 한국의 어문 정책이 참으로 답답할 뿐이다. 사정이 이러하니 어느 국민이 한국의 사전을 신뢰하겠는가? 언어의 곳간이 텅 비어 있는 쭉정이사전은 보나마나 뻔한 일이니 아무도 국어사전을 가까이 두고 참고하지 않는 것이 아닐까?

가까운 일본에는 메이지 시대부터 방언을 수집하고 언론에 보도되는 신조어(새로운 어휘)를 매년 수집해서 20권 짜리 『국어대사전』을 만들어 언어의 곳간에 양식을 가득 담아두고 있다. 어렵사리 만든 우리나라의 '표준어국어사전'의 잘못이 아니라 이제부터라도 일상국민이 알고자하는 모든 언어자료를 차근차근 수집 정리하여 일상 언어의 곳간을 채워야 한다.

06 | 『표준국어』에 실린 북한어는 『겨레말큰사전』으로 이관

지금이라도 더 늦기 전에 남북한의 지역방언(해외동포의 방언)을 수집하고 또 전문용어, 분야별 용어, 계층어, 문학어 등 광범한 언어를 수집 정리하여 텅 빈 언어의 곳간을 채워 넣는 일에 골몰해야 한다. 이 일을 어느 다른 사람이 해주지 않는다. 오늘을 살아가는 우리에게 이 일을 해야 할 책임이 있다.

우리말과 글의 범위와 유산을 폭넓게 파악해서 새로운 올림말을 많이 발굴하고 그 뜻풀이를 밝혀서 우리 말글의 유산을 보다 풍부하게 꾸려나가도록 해야 할 것이다. 기존의 여러 종류의 사전을 베껴 국어사전의 어휘 수만 늘리는 방식이 아니라 많은 문헌자료 조사와 현장 조사를 통해 새로운 어휘를 발굴해서 사전에 실어야 할 것이다. 놀라울 일은 우리나라가 현재 전 세계 경제 11위 국이라고 하지만 옥스퍼드 사전에 한국문화와 관련된 어휘는 '김치', '온돌', '불고기'와 같은 소수 어휘밖에 없다는 사실은 무척 부끄러운 일이 아닐 수 없다.

'한류'의 열풍이 휘몰아친다고 호들갑을 떨지만 진정으로 우리 문화의 속살을 남들이 이해하기엔 아직 갈 길이 멀다. 국어대사전을 만들기 전에 각종 다양한 사전을 미리 만들어져야 한다. 프랑스 국립국어연구원Institut National de la Langue Française에서 최근에 『프랑스어 지역특유어법 사전Rézeau ed., Dictionnaire des régionalismes de France(Bruxelles: De Boeck Duclot, 2001』[8]을 간행했듯이 구두어에 대한 사전의 간행도 필요하다.

07 | 만주 몽골 인명, 지명, 관명 표기의 오류

중국어의 외래어 표기 규정은 이미 그 생명력을 잃어버린 사문화 규정 가운데 하나이다. 따라서 중국의 각종 사서에 기록된 중국

8 널리 알려지지 않은 어휘나 용법이 과거의 문헌에 등장한 전례를 찾아내고, 그런 의미로 오늘날 어느 지방 구두어로 사용되며 사용자가 어느 정도 되는지 지도와 통계를 작성해 나타냈다. 내가 가지고 있던 책을 국어원에 기증했다.

어가 아닌 만주, 여진, 몽골, 투르크, 티베트, 위구르 말을 한자음대로 표기한 용례는 사용자 임의로 표기함으로써 더욱 혼란스럽다.

[奚灘何郎哈][hitanharaŋkai]: 奚灘何郎哈(히·탄하랑·캐)(용가)

[古倫孛里][korunbori]: 古倫孛里(고·론보리)

[古倫豆闌帖木兒][korudurantermər]: 古倫豆闌帖木兒(고·론두란터물)

‘奚灘何郎哈’를 ‘해탄하랑합’으로 ‘古倫孛里’를 ‘고륜패리’로 ‘古倫豆闌帖木兒’를 ‘고륜두란첩목아’로 한자음 대로 표기해야 하는가? 세종대왕 당시에『용비어천가』에서 이미 ‘奚灘何郎哈’를 ‘히·탄하랑·캐’(용가)로 ‘古倫孛里’를 ‘고·론보리’로 ‘古倫豆闌帖木兒’를 ‘고·론두란터물’로 표기한 사례가 있다. 그럼에도 최근 동북아 역사에 대한 관심이 고조되면서 한서에 기록된 만주, 여진, 몽골, 투르크, 티벳, 위굴의 한자 차자 표기를 한글로 표기함으로써 극도로 혼란 상황에 처해 있다.

또한 어문 규범을 실행하는『표준국어대사전』에 극명한 사례가 있다. 고대 만주지역의 인명, 지명, 관명의 자료가 주로 한자로 차자표기가 되어 있다.『한글 맞춤법 통일안』의 〈외래어표기법〉에 따르면 원음에 가깝게 표기하는 것을 원칙으로 삼고 있으나 현대 한자 직음으로 표기함으로써 혼란이 매우 심하다. 예를 들면 ‘칭키스칸’을『표준국어대사전』의 올림말을 ‘성길사-한成吉思汗’으로 하고 뜻풀이에 “‘칭기즈 칸’의 음역어.”로 되어 있다. 이처럼 고대 만주지역의 인명, 지명, 관명의 표기가 한자 자체도 이음표기가 많으며 한글 표기로도 매우 다양하게 표기 되고 있어서 매우 혼란스럽다.

징기스^칸(Jinghis Khan)→ 칭기즈 칸.

칭기즈^칸(Chingiz Khan) 명 몽골 제국의 제1대 왕(?1167~1227). 본명은 테무친. 한자식 이름은 성길사한(成吉思汗). 몽골 족을 통일하고 이 칭호를 받아 몽골 제국의 칸이 되었다. 중앙아시아를 평정하는 한편, 서양 정벌로 동서양에 걸친 대제국을 건설하였다. 재위 기간은 1206~1227년이다.

성길사한(成吉思汗)→ 칭기즈 칸.

아골타(阿骨打) 명 '아구다'의 음역어.

아구다(Aguda) 명 중국 금나라의 제1대 황제(1068~1123). 묘호(廟號)는 태조. 1115년에 만주 지역의 여러 여진 부족을 통합하여 금나라를 건국하였으며, 요나라 세력을 몰아내고 랴오둥(遼東)에 진출하였다. 재위 기간은 1115~1123년이다.

'징기스 칸'을 '칭기즈 칸'으로 돌려놓고는 '칭기즈 칸'을 검색해야 뜻풀이를 찾아 볼 수 있다. '阿骨打' 역시 비슷한 방식으로 처리하고 있다. 칭키즈칸의 成吉思汗은 한자식 이름으로, 아골타阿骨打는 '아구'의 음역이라는 식으로 뜻풀이를 하여 일관성을 잃어 버리고 있다.

고대 만주지역의 여진, 몽골, 투르크 등의 다양한 종족들에 대한 인명, 지명, 관명의 자료가 주로 한자로 되어 있어 혼란이 극심하다. 곧 다양한 한자음 표기형들과 다양한 한글 표기를 데이터베이스로 만들어 활용도가 높은 예들은 표준화할 필요가 있다.

이미 사어화된 만주 고족들의 언어뿐만 아니라 그리스, 로마, 비잔틴 제국의 언어들의 음차 표기를 위해 〈외래어 표기법〉 규정을 과연 더 늘여야 할까?

이처럼 『표준국어대사전』의 심각한 문제를 파악하고 필자는 2007~2009년 사이에 국립국어원의 편재를 개편하여 사전편찬실을 설치하고 예산을 재편성하여 3년 동안 무려 4만 여 항목의 올림말과 풀이말의 오류를 보강한 다음 인터넷 사전으로 전환하였다. 여기서 문제는 끝나지 않았다. 사전의 올림말과 풀이말의 계열적·통합적 구조 결함과 모순은 거의 손을 댈 수 없는 상황임을 여러 차례 발표한 바가 있다. 가히 심각한 수준에 처해 있는 국가 어문 관리의 현주소이다. 근본적으로 잘못 만든 사전이기 때문에 수정과 보완을 하여도 그 끝이 보이지 않는다. 이처럼 국제간 교류가 확대됨에 따라 현실적인 방식으로 표기를 따른다면 표기 일람표와 표기 세칙은 끝임없이 늘어나야 할 것이다.

현재 〈외래어표기법〉의 국가별 표기법에 제외되어 있는 과거의 나라나 민족어의 표기법은 사실 사각지대에 방치되어 있다.

동아시아를 중심으로 우리 민족과 가장 접촉이 빈번하였던 고대 만주 지역의 역사 사료에 나타나는 인명, 지명, 관명의 표기가 매우 혼란한 상황이다. 예를 들면 금나라 개국한 '阿骨他'를 한자 직음표기 방식으로 '아골타'로 표기하거나 원음을 고려한 '아구다'로 표기함으로써 동일한 사람의 인명이 두서너 가지를 넘어 서는 경우가 허다하다. 중국사서 뿐만 아니라 한국의 고려사나 조선왕조실록에 나타나는 고대 만주인들이나 몽골인들에 대한 인명, 지명, 관명의 한글 이표기의 표준화가 매우 절실하다. 인문학적 기초 분야인 이러한 연구가 사각지대에 놓여 있어서 요사, 금사, 원사, 청사를 비롯한 중국사나 고려사, 조선왕조실록에 나타나는 한자로 표기된 인명, 지명, 관명의 한글 표기가 매우 혼란스럽다. 이러한 혼란을 극복하기 위해 먼저 그 실태를 파악하는 일이 무엇보다 중요한 관제다. 중국이나 우리 사서나 각종 기록에 나타나는 인명, 지명, 관명의 한자 표기 자료와 이를 한글로 대응 표기한 사례의 데이터베이스를 구축한 다음 사용 빈도가 높은 자료는 〈외래어표기법〉에 의거하여 표준화를 함으로써 이들의 한글 표기의 통일을 꾀할 수 있다. 이 분야에 대한 선행연구는 전무한 상황이다. 여진어와 몽골어의 이해도뿐만 아니라 이들의 고어에 대한 이해도가 없으면 이 일을 수행할 수 없다. 따라서 한자음 표기의 이표기 현황과 우리나라의 한글 이표기 현황을 일차적으로 DB로 구춤함으로서 단계적으로 여진어, 몽골어, 투르크어 전문가들이 2단계 원음을 파악하는 쪽으로 발전되어야 할 것이다.

그러나 일본에서는 이미 금사, 원사, 청사에 나타나는 인명, 지명, 관명에 대한 사전이 만들어져 있는 상황이다. 한국과 일본의 기초적인 인문학 연구의 방향이 얼마나 차이를 보이는지 우리는 이해할 수 있다.

정보화의 혁명 이후 언어 지식·정보의 생산과 관리의 방식은 기본적으로 변해야 한다. 언어 표기의 통일성이란 목표로 어문 규범을 제정하던 당대의 시대적 상황과 현재의 상황은 아주 다르다. 4대 어문 규범이 언어의 통일이라는 관점에서는 소기의 목표를 달성했으나 그만큼 잃어버린 것도 적지 않다. 언어가 단일하게 고정된 법전과 같은 것이 아니라 장소와 시간에 따라 다양하게 변화하는 인간 행위임을 인정하는 어문 정책이 펼쳐져야 할 것이다.

닫힌 상자와 같은 어문 규범과 『표준국어대사전』을 그대로 방치할 것이 아니라 국가가 관리해 온 사전 사업을 전면 민간사업으로 되돌려 주어야 한다. 이는 앞으로 다가올 한글의 산업화의 중요한 발전 축이 될 수 있기 때문이다. 언어 관리를 한글의 문화 산업과 한글의 정보화 산업으로 끌어올리기 위해, 그리고 국민들이 보다 편리하고 윤택한 어문 생활을 영위하기 위해 정부는 고급 언어 자료 생산에 주력하여야 한다. 이를 다시 국민에게 공급할 수 있는 언어정보화 기술력을 향상시키기 위해서 어문 규범은 사전 편찬자들의 올림말 선정의 기준으로 이루어져야 한다. 그리고 최대한 다양한 언어정보가 인터넷을 통해 활용될 수 있도록 정책 전환이 이루어져야 한다.

인문 지식·정보의 미래

05
『국어대사전』 제작의 균형 감각

01 | 기술의 변화에 순응하지 못하는 연구자

지난 시절 사전 편찬은 주로 수작업으로 이루어져 왔다. 올림말을 카드로 만들어 가, 나, 다 … 순서대로 배열하고 문법적 정보, 품사 정보, 뜻풀이, 어원 정보, 용례 등을 여러 사람이 나누어서 기술하는 방식으로 사전을 만들었다. 그러나 최근에는 사전편찬의 방식도 컴퓨터를 활용하여 대량의 말뭉치를 구축하여 활용함으로써 보다 높은 수준의 사전 체계의 완성도를 높이는 쪽으로 발전되고 있다. 뿐만 아니라 시소러스나 온톨로지와 같은 의미망 소프트웨어를 활용한다. 곧 컴퓨터가 미리 어휘의 뜻풀이에 도움을 줄 수 있는 연산기법을 도입하려는 쪽으로 발전 중이다. 심지어 웹상에서 어휘나 문장의 의미를 기계적으로 처리할 수 있는 방안을 연구하려는 시멘틱웹Semantic Web에 대한 연구도 시도되고 있다.

사전편찬의 완성도를 높이기 위해 컴퓨터를 활용하는 방안을 마련하기 위해 기존 사전의 올림말이나 뜻풀이의 체계적인 불균형성에 대한 유형을 검토하고 이를 토대로 하여 개념, 관계, 속성을 자동으로 추출하는 온톨로지 기법의 가능성을 제시하고자 한다.

흔히 시소러스의 기법으로 올림말의 선정이나 균형적 배열 문제를 해결할 수 있다. 그러나 기존의 사전에서는 이러한 전산기술을 활용하지 않고 단순히 수작업으로는 극복할 수 없는 올림말 배열과 선정에 있어서의 문제점에 대해 먼저 검토한 다음 유의어, 반의어, 계열어, 하위어를 포함한 감각형용사들에 대한 뜻풀이에 나타나는 체계적 불균성의 문제나 순환논리의 오류 등의 문제점을 중심으로 살펴보고자 한다.

02 | 사전기술의 체계 문제

1) 올림말의 미시구조

올림말 선정을 위해 『국어대사전』에서는 일반원칙과 세부사항을 규정하여 정해 놓고 있다. 올림말 선정 원칙과 규정을 미세하게 정해 놓았지만 실재로 각 지역별 방언 올림말의 선정 방식이나 뜻풀이 방식은 모호하거나 또는 일관성을 잃어버린 경우가 여기저기에서 발견된다.

『표준국어대사전』에서 올림말 선정 기준에서 1항의 나) "비표준어는 널리 쓰는 것을 선별하여 수록하되, 대응하는 표준어와의 관계를 파악할 수 있도록 한다."라는 기준과 1항 4) "방언을 지역별로 선별하여 수록한다."라는 기준은 전혀 방언형에 대한 무원칙의 결과라고 할만하다. 예를 들어 '무말랭이'의 방언형은 매우 다양하여 그 방언 분화형은 아래와 같은데 과연 방언형의 올림말 선정 기준이 잘 지켜졌는지 살펴보자.

> 곤지, 골굼무꾸, 골굼무수, 무:마랭이, 무:말랭이, 무:우거리, 무고시레기, 무고자리, 무꾸말랭이, 무꼬자리, 무꾸검박, 무말래, 무말랭이, 무수가시레기, 무수고시래기, 무수꼬시래기, 무수꼬재기, 무수말래이, 무수말랭이, 무수말링갱이, 무수우거리, 무수채가지, 무시건채, 무시곽떼이, 무시오구레기, 무시오그락찌, 무시왁따지, 무시우거리, 무시우구리, 무시쪼고래기, 무쏘래기, 무씨래기, 무오가리, 무우고시레기, 무우말랭이, 무우우거리, 뭇고자리, 뮈고자리, 뮈우말랭이, 속쓰랭기, 싱거리, 싱기리, 오가리, 오그락찌, 오그래기, 와가리, 왁다리, 왁따지, 왁떼기, 쪼거락찌, 쪼구래기

이들 방언 분화형을 모두 올림말로 싣는 방언사전의 경우와는 달리 다양한 방언 분화형 가운데 가치 있는 방언 대표형을 어디까지 올림말로 실을 수 있는가? 『표준국어대사전』에서는 '무말랭이' 방언형 가운데 '무꾸', '무수'와 '무말랭이'와 '우거리'[9], '무고자리'[10]만 올림말로 등재되어 있다. 그러나 방언 올림말 선정 기준인 "해당 방언권의 화자들이 널리 사용하는 어휘에 한정해서 올림말

9 우거리「명」「1」(방) '오가리01'의 방언(함북). 「2」(옛) '오가리01'의 옛말. ¶葫蘆條박 우거리≪동해 하:4≫.§

10 무-고자리「명」(방) '무말랭이'의 방언(강원).

로 인정한다. 다른 방언권에는 없는, 해당 방언권의 특징을 전형적으로 보여 준다고 판단한 어휘나 통시적으로 중요하다고 판단한 어휘에 한해서는 널리 쓰이지 않더라도 올림말로 선정할 수 있다."는 기준에 의한다면 '곤지', '골굼무꾸', '무고시레기', '무꾸검박', '무수고시래기', '무수꼬재기', '무수말랭이', '무수말링갱이', '무수곽떼이', '무시오구레기', '무시오그락찌', '무시왁따지', '무시쪼고래기', '무쏘래기', '무우고시레기', '뭇고자리', '속쓰랭기', '싱거리', '와가리', '왁다리', '왁따지', '왁떼기', '쪼거락찌'와 같은 방언 분화형 가운데 올림말로 실려야 할 예들이 있지만 실재로는 그렇지 않다.

음운적 변이형을 제외한 어원적 분화형의 대표형을 선정하는 일이 쉬운 일이 아니지만 정밀한 검토를 통해 각립어各立語는 올림말로 선정해야 한다.

"복합어의 경우에도, 한 요소만 방언형이고 나머지 한 요소는 표준어이면서 단어의 단순 결합인 경우-의미적 융합이 일어나지 않은 경우-에는 방언형 요소만 올림말로 등재한다"는 규정에 따르더라도 '고시레기', '검박', '쪼거락지', '싱거리', '왁따지'나 '곤지'와 '골굼무꾸' 등의 올림말에서 제외되어 있어 규정과 실재는 서로 다른 모습을 보여준다.

방언 올림말을 선정하는 일반 원칙인 "타 방언권의 화자가 대응하는 표준어형을 쉽게 유추하기 힘든, 단순 음운론적 교체형이 아닌 어형들에 한정해서 올림말로 인정한다."라고 규정하고 있지만 그러나 실제 사전에서는 이러한 일반원칙조차도 잘 지켜지지 않았음을 알 수 있다.

2) 반의어의 확인을 통한 올림말의 오류의 사례

'더운밥', '더운물', '더운죽'에 대한 방언형은 '뜨신밥', '뜨신물', '뜨신죽'이 있다. 『표준국어대사전』에서는 '뜨시다'를 "뜨시다〈형〉〈방〉 ① '따듯하다'의 방언(강원, 경산). ② '뜨습다'의 방언(강원)."로 풀이하면서 '더운밥'을 "갓 지어 따뜻한 밥."으로 풀이하면서 반의어를 '〈반〉 찬밥'으로 풀이하고 있다. 『연세한국어사전』(1998)에서도 '더운물'은 올림말로 처리하면서 반의어는 '찬물'로 처리하고 있다.[11]

온도 어휘는 '물리적 온도'와 '생리적 온도'에 따라 대립체계를 보여준다. 천시권(1980:9)이 제시한 온도 어휘의 상관 체계는 다음과 같다.

물리 : 차갑다(찬-)〉 미지근하다〉 뜻뜻하다〉 뜨겁다(뜨신-)

생리 : 춥다(추운-)〉 서늘하다〉 따뜻하다〉 덥다(더운-)

이러한 온도 어휘의 대립 체계가 아래와 같이 지역마다 달라 다음의 예와 같은 방언차이를 보여준다.

〈표준어〉	〈충북방언〉	〈경북방언〉
더운밥(*추운밥)	더운밥	뜨신밥
더운물(*추운물)	더운물	뜨신물
더운죽(*추운죽)	더운죽	뜨신죽

11 『연세한국어사전』(1998)에서 '더운밥', '더운죽', '더운방' 등은 올림말로 실려 있지 않다.

더운방(*추운방) 더운방 뜨신방

물리적 온도는 기체이거나 고체 또는 액체에 상관없이 '차-' 또는 '식-' 과 결합하여 합성어를 형성한다. 그러나 충북 이북지역에서는 '더운밥, 더운물, 더운죽, 더운방'과 같은 어휘들이 실현되지만 경북지역서는 '뜨신밥, 뜨신물, 뜨신죽, 뜨신방'로 실현된다. 중부방언에서는 생리적 온도 어휘인 '덥-'이 물리적 대상인 '밥, 물, 죽, 방' 따위와 합성되는 체계적 차이를 보여준다. '더운밥'과 '찬밥'과 같은 중부지역어(표준어)의 어휘 대응은 온도 어휘의 체계적 대립을 벗어난 것이다.

다시 말하면 표준어의 대상 지역인 서울 지역의 조어 규칙이 모순된 체계를 반영하고 있다. '더운밥', '더운물'의 합성구조가 체계적이라면 그 반의어는 '*추운밥', '*추운물'이 되어야 합리적이다. 그런데 '더운밥', '더운물'의 반이어가 '추운밥', '추운물'의 아닌 '찬밥', '찬물'의 구성을 보여주기 때문에 생리적 온도 계열어인 '덥다'의 반의어가 물리적 온도 계열어인 '차다'와 대응을 보여주고 있다. 따라서 표준어의 대상어인 서울지역어의 온도어 계열어가 체계적이지 않음에도 불구하고 이를 표준어로 인정하여 올림말로 등재한 것은 명백한 오류이다. 이러한 오류는 거의 대부분의 국어사전이 범하고 있는 전형적인 잘못 가운데 한 가지이다.

3) 올림말 선정 원칙

사전의 올림말을 카드로 작성하는 경우 아무리 정밀하게 올림말 선정 기준과 원칙을 정해 놓더라도 올림말의 선정 체계를 깨뜨릴 수 있는 경우가 허다하다. 정신문화연구원에서 조사한 남한 138개 지역의 '두루마기'의 방언형은 다음과 같다.

172. 두루마기

후루막,후루매기,	둘매기,후루마기	두루마기	두루막
두루마기	두루마기,후루매기	두루매기	두루막
두루매기	두루매기	두루매기	두루막
두루매기	두루마기,루매기	두루매기	두루매기
두루매기	후루매기,두루매기	두루매기	두루막
두루매기	후루매기	후루매기	두루매기
두루매기	두루매기	두루매기	두루막,두루마기
두루매기,후루매	두루매기,후루매기	두루매기	두르매기,두르막
후루매기	두루매기,후루매기	두루매기	두루매기
두루매기	후루매기	두루마기	두루마기
후루매기,두루매기	후루매기,두루매기	두루매기	두루막
둘뫠기	후루매기	둘막	두루마기
두루매기	후루매기	두루매기	두루매기
두루매기	후루매기,두루마기	두루매기	두루마기
두루매기	두루매기	두루매기	두루마기
두루마기,후루매기,	후루매기	두루매기	두루마기
두리매기	두루마기	두루매기	두루매기
두루매기	두루매기,후루매기	두루매기	두루막
두루마기	두루매기	두루마기	두루마기
두루매기	후루매기,두루매기	두루막	두루막
두루막,두루마기	두루매기,후루매기	두루매기	두루매기
두루마기	후루매기	두루막	두루막
두루매기	두루매기,후루매기	두루매기	두루막
두루막,두루마기	두루매기	두루매기,두루막	두루막
두루마기	두루매기	두루매기	두루막

두루매기	두루매기	두루막	두루매기
두루매기,두루마기	두루매기	두루막	두루마기,두루매기
두루막	두루매기	두루막	두루매기
두루매기	두루매기	두루막	
두루마기	두루매기	두루막, 두루마기,	
두루매기	두르매기	두루매기	
후루매기	두루마기,두루매기	두루막,두루매기	
두루마기	두루매기	두루막	
두루막	두루매기	두루매기	
두루막	두루매기	두루매기	
후루매기	두루매기	두루막	
	두루매기	두루막	
	두루매기	두루막	

〈방언사전〉이라면 이들 방언형을 정렬하여 방언 분화형을 올림말로 모두 실으면 되지만 국어사전에서는 방언 분화형의 대표형을 선정해야 하는데 어떤 것을 올림말로 삼아야 할 것인지 판단하기는 매우 어렵다.

언어지도 제작 도구인 방언지도 제작기에서 이들 방언 분화형의 출현 빈도에 따라 가지런하게 자동 정렬할 수 있다. 138개 지역의 방언형 모두를 자동으로 정렬을 하면 다음과 같다. 우측에는 『표준국어대사전』에서 선정한 올림말과 뜻풀이 내용이다.

〈방언형〉 사용빈도 『국어대사전』에서 선택한 올림말

두루마기 27

두루막 30 명 '두루마기'의 잘못.

두루매기 75 명 '두루마기'의 잘못.

두르막 1

두르매기 2

두리매기 1 명(방) '두루마기'의 방언(경남).

두매기 1

둘막 1

둘매기 1 명(방) '두루마기'의 방언(전남, 평북).

둘뫼기 1

후루마기 1

후루막 1 명(방) '두루마기'의 방언(경기).

후루매 1 명(방) '두루마기'의 방언(강원, 함남).

후루매기 23 명(방) '두루마기'의 방언(강원, 경기, 전남, 충청).

'두루마기'의 여러 가지 방언형 가운데 '두루마기' 계열의 변이형인 '두루막', '두루매기', '두리매기'를 '두루마기'의 축약형인 '둘매기'와 '두루마기'와 어원이 다른 방어형인 '후루막' 계열을 '후루매', '후루매기'를 『표준국어대사전』의 올림말로 다루고 있다.

올림말 사용빈도 뜻풀이

두루마기 27

두루막 30 명 '두루마기'의 잘못.

두루매기 75 명 '두루마기'의 잘못.

두리매기 1 명(방) '두루마기'의 방언(경남).

둘매기 1 명(방) '두루마기'의 방언(전남, 평북).

후루막 1 명(방) '두루마기'의 방언(경기).

후루매 1 명(방) '두루마기'의 방언(강원, 함남).

후루매기 23 명(방) '두루마기'의 방언(강원, 경기, 전남, 충청).

'두루마기'를 올림말로 선정한 이유는 서울 지역에서 통용되는 표준어이기 때문이라면 '두루막'과 '두루매기'보다 사용 빈도가 적다는 측면에서 일차적인 문제로 제기될 수 있다. 아마 '두루막'에서 파생된 '두루마기'와 다시 ㅣ-모음역행동화를 경험한 '두루매기'형과 '두루매기'에서 모음교체형인 '두리매기'형을 올림말로 다루고 있는데 '두루막'과 '두루매기'의 뜻풀이는 "'두루마기'의 잘못."으로 뜻풀이를 하고 '두리매기'는 "(방)'두루마기'의 방언(경남)."으로 뜻풀이를 하고 있다.

이와는 달리 '후루막'은 "(방)'두루마기'의 방언(경기)."로, '후루매'는 "(방)'두루마기'의 방언(강원, 함남)."으로, '후루매기'는 "(방)'두루마기'의 방언(강원, 경기, 전남, 충청)."으로 뜻풀이를 하였다. 결국 '두루막'과 '후루막'의 대응, '두루마기'와 '후루마기'의 대응, '두루매기'와 '후루매기'의 대응에서 벗어나는 '두리미기', '둘매기', '후루매' 등 음운론적 변이형들을 올림말로 다룬 이유가 어디 있는지 불명료하다.

뿐만 아니라 각 변이형들의 사용빈도를 고려한다면 '두루마기'를 과연 주올림말로 다루어야 하는 이유가 분명하지 않다. 물론 ㅣ-모음역행동화형을 올림말로 하지 않는다는 올림말 선정 원칙이 있지만 이는 현실 언어 변화 현상을 인정하지 않은 결과이다. 다시 말하자면 다른 어휘에서도 ㅣ-모음역행동화형의 분화형의 사용빈도가 훨씬 높은 추세를 보이고 있음에도 규범이나 올림말 선정 원칙이 과도하게 작용한 결과라고 할 수 있다.

그뿐만 아니라 선정된 올림말에 대한 뜻풀이의 방식도 일관성을 잃어버리고 '두루막'과 '두루매기'는 '두루마기'의 잘못으로 처리하고 '두리매기'만 방언형으로 처리하는 방식이나, '두루막'에 대응되는 '후루막'이나 '두루마기'에 대응되는 '후루매기'는 또 '두루마기'의 방언으로 처리하는 방식은 체계적인 균형을 완전히 무시한 결과인 것이다. 사전의 미시구조를 분석해보면 올림말 선정 문제뿐만 아니라 그 올림말에 대한 뜻풀이도 체계적인 균형을 잃어버린 사례로 들 수 있다.

최근 컴퓨터가 보급된 이래 방언지도 형식은 매우 다양한 모습을 보여주고 있다. 자료의 양과 형태면에서 그리고 표현 양식 면에서, 자료 처리의 종합화와 단순화 정도에 따라서, 자료의 시각적 표현 방식 등에 따라 다양하게 지도 유형을 분류할 수 있다. 한편 컴퓨터의 성능과 DB데이터베이스나 화상계열의 소프트웨어의 발달에 따른 표현기법의 차이 혹은 방언지도 및 언어 데이터 구축 방식의 발달과정의 차이에 따라 설명하기도 한다. 본고에서는 필자의 언어지도 제작 툴인 방언지도 제작기를 활용하면 다양한 방언형의 지리적 분포는 물론이고 분화형의 출현 빈도수를 용이하게 파악할 수 있어 이들 가운데 올림말을 선정하는데 도움을 받을 수 있다.

언어지도 제작 도구인 방언지도 제작기에서 이들 방언 분화형의 출현 빈도에 따라 가지런하게 자동 정렬할 수 있다. 138개 지역의 방언형 모두를 자동으로 소트를 하면 다음과 같다. 우측에는 『표준국어대사전』에서 선정한 올림말과 뜻풀이 내용이다.

방언지도 제작기로 그린 〈그림 6〉과 같은 지도를 통해 '두루마기'의 지역적 방언 분화의 양상을 용이하게 파악할 수 있다. '두루마기'를 표준 올림말로 삼고 '두루막'과 '두루매기'는 '두루마기'의 잘못으로 처리하면서 '두리매기', '둘매기'와 '후루막', '후루매', '후루매기'는 방언형으로 처리하고 있다. 과연 '잘못된 방언형'과 '방언형 올림말'은 어떤 기준과 방법에 따라 선정되었는지 그 일관성을 찾아보기 힘든다. ⟨표준어 규정 1장 총칙 1항⟩에 따라 ⟨한글 맞춤법⟩은 표준어를 소리대로 적되, 어법에 맞도록 함을 원칙하며, "움라우트가 일어난 어형의 경우, 후행하는 /i, y/에 의해 선행 모음이 [+back](ㅏ, ㅓ, ㅗ, ㅜ)에서 [-back](ㅐ,ㅔ, ㅚ, ㅟ)으로 교체하고 나머지 분절음들은 교체를 겪지 않는 단순 움라우트Umlaut형은 올림말로 인정하지 않는다(ex. 개볍다/'가볍다', 애끼다/'아끼다'). 움라우트 현상을 특별히 방언적인 현상으로 볼 수 없을 뿐 아니라, 움라우트 어형을 올림말로 올릴 경우 움라우트에 대한 모든 잠재적인 형태들에 대한 처리 역시 문제가 될 수 있다."는 방언형의 올림말 선정 기준과는 달리 '두리매기', '훌매기', '후루매기'를 방언 올림말로 등재해 두고 있어 그 세부 규정과 실재는 다르다는 것을 알 수 있다.

따라서 방언형의 올림말 선정을 위해서는 현실적인 방언 분포와 어휘들의 형성과정을 고려하지 않을 수 없다. '두루마기'의 사용빈도는 27회이고 '두루매기'는 75회이다. 따라서 움라우트가 예측이 가능하지만 현실적인 방언형은 움라우트가 적용된 '두루매기'를 '두루+막기'의 방언 분화형의 올림말로 선정해야 한다는 판단이다. 곧 다양한 방언형 가운데 어원적 분화형과 형태론적 분화형, 음운론적 분화형 가운데 어원적 분화형을 기준으로 그 대표형을 선정하기 위해서는 방언지도의 분포와 사용 빈도를 고려해야 한다.

'두루마기'의 방언 분화형은 어원적으로 크게 1) 두루막, 2) 두루매기, 3) 후루막 계열로 구분된다.

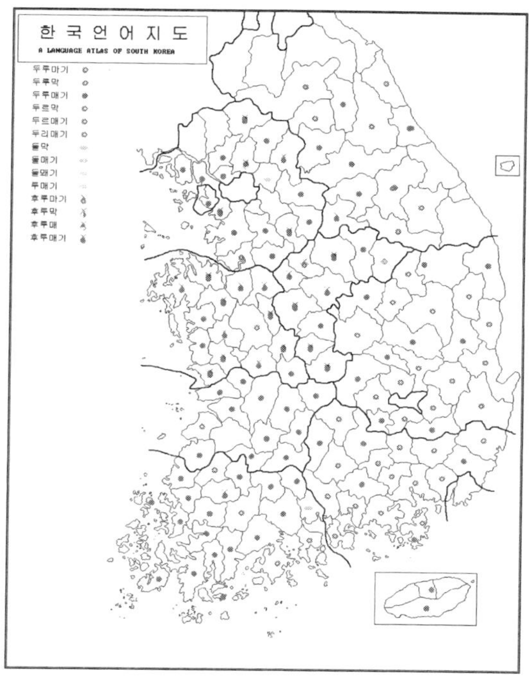

〈그림 6〉 '두루마기'의 상징부호지도(이상규, 2005)

1) 두루막 30 -두르막 1

-둘막 1

-두루마기 27

2) 두루매기 75 -두르매기 2

-두리매기 1

-두매기 1

-둘매기 1

-둘뫼기 1

3) 후루매기 23 -후루막 1

-후루마기 1

-후루매 1

'두루막' 계열에서는 음절 축양형인 '둘막'과 '두루막+이(접사)' 결합형 가운데 접사 결합형이 가장 많이 분포되어 있다. 따라서 '두루마기'를 올림말로 삼더라도 '두루막', '두르막', '둘막'형에 대한 방언 분화형에 대한 예상이 가능하다. 다음으로는 '두루마기'형의 움라우트가 적용된 '두루매기'형은 올림말로 삼더라도 모음 교체형 '두르매기', '두리매기'형과 축약형이 '둘매기', '둘뫼기', '둘미기' 형을 충분히 예측할 수 있다. '두루매기'는 분포가 매우 광범하다. 그렇다고 해서 방언형으로 인정하지 않고 『표준국어대사전』에서처럼 "두루매기 75 명'두루마기'의 잘못."으로 처리하면서 '후루매기'를 방언형으로 처리하는 것과 균형을 이루지 못하고 있다. 따라서 '두루막'을 표준어의 대표형으로 삼고 '두루매기', '후루매기'를 방언형의 올림말로 선정해야하는 이유와 원리를 쉽게 이해할 수 있다.

이와 유사한 예로 '부추'의 방언형에 대한 올림말 역시 방언 올림말 선정 기준과 원칙에서 벗어나 있다. '분추'는 자음첨가에 의한 것이기 때문에 '부추'의 방언형 '분추'는 단순히 'ㄴ'첨가에 의해 교체형임에도 불구하고 "분추01 명(방) '부추'의 방언(강원, 경북, 충북)."와같이 사전에 등재되어 있다.

〈방언형〉『표준국어대사전』에서 선택한 올림말

137. 부추

부추

부초

분추 「명」(방) '부추'의 방언(강원, 경북, 충북).

분초

세우리 「명」(방) '부추'의 방언(제주).

덩구지

정고지

정구지 「명」(방) '부추'의 방언(경상, 전북, 충청).

정구치

졸 졸02 명 「1」(방) '부추'의 방언(충청). 「2」(옛) '부추'의 옛말. ¶韭 졸 ≪물보 상:3≫/山韭 與家韭相類 但根白葉如燈心苗 山韭生深山中 驗其葉 一如家韭 不似燈心也 說者多以 졸 當韭 今驗 졸之結子 無仁不堪入藥 始知 韭之決是 부ᄎᆡ 而 졸 則恐是山韭也 孝文韭 諸葛韭 藿 仝≪물명 3:6≫. §

솔 명(방) '부추'의 방언(경상, 전남).

소불

소풀 명(방)(식) '부추'의 방언(경상).

'부추'의 방언 분화형도 겨레말 방언지도 제작기를 활용하여 방언계열별 실현 빈도를 고려하여 '세우리', '정구지', '졸', '소풀'을 올림말로 선정하고 나머지 모음 및 자음 교체에 의한 방언형은 방언사전에만 등재할 수 있을 것이다.

형태론적 분화형의 대표형을 선정하는 예에 대해 살펴보자. 한편 '키'의 방언 분화형이 '치', '쳉이', '챙이', '칭이', '치이' 등이 있을 수 있는데 이들 가운데 '치'는 '키'의 구개음화형임을 예측할 수 있다. 그런데 '쳉이'형은 방언 분포지역이 광범할 뿐만 아니라 '-앙이'라는 접사가 결합한 파생어이다. 물론 '챙이', '칭이', '치이'와 같은 형태는 단순한 음성 교체형이기 때문에 방언 올림말에서 제외할 수 있으나 '쳉이'를 방언형의 올림말로 올리기 위해서는 '치'의 구개음화가 적용된 '치'는 예측이 가능한 형태이지만 '쳉이'형을 올림말로 싣기 위해서는 '치'형도 방언 올림말로 삼을 수 있다.

음운론적 분화형의 대표형을 선정하는 예에 대해 살펴보자. '밀기울'은 '밀+기울'의 복합어이다. '밀기울'에 대한 방언형인 '기울'과 '밀기울'만 올림말로 등재되어 있다. 특히 '기울'은 '밀기울'과 동의어이지만 표준어 올림말로 "기울01「명」밀이나 귀리 따위의 가루를 쳐내고 남은 속껍질."로만 실려 있다. '기울'이 구개음화한 '지울'형과 '기울'의 고어형이 '지불'과 '지불+이(접사)', '지불+아기(접사)' 등의 결합되어 복잡한 방언 분화를 보여주고 있다. 그런데 구개음화나 고어형은 예측이 가능하기 때문에 방언 올림말에서 제외될 수는 있다. 방언 분화형 가운데 음운론적 요인에 의한 것은 예측이 충분히 가능하다. 따라서 단순 교체형이나 예측 가능한 음운론적 분화형태는 대표형에서 제외될 수 있다. 그러나 '허께미', '헙데'와 같이 어원이 다른 방언형은 올림말에서 제외되어야 할 이유를 찾기 힘들다.

방언 분화는 대체로 어원적인 요인이 가장 우선된다. '옥수수'형과 '강냉이'계열이 먼저 구분되고 다음으로는 형태론적 요인에 따라 '옥시깽이' 등의 파생어나 합성어에 따라 분화가 이루어지고 그다음으로 음운론적 요인에 따라 '옥수구', '옥쑤기', '강낭이' 등으로 분화가 이루어진다. 어원적분화형의 대표적인 분화형은 올림말로 선정되어야 한다. 현재 '옥수수'와 '강냉이'를 복수 표준어로 삼아 올림말로 실은 것처럼 다양한 방언 분화형 가운데 복수 표준어로 인정하지 않더라도 어원적 분화형의 대표형은 반드시 올림말로 선정되어야 한다.

다양한 방언형들의 지리적 분포나 사용빈도를 쉽게 알아볼 수 있는 방법은 언어지도 제작 도구인 겨레말 방언지도 제작기를 활용하면 어원적 분화형을 쉽게 추출이 가능할 뿐만 아니라 방언 분화형의 어원 계열별 실현 빈도를 고려하여 언어 자료의 통계처리나 분화형의 대표형을 추출하는데 보다 정확하고 손쉽게 처리할 수 있다.

4) 방언 올림말 뜻풀이의 오류

'떨어뜨리다'에 대한 방언형으로 '널쭈다' 계통의 방언형이 있다. 2003년도 한민족언어정보화 〈남북한 방언검색시스템〉에 등재된 '떨어뜨리다' 계열의 방언 분화형은 다음과 같다.

방언검색시스템 표준국어대사전

나르치다(전남)

널짜다(경남)(경북) 「동」(방) '떨어뜨리다'의 방언(경남).

널쭈다(경남) 「동」(방) '떨어뜨리다'의 방언(경남).

네레쭈다(강원)

네레추다(강원)

네부치다(전남) 「동」(방) '떨어뜨리다'의 방언(전남).

네불치다(전남)

네비치다(전남)

넬치다(전남) 「동」(방) '떨어뜨리다'의 방언(전남).

떨구다(강원) 「동」'떨어뜨리다'의 잘못.

떨어떠리다(전국)

떨어띠리다(전국)

떨어터리다(전국)

떨우다(경남) 「동」(방) '떨어뜨리다'의 방언(경남).

떨추다(전남)

떨치다(전남)[12]

떨쿠다(전남) 「동」(북)(강조하여) 무엇을 떨어뜨리다. ¶락반이 일어날 수 있는 위험 개소의 돌을 미리 떨쿠는 사람은 우리 중대의 로동안전원 병철이다.≪선대≫ §

〈방언검색시스템〉에 등재된 방언형 '나르치다, 널짜다, 널쭈다, 네레쭈다, 네레추다, 네부치다, 네불치다, 네비치다, 넬치다, 떨구다, 떨어떠리다, 떨어띠리다, 떨어터리다, 떨우다, 떨추다, 떨치다, 떨쿠다' 가운데에서 『표준국어대사전』에 '널짜다, 널쭈다, 네부치다, 넬치다, 떨구다, 떨우다, 떨치다, 떨쿠다'는 올림말로 등재되어 있다. 특히 '널짜다'와 '널쭈다'는 단순한 모음 교체형이고 '떨구다'와 '떨우다' 역시 접사의 차이일 뿐이다. 다시 말하면 '떨어뜨리다'

12 떨-치다01 〔-치어[-어/-여](-쳐[처]), -치니〕「동」【(…을) …에】 위세나 명성 따위가 널리 알려지다. 또는 널리 드날리다. ¶그 영화로운 이름이 사해(四海)에 떨쳤다고 전해지는 고려의 서울다운 위엄은 찾아볼 길 없었으나…. (박완서, 『미망』)//그는 임진왜란이 일어나자 분연히 궐기해 그 이름을 전국에 널리 떨쳤다./무슨 고지에서 용맹을 떨쳤던 그 장군 각하도 우리 김 박사를 못 당할걸요. (장용학, 『위사가 보이는 풍경』)§
떨-치다02 〔-치어[-어/-여](-쳐[처]), -치니〕「동」【…을】「1」세게 흔들어서 떨어지게 하다. ¶소매를 떨치고 일어서다/그는 붙잡는 손을 떨치고 집을 나갔다. §「2」불길한 생각이나 명예, 욕심 따위를 완강하게 버리다. ¶걱정을 떨쳐 버리다/만사가 다 귀찮아진 그는 권세도 명예도 다 떨쳐 버리고 고향으로 향했다./그럴 리가 없다고 완강하게 부정을 하는 것이었지만 그 불길한 생각은 떨칠 수가 없었다. (조정래, 『태백산맥』)§[<뻘티다<쁠티다<두시-초>←쁠-+티-]
떨-치다03 「동」(방) '놓치다'의 방언(전남).

형의 다양한 방언형 가운데 어떤 기준으로 올림말을 선정했는지 뚜렷한 기준을 찾아내기 힘든다. '떨어뜨리다' 계열의 방언형은 크게 '떨어-', '떨구다'와 '널쭈다', '네불치다' 계열로 구분된다.

떨+어 - 떨어떠리다, 떨어띠리다
떨구다 - 덜구다, 떨우다, 떨추다, 떨치다, 떨쿠다
널쭈다 - 널짜다, 나르치다, 네레쭈다, 나레추다, 넬치다

'떨구다(강원)'의 뜻풀이 "「동」'떨어뜨리다'의 잘못."으로 뜻풀이를 하고 '떨우다'는 "동(방) '떨어뜨리다'의 방언(경남)."으로 뜻풀이를 한 기준과 이유가 무엇인가. '떨우다'는 '떨구다'의 'ㄱ'탈락 현상에 지나지 않음에도 불구하고 '떨구다'는 "'떨어뜨리다'의 잘못."으로 뜻풀이를 한 이유가 어디에 있는지 그리고 '떨우다'는 방언형으로 뜻풀이를 한 이유가 분명하지 않다.[13]

다음에 '자르다'의 방언형인 '동갈이다', '동갈내다'는 끊는 대상의 줄이나 평면적인 것이냐 입체적인 것이냐에 따라 의미 차이를 보인다. 그런데 '동갈이다', '동갈내다'와 같은 방언형은 기존 사전의 올림말에서 제외되어 있다. 앞에서 살펴본 '널쭈다'와 함께 매우 중요한 방언형이 누락되어 있다. '썰다03'를 "「동」(방) '켜다02'의 방언(경상)"으로 풀이하고 있는데 경상방언에서는 '썰다'와 '켜다'는 분명한 의미차이가 있다. 곧 '켜다'는 "켜를 지워서 썰다"는 의미가 있기 때문에 단순히 "'켜다02'의 방언(경상)"으로 처리하

13 기존 사전의 방언 올림말은 특별한 기준 없이 어휘적으로 동일한 계열의 여러 음운론적 교체형들을 모두 등재하고 있으나 『표준국어대사전』에서는 한 계열에서는 하나의 대표형만을 올림말로 등재하고 나머지 교체형들은 올림말로 인정하지 않는다.

기 보다는 좀 더 미세하게 뜻풀이를 해주어야 한다. 이와 유사한 예로 방언형 '농구다'는 '가르다, 노누다, 가르다, 가리다, 논구다, 농구다'와 같은 분화형이 있다. 그런데 이 '농구다'의 뜻풀이를 "농구다「동」(방) '나누다'의 방언(강원, 함경)."로 함으로써 '가르다'의 의미가 배제되었다. 다시 말하자면 방언에서는 '농구다'가 "편을 갈라 지우다."는 의미로 곧 '가르다'의 "「3」승부나 등수 따위를 정하다."의 의미도 있음에도 이를 배제한 뜻풀이가 되고 말았다.[14]

03 | 어휘체계 뜻풀이의 체계적 균형

유의어, 반의어, 계열어, 하위어 등은 특히 뜻풀이의 균형적 체계성을 잃기 쉽다. 이들 어휘들을 시소러스를 활용하여 어휘군락을 이루는 어휘들을 서로 대조하여 뜻풀이의 균형을 맞추어야 하지만 뜻풀이를 담당하는 사람이 서로 다를 수 있기 때문에 실재로 이들의 뜻풀이에는 많은 오류를 발견할 수 있다.

---

14 가르다 〔갈라, 가르니〕 동&「1」【…을 …으로】 쪼개거나 나누어 따로따로 구별하다.「2」【…을】「1」물체가 공기나 물을 양옆으로 열며 움직이다.「2」옳고 그름을 따져서 구분하다.「3」승부나 등수 따위를 정하다.「4」양쪽으로 열어젖히다.『표준국어대사전』
나누다 〔나누어(나눠), 나누니〕 동&「1」【…을 …으로】「1」하나를 둘 이상으로 가르다.「2」여러 가지가 섞인 것을 구분하여 분류하다.「3」수1』나눗셈을 하다.「2」【…을 …에/에게】 몫을 분배하다.「3」【(…과)…을】('…과'가 나타나지 않을 때는 여럿임을 뜻하는 말이 주어로 온다)「1」음식 따위를 함께 먹거나 갈라 먹다.「2」말이나 이야기, 인사 따위를 주고받다.「3」즐거움이나 고통, 고생 따위를 함께하다.「4」같은 핏줄을 타고나다.『표준국어대사전』

1) 유의어에서의 뜻풀이 실태

유의어를 『표준국어대사전』에서는 아래의 예처럼 '유의어'의 뜻풀이는 "[명] 《어》 뜻이 서로 비슷한 말. ≒비슷한말·유어05(類語)."로, '비슷한말'은 '=유의어'로, 유어는 '=유의어(類意語)'로 각각 뜻풀이를 하고 있다. 그런데 올림말로서 '비슷한말'과 풀이말로서 '비슷한 말'은 어떤 차이가 있는지 의문이다. 올림말인 '유의어', '비슷한말', '유어' 모두 순환적 모순적 뜻풀이를 하고 있다.

'다리'와 '교량'이라는 두 유의어를 『표준국어대사전』에서 어떻게 다루고 있는지 살펴보자. 먼저 '다리'의 의미는 4가지이며, '교량'은 의미가 한 가지이며 이를 '다리'로 순화한다고 밝히고 있다.

> 다리 명
> ① 물을 건너거나 또는 한편의 높은 곳에서 다른 편의 높은 곳으로 건너다닐 수 있도록 만든 시설물.
> ② 두 사물이나 사람 사이를 이어 주는 역할을 하는 것.
> ③ 중간에 거쳐야 할 단계나 과정.
> ④ 지위의 등급.
> 교량 명 시내나 강을 사람이나 차량이 건널 수 있게 만든 다리. '다리'로 순화.

'교량'의 뜻풀이와 '다리'의 제1 의미와 유의적인 관계라면 이들의 뜻풀이는 적어도 일치해야 할 것이다. 그런데 '다리'의 제1 의미는 "①물을 건너거나 또는 한편의 높은 곳에서 다른 편의 높은 곳으로 건너다닐 수 있도록 만든 시설물."로 '교량'은 "시내나 강을 사람이나 차량이 건널 수 있게 만든 다리. '다리'로 순화."와 같이 뜻풀이를 하고 있다. 그러나 '다리'의 의미와 '교량'의 의미는 본 뜻풀이대로라면 분명히 차이를 보이고 있다. 분명하게 '다리'의 의미인 "높은 곳에서 다른 편의 높은 곳으로 건너다닐 수 있도록 만든 시설물"의 뜻을 '교량'이라고 하지는 않는다. 이미 '교량'의 뜻풀이 속에서 '다리'라는 어휘가 사용되고 있는데 왜 '교량'을 '다리'로 순화하는가?

이처럼 유의어의 유형 가운데 한자어휘와 고유어휘 간의 유의 관계 어휘가 다수를 차지하고 있다.

> 밥01 명
>
> ① 쌀, 보리 따위의 곡식을 씻어서 솥 따위의 용기에 넣고 물을 알맞게 부어, 낟알이 풀어지지 않고 물기가 잦아들게 끓여 익힌 음식. ≒반식02(飯食).
>
> ② 끼니로 먹는 음식.
>
> ③ 동물의 먹이.
>
> ④ 나누어 가질 물건 중 각각 갖게 되는 한 부분.
>
> ⑤ 남에게 눌려 지내거나 이용만 당하는 사람을 비유적으로 이르는 말.
>
> 「비」〈2〉식사03(食事).
>
> 「높」〈2〉진지01.

> 진지 명 '밥01[2]'의 높임말.

'밥'과 '진지' 간의 유의적 관계는 '밥'의 "②끼니로 먹는 음식."에 대한 높임말로써의 관계이다. ‘할머니’와 ‘할망구’와 같은 낮춤말에서도 유의적 관계를 확인 할 수 있다. 비유적 표현에서 유의어의 관계가 뜻풀이에서 제외된 예를 살펴보자. 『표준국어대사전』에서 ‘여우’를 다음과 같이 뜻풀이를 하고 있다.

여우 명

① 『동』갯과의 포유동물. 개와 비슷한데 몸의 길이는 70cm 정도이고 홀쭉하며, 대개 누런 갈색 또는 붉은 갈색이다. 주둥이가 길고 뾰족한데 꼬리는 굵고 길다. 한국, 일본, 중국, 유럽, 북아메리카 등지에 분포한다. ≒야호03(野狐).(Vulpes vulpes peculiosa)

② 매우 교활한 사람을 비유적으로 이르는 말.

③ 하는 짓이 깜찍하고 영악한 계집아이를 비유적으로 이르는 말.

깍쟁이 명

① 이기적이고 인색한 사람.

② 얄미울 정도로 약빠른 사람.

‘여우’의(2)(3)의 의미와 ‘깍쟁이’의 의미는

두상/머리

2) 반의어의 뜻풀이의 실태

반의어는 그 뜻이 서로 정반대되는 관계에 있는 말을 뜻한다. 한 쌍의 말 사이에 서로 공통되는 의미 요소가 있으면서 동시에 서로 다른 한 개의 의미 요소가 있어야 한다. '남자'와 '여자', '총각'과 '처녀', '위'와 '아래', '작다'와 '크다', '오다'와 '가다' 따위이다.

먼저 '남자'와 '여자'의 『표준국어대사전』 뜻풀이의 사례를 들어 보자.

남자2(男子) 명
1. 남성(男性)으로 태어난 사람. =남02(男)
2. 사내다운 사내.
3. 한 여자의 남편이나 애인을 이르는 말.
〈반〉 1. 여자 02

여자2(女子) 명
1. 여성(女性)으로 태어난 사람.
2. 〈역〉 신라에서, 궁내성에 속하여 침방(針房)에서 바느질하는 일을 맡아보던 나인.
〈반〉 1. 여자02

우선 '남자'의 뜻풀이와 '여자'의 뜻풀이를 살펴보면 체계적으로 불균형을 보인다. 1의 뜻풀이는 동일하지만 '남자'의 2의 뜻풀이는 그 자체도 동어 반복적인 오류를 지닌다. 하지만 '여성'에서는 이것에 대응되는 뜻풀이가 없다는 사실은 남성 우월주의에 의한 사회적 편견이 반영되어 있다. 특히 '남자'의 3의 뜻풀이인 '한 여자의 남편이나 애인을 이르는 말.'에 대응되는 뜻풀이가 '여성'에 없다는 것은 두 대립어의 뜻풀이가 체계적으로 균형이 일그러진 대표적인 사례는 꼽을 수 있다.

'밀물'과 '썰물'은 『표준국어대사전』에서는 〈참조〉 어휘로 처리했으나 방향적 대립관계를 보이는 대립어이다.

밀물1 명 〈지1〉
조수의 간만으로 해면이 상승하는 현상. 간조에서 만조까지를 이르며 하루에 두 차례씩 밀려들어 온다. =창조05(漲潮)
〈밀믈(용가)〈-밀-+-ㄹ믈〉
〈참〉 썰물

썰물 명 〈지1〉
달의 인력(引力)으로 바닷물이 밀려나가서 해면이 낮아지는 현상. 또는 그 바닷물. =고조19.(고조), 귀조-2(귀조), 낙조02(낙조), 낙조류2, 퇴조2
〈참〉 밀물01

'밀물'과 '설물'의 뜻풀이를 비교해보면 '-하는 현상'으로 기술되어 있는데 현상의 개념이 '해면이 상승하는'과 '바닷물이 밀려나가서 해면이 낮아지는'으로 체계적 균형이 맞지 않다. '해면이' 상승하는냐 낮아지는냐에 따라 서로 대립을 보이는데 '썰물'의 경우 '바닷물이 밀려나가서'는 군더더기 풀이라고 할 수 있으며, 이러한 요인은 얼마든지 더 장황하게 설명할 수 있다. 곧 '밀물'은 '조수의 간만으로'가 '해면이 상승하는 현상'의 원인이 되며, '썰물'은 '달의 인력引力으로 바닷물이 밀려나가서', '해면이 낮아지는 현상 또는 그 바닷물.'로 이라는 설명인데 이것은 분명하게 체계적인 균형을 이루지 못한다. 나아가서 부대적인 설명 부분도 '밀물'은 '간조에서 만조까지를 이르며 하루에 두 차례씩 밀려들어 온다.'와 같은 뜻풀이는 백과사전식 뜻풀이로 '썰물'에는 이러한 부대 설명이 없어 체계균형이 깨어졌다.

남북 간의 대립어의 조어양상이 다른 반이어의 뜻풀이의 예를 살펴보자.

남쪽 : 내리사랑 -- 치사랑

북쪽 : 내리사랑 -- 올리사랑

내리-사랑 명손윗사람의 손아랫사람에 대한 사랑. 특히, 자식에 대한 부모의 사랑을 이른다. 「반」 치사랑.

치-사랑 명손아랫사람이 손윗사람을 사랑함. 또는 그런 사랑. 「반」 내리사랑.

올리사랑 명 《북》 ①윗사람에 대한 아랫사람의 사랑. ②부모에 대한 자식의 사랑.

'내리사랑'에 대응되는 '치사랑'과 '올리사랑'의 뜻풀이를 비교해보면 우선 '치사랑'은 '손아랫사람이 손윗사람을 사랑함'이라는 사랑하는 행위와 '또는 그런 사랑'이라고 하여 그 대상 자체를 구분해서 뜻풀이를 한 반면에 북쪽의 '올리사랑'의 경우는 '내리사랑'에 대응시켜 '①윗사람에 대한 아랫사람의 사랑. ②부모에 대한 자식의 사랑.'으로 뜻풀이를 하고 있다.

다음은 반의어의 뜻풀이가 잘못된 경우의 예를 살펴보자.

위01 [명]

① 어떤 기준보다 더 높은 쪽. 또는 사물의 중간 부분보다 더 높은 쪽.

② 길고 높은 것의 꼭대기나 그쪽에 가까운 곳.

③ 어떤 사물의 거죽이나 바닥의 표면.

④ 신분, 지위, 연령, 등급, 정도 따위에서 어떠한 것보다 더 높거나 나은 쪽.

⑤ 글 따위에서, 앞에서 밝힌 내용.

⑥ 강 따위의 물이 흘러가는 반대 방향이나 부분.

⑦ 시간적 순서가 앞에 오는 것.

「8」 (주로 '위에' 꼴로 쓰여) 어떤 일이나 조건 따위에 의하여 특징지어지는 테두리나 범위.

「9」 (주로 '위에' 꼴로 쓰여) 어떤 것의 바깥이나 이외.

[반]〈1〉아래01〔1〕.

[반]〈4〉아래01〔2〕.

[반]〈5〉아래01〔4〕. {<웋<석상>}

아래01 [명]

① 어떤 기준보다 낮은 위치.

② 신분, 연령, 지위, 정도 따위에서 어떠한 것보다 낮은 쪽.

③ 조건, 영향 따위가 미치는 범위.

④ 글 따위에서, 뒤에 오는 내용.

⑤ '음부07(陰部)'를 완곡하게 이르는 말.

[반]〈1〉위01〔1〕.

[반]〈2〉위01〔4〕.

[반]〈4〉위01〔5〕. {아래<용가>}

'위'와 '아래'는 부분적 반의어의 관계이다. '위'의 의의소 ①, ④, ⑤와 '아래'의 ①, ②, ④가 각각 대응관계를 보이고 있다. 먼저 '위'의 1의 뜻풀이는 '①어떤 기준보다 더 높은 쪽. 또는 사물의 중간 부분보다 더 높은 쪽.'인데 반해 '아래'의 1의 뜻풀이는 '①어떤 기준보다 낮은 위치.'로 되어 있어 전자는 '방향'을 후자는 '위치'를 나타내어 뜻풀이가 둘 다 잘못되어 있다. '위'나 '아래'는 모두 '방향'과 '위치'의 의미를 가지고 있다. '위'의 '위'의 ④와 '아래'의 ②는 비교적 체계적인 뜻풀이가 되었으나 전자는 비교적 표현으로 후자는 단순 비교의 표현으로 뜻풀이를 한 것은 균형을 깨뜨린 결과이다. '위'의 ⑤와 '아래'의 ④는 뜻풀이가 둘 다 잘되어 있다. '위'의「8」과 '아래'의 ③은 서로 대응되는 반의어임에도 불구하고 반의어로 지정하지 않은 점이나 '위'의 ⑥,「8」의 뜻풀이는 불필요한 것이다.

넓다 형

① 면이나 바닥 따위의 면적이 크다.

② 너비가 길다.

③ 마음 쓰는 것이 크고 너그럽다.

④ 내용이나 범위 따위가 널리 미치다.

반〈1〉좁다01〔1〕.

반〈3〉좁다01〔2〕.

반〈4〉좁다01〔3〕. {<넙다<석상>}

좁다01 형

① 너비나 공간이 작다.

② 마음 쓰는 것이 너그럽지 못하고 옹졸하다.

③ 내용이나 범위 따위가 널리 미치지 아니하다.

[반]〈1〉넓다 {1}.

[반]〈2〉넓다 {3}.

[반]〈3〉넓다 {4}. {좁다<석상>}

'넓다'와 '좁다'는 상보적 반의어로서 '넓다'의 ①, ②의 의미와 '좁다'의 ①의 뜻풀이가 서로 대응된다. 그런데 '넓다'에서는 '면적'과 '길이, 폭'의 의미를 별도로 뜻풀이를 하고 있으나 '좁다'에서는 이것을 하나로 뭉쳐서 뜻풀이를 함으로서 서로 체계의 균형을 깨뜨리고 있다.

가르치다01 [동](1) ① 지식이나 기능, 이치 따위를 깨닫거나 익히게 하다.

② 그릇된 버릇 따위를 고치어 바로잡다.

③ 교육 기관에 보내 교육을 받게 하다.

(2)

① 상대편이 아직 모르는 일을 알도록 일러주다.

② 사람의 도리나 바른길을 일깨우다.

배우다01 [동]

① 새로운 지식이나 교양을 얻다.

② 새로운 기술을 익히다.

③ 남의 행동, 태도를 본받아 따르다.

④ 경험하여 알게 되다.

⑤ 습관이나 습성이 몸에 붙다.

한편 '가르치다'와 '배우다'는 방향 대립어인데 『표준국어대사전』에서는 별개의 단어로 다루고 있다. 많은 반의어를 이처럼 반의 관계로 다루지 않음으로 인해서 뜻풀이의 체계적 균형을 잃는 경우가 매우 많다. 이러한 문제를 극복하기 위해서 어휘들의 의미망을 체계화해야 할 필요가 있으며 이들 어휘망을 상호 패싯으로 연결하여 뜻풀이의 체계적 균형을 맞춤으로써 사전의 완성도를 높일 수 있는 것이다.

04 | 언어 정보 처리 기술과 사전의 계열적 체계 문제

1999년에 간행된 『표준국어대사전』은 국어 발전사에서 기여한 바가 매우 크다. 이 사전은 CD사전으로 제작하여 국민에게 널리 보급하였으며, 또 포털사이트 지원, 전자사전의 정보 자료로 지원함으로써 국민의 어문 통일과 규범 생활을 정착시킨 동시에 모국어에 대한 자긍심을 높이는 데 기여하였고, 또 국민이 우리 말글의 주인 역할을 할 수 있는 여건을 마련해주었다. 그동안 7차 교육과정 이후 각종 교과서의 어문 규범의 잣대 역할을 해왔으며, 2006년 체결된 교육과학부와의 업무 협정을 통해 8차 교육과정의 검증의 기준으로 삼고 있다. 그뿐만 아니라 국내에서 다량으로 출간되는 각종 도서의 표기법의 근간을 제공해 주고 있다. 이러한 긍정적인 평가를 전제로 하여 향후 규범사전으로 또 웹기반 다국어 지원 사전으로 발전시키기 위해 이 사전이 안고 있는 문제점을 중심으로 논의하려고 한다. 규범과 국어기본법의 법령 근거를 충실하게 이행할 것을 촉구하기 위해서 비판적 관점에서 문제를 제기한다는 점을 밝혀 둔다. 그리고 사전학의 기술적 관점에서 보다 국가 지식 생산과 관리의 정책 방안을 제시한다는 측면에서 논지를 전개하려고 한다. 그동안 논의되었던 많은 문제점들을 보완하여 웹사전으로 공개하며, 또 8차 교육과정의 교과서 검증의 표준으로 삼을 것을 선언하면서 앞으로 해결해야 할 과제로써 국가 사전 지식의 생산 관리의 중요성을 함께 논의하고자 한다. 그리고 본고는 국가 사전 지식 생산과 관리 과정에서 나타나는 거시적인 여러 문제점들을 제시하고 또 새로운 방향을 모색하고 또 알리려는 목적을 가지고 있다.

먼저 국립국어원에서 간행한 『표준국어대사전』의 이름을 꼼꼼히 새겨 볼 필요가 있다. '표준국어+대사전' 인가? 아니면 '표준+국어대사전' 인가? 전자라면 '표준국어'를 다 모은 대사전이라는 뜻이 될 것인데 어찌 표준국어의 대사전이 필요한 것인지 이해할 수 없다. 옥철영(2007)은 '표준'에 대해 콘텐츠의 표준인가? 사전 기술의 표준인가? 사전 활용의 표준인가? 어떤 개념의 표준인지 명확하지 않다는 지적을 한 바 있다.[15] 아마 우리 규범에 맞는 말을 올림말로 올려 그것을 뜻풀이한 『표준국어대사전』이라는 의미로 해석하는 것이 국립국어연구원에서 사전을 기획하고 편찬한 의도와 일치하리라 본다.

사전편찬학 측면에서 제기할 수 있는 문제점이나 부분적인 오류의 문제는 논외로 하더라도 『표준국어대사전』은 근본적으로 여러 가지 체계적인 문제를 안고 있다. 앞에서 말한 바와 같이 표준국어사전이라면 규범이 정하는 표준국어의 범주와 일치해야 할 필요가 있다. 한국 어문 규정은 〈한글 맞춤법〉, 〈표준어 규정〉, 〈외래어 표기

15 옥철영, 「어휘망과 국어사전의 체계적 구성」, 한국어 어휘망 구축과 사전 편찬 학술회의, 국립국어원, 2007.

법〉, 〈국어의 로마자 표기법〉으로 구성되어 있다. 이 네 가지 규정에 담긴 내용을 토대로 한 '표준어'의 범주와 이 사전에서 담고 있는 '표준어'의 범주가 일치하지 않는다는 점은 심각한 문제이다. 또한 지식 생산 기반이 강화되면서 외국으로부터 물밀듯이 밀려오는 전문용어나 외국어도 2005년도부터 발효된 〈국어기본법 시행령〉에 따라 전문용어 표준화 작업을 거친 다음 반드시 국어심의회의 심의 절차를 거치도록 되어 있다. 규범을 반영하고 국어기본법의 입법 정신을 충실하게 담아낼 수 있도록 『표준국어대사전』의 관리 및 운용 방식을 전면 개편해야 한다. 국민에게 가장 민감하게 영향력을 미치는 국어사전이 국가의 법률적 사항을 위배하는 오류를 저질러서는 안 된다. 결론적으로 국가가 『표준국어대사전』이라는 제한된 사전 지식만 관리하는 우를 범하여 폭증하는 지식 정보를 효율적으로 처리하지 않고 방치하는 상황은 국가 지식 생산이나 관리에 중대한 허점을 드러낸 것이라 하지 않을 수 없다.

사전 편찬자가 아무리 정교하게 올림말을 선정하더라도 자모 순서상 여기저기 흩어져 있는 올림말 어휘의 계열적 체계 공백Vacus을 발견하기란 모래밭에서 바늘을 찾는 일과 같을 것이다. 특히 기존 사전을 가위질하여 오려붙이는 방식과 같은 수작업으로 사전편찬을 진행하는 한, 사전의 계열적 균형을 맞춘 품격 있는 사전을 만들기란 거의 불가능한 상황이다. M. Lynne Murphy가 쓰고 임지룡·윤희수가 옮긴 『의미 관계와 어휘사전』(박이정, 2008)은 사전의 올림말의 계열적 균형 문제와 풀이말의 의미 정보를 부착하는 기술적인 문제를 논의한 책이다. 앞에서 제시한 문제 해결을 위해 정보처리 기술 가운데 최근 각광을 받고 있는 어휘망을 이용하면 올림말의 계열성, 반의어, 유의어, 동음이의어, 상하위어 간의 계열적 어휘 체계의 공백이 생기지 않도록 전산처리로 확인할 수 있으며, 뜻풀이의 구조도 상당 수준 정교함을 갖출 수 있다. 이 어휘망이란 분산되어 있는 올림말의 기록 구조의 기본 형식을 나타내는 일종의 템플릿이다. 사전 편찬 기술에서 정보 처리 기술과 접목되어야 할 구체적인 내용을 살펴보자.

05 | 올림말의 계열적 체계 불균형성

사전에서 일정한 순서로 배열되는 올림말의 전체 구조를 거시구조Macrostructure라고 하고 개별 올림말의 중심의 뜻풀이의 전체 구조를 미시구조Microstructure라고 하는데 이 거시구조와 미시구조가 어떻게 구성되어야 하는가에 대한 일반적인 이론은 없다. 그러나 어휘 사전이 내부적으로 어떻게 구조화해야 하는지 어휘 사이에 계열적 의미 관계를 어떻게 나타낼 것인지에 대한 논의는 활발하게 진행되고 있다.

올림말의 계열 관계 오류 사례에 대해 살펴보자. 전문용어 가운데 계열 관계를 이루는 올림말군에는 어떤 어휘는 올림말로 올리고 어떤 어휘는 올림말로 올리지 않아 옥수수의 알이 빠지듯이 계열적인 균형 체계를 깨뜨린 사례들은 부지기수이다. 〈그림 7〉은 MBC에서 발간한 『2008 올림픽 총서』(MBC, 2008)의 체육 용어 가운데 유도 관련 어휘 부분이다.

1. 손기술: 업어치기-어깨로메치기-빗당겨치기-*모로띄기-*누우며던지기

〈그림 7〉『2008 올림픽 총서』(MBC, 2008)에서 따옴.

2. 허리기술: 허리채기-허리튀기-허리후리기
3. 발기술: *밧다리후리기-안다리후리기-*발목받치기-모두걸기-*무릎대돌리기-*안뒤축후리기-허벅다리걸기
4. 바로누우며메치기: *배대뒤지기-*안오금띄기
5. 굳히기(누르기): 곁누르기-어깨누르기-가로누르기-세로누르기-*모로누르기-위누르기
6. 굳히기(조르기): 안아조르기-*맨손조르기-십자조르기
7. 굳히기(꺾기): *팔가로누워꺾기-*팔꿈치어깨대꺾기-*팔얽어비틀기

손기술 가운데 '업어치기-어깨로메치기-빗당겨치기-*모로띄기-*누우며던지기'와 같은 어휘 계열 중 '*모로띄기', '*누우며던지기'와 같은 어휘는 『표준국어대사전』에 올림말로 실려있지 않다. '*밧다리후리기, *발목받치기, *무릎대돌리기, *안뒤축후리기, *배대뒤지기, *안오금띄기, *모로누르기, *맨손조르기, *팔가로누워꺾기, *팔꿈치어깨대꺾기, *팔얽어비틀기'와 같은 어휘가 올림말

로 처리되지 않을 이유가 없다. 이와 같은 문제는 손작업으로는 도저히 해결이 불가능하다. 물론 국어사전에 체육용어와 같은 전문용어를 반드시 다 실어야할 이유가 없다고 말할지 모르지만 적어도 방송 매체를 통해 국민들의 일반 생활에 깊이 스며든 용어들이기 때문에 올림말로 반드시 실어야 할 필요성이 있다.

어휘들 간의 의미적 관계망을 나타내는 어휘망을 구축해야만 이들 계열 어휘의 체계적 관계를 파악할 수 있다.

한편 방언형의 올림말 선정 기준도 없는 셈이다. 방언 올림말을 선정하는 일반 원칙인 "타 방언권의 화자가 대응하는 표준어형을 쉽게 유추하기 힘든, 단순 음운론적 교체형이 아닌 어형들에 한정해서 올림말로 인정한다."라고 규정하고 있지만 그러나 실제 사전에서는 이러한 일반 원칙조차도 잘 지켜지지 않았음을 알 수 있다.[16]

06 | 뜻풀이의 체계적 균형

어휘 간의 의미 관계는 어휘의 성질에 따라 결정되는 것이 아니라는 점에서 고도로 문맥 의존적이다. 시소러스나 어휘망, 시멘틱웹, 온톨로지와 같은 언어정보 처리 기술이 어휘 간의 계열적 의미관계Paradigmatic semantic relation를 균형 있게 기술하는데 활용되고 있다. 사전 구조의 핵심인 올림말과 뜻풀이의 어휘관계Lexical relation나 의미관계Semantic relation의 계열 관계의 균형을 맞추는 일은 대형 사전

16 이상규, 「방언 지도 제작기를 활용한 방언 올림말」, 『한국사전학』 2005년도 제6호. 한국사전학회.

작업에서는 손작업으로는 도저히 불가능하다고 할 수 있다.

사전 지식의 정보 처리 환경은 진화하고 있다. 인터넷을 활용하여 유비쿼터스 컴퓨팅/네트워킹Ubiquitous Computing/Networking이 가능하며, 인간 언어로 기술될 내용을 기계가 이해하기 쉽게 의미표지를 부착할 수 있는 시멘틱웹, 또는 온톨로지의 기술력을 사전 편찬에 활용할 수 있는 가능성은 대단히 희망적이다. 인터넷을 통한 정보 기술력은 학습을 통해 스스로 지식을 축적하고, 추론을 통해 스스로 새로운 지식을 창출하며 이를 사람과 기계 간, 기계와 기계 간 적절히 이용할 수 있는 자연언어 처리 기술력으로 발전될 전망이다. 따라서 사전 발전의 가능성은 어휘의 의미관계 정보를 얼마만큼 미시적으로 부여할 수 있는가에 달려 있다. 전통적으로 다양한 어휘의미 관계의 유형을 동의Synonymy와 반의Antonymy, 상위Hypernymy와 하위Hyponymy, troponymy, 전체Holonymy와 부분Meronymy, 함의Entailment와 인과Causal relation 등의 유형으로 구분하여 그 의미 관계의 뜻풀이의 계열적 체계를 정교하게 유지하기 위한 언어 정보화 기술력을 최대한 활용해야 할 것이다.

어휘망 구조를 활용하면 사전 편찬에서 올림말의 계열적 체계의 균형을 맞추는 일뿐만 아니라 기초 어휘를 학습하는 학습자의 교재 개발에도 활용할 수 있다. 산발적으로 기초 어휘를 습득하는 유아기의 단계를 넘어서면 어휘와 어휘의 관계에 대한 인지가 발달되듯이 반의어나 유의어, 계열어의 계열적 체계를 연계망으로 구축한 탬플릿을 화상으로 연출하는 학습 교재를 개발하는 데도 도움이 된다.

밀-물01 명《지1》 조수의 간만으로 해면이 상승하는 현상. 간조에서 만조까지를 이르며 하루에 두 차례씩 밀려 들어온다.
≒ 창조05(漲潮). ¶밀물이 들다.§
「참」 썰물. [<밀믈<용가>←밀-+-ㄹ+믈]

썰-물 명《지1》 달의 인력(引力)으로 바닷물이 밀려 나가서 해면이 낮아지는 현상. 또는 그 바닷물.
≒고조19(涸潮). 귀조02(歸潮). 낙조02(落潮). 낙조류〔2〕 퇴조02(退潮)〔2〕. ¶썰물이 지다/밀물과 썰물의 차가 크다./썰물이 되자 마을 사람들이 갯벌에 나가 조개를 주웠다./썰물 때에는 갯벌이 훤히 드러난다./어둠이 깔리기 시작하자 포위군은 썰물 빠지듯 자취를 감추고 말았다.(이병주, 『지리산』)§
「참」 밀물01. [<▷혈믈←혀-+-ㄹ+믈]

'밀물'과 '썰물'은 상호 밀접한 관계가 있는 어휘이다. 이 두 어휘의 뜻풀이의 핵은 '해면이 상승하는 현상'과 '해면이 낮아지는 현상'이라고 할 수 있다. 그런데 각각의 뜻풀이를 살펴보면 이상할 것이 없지만 두 가지를 대조해 보면 체계상의 불균형을 이루고 있음을 분명히 알 수 있다.

밀물의 뜻풀이 구조: [조수의 간만으로] + [해면이 상승하는 현상] + [간조에서 만조까지를 이르며 하루에 두 차례씩 밀려 들어온다.]
썰물의 뜻풀이 구조: [달의 인력(引力)으로 바닷물이 밀려 나가서] + [해면이 낮아지는 현상]+[또는 그 바닷물.]

위에서 '밀물'과 '썰물'의 뜻풀이의 구조를 분석해 보면 핵어(Core word)를 중심으로 선후행 한정부의 길이나 뜻풀이 방식이 서로 다르며, 핵어의 뒷부분도 서로 달라 결국 이 두 어휘의 뜻풀이는 체계적 결함이 있음을 알 수 있다. 이러한 결과가 나타나는 이유는 언어 정보 처리 기술에 의존하지 않고 집필자가 각각 항목을 따로 나누어 서로 다른 잣대로 뜻풀이를 하였기 때문이다. '밀물'과 '썰물'의 뜻풀이의 체계적 균형을 맞추기 위해서는 어휘망으로 연계하여 핵어와 한정 부분을 언어 정보 처리 기술로 제약을 가해 뜻풀이의 균형을 조정해주어야 한다. 그래야만 보다 체계적으로 균형잡힌 사전이 될 수 있다.

07 | 계열어의 뜻풀이의 실태

'계열어'라는 단어는 『표준국어대사전』에서도 올림말로 등재되어 있지 않다. 온도어휘나 색상어휘 등 정도 차이에 의해 하나의 어휘 체인을 형성하고 있는 말의 무리를 계열어라고 할 수 있다. 계열어를 이루는 무리말의 형성 조건은 여러 가지가 있을 수 있다. '그끄저께-그저께-어제-오늘-내일-모래-글피-그글피'와 같이 오늘을 중심으로 시간의 흐름에 따른 점층 내지는 점강적 무리나 병렬적 말무리를 계열어라고 한다.

그-끄저께

「I」 ㉧그저께의 전날. 오늘로부터 사흘 전의 날을 이른다. ≒삼작일·재재작일.

「II」「부」 그저께의 전날에.

그저께

「I」 [명]어제의 전날. ≒거거일˙재작02(再昨)˙재작일˙전전날〔2〕.

「II」「부」 어제의 전날에.

「준」 그제01. {<그적긔<그젓긔<박언>←그+적+씌}

어제

「I」 [명]①오늘의 바로 하루 전날. ≒어저께『I』˙작일(昨日).

②지나간 때.

「II」「부」 오늘의 바로 하루 전에. ≒어저께『II』.

「참」 내일.{어제〈석상〉}

오늘

「I」 [명]①지금 지나가고 있는 이날. ≒금일02(今日)〔1〕.

②=오늘날.

「II」「부」 지금 지나가고 있는 이날에.

내일(來日)

「I」 [명]

①오늘의 바로 다음날. ≒명일03(明日).

②다가올 앞날.

「II」「부」 오늘의 바로 다음날에.

「참」 어제01.

모레

「I」 [명]내일의 다음 날. ≒내일모레〔1〕˙명후일˙재명일.

「II」「부」 내일의 다음 날에. {<모릐<모뢰<번박>}

글피

[명]모레의 다음 날. ≒삼명일02(三明日). {<글픠 <박언>}

그-글피

명글피의 그 다음날. 오늘로부터 나흘 뒤의 날을 이른다.

날의 앞과 뒤를 나타내는 말무리는 '오늘'을 기준으로 하여 점층, 점강의 방식으로 날의 선후 관계를 계열화하여 뜻풀이를 하고 있다.

계열어의 뜻풀이 가운데 12간지의 사례를 들어 뜻풀이의 체계적 균형이 일그러진 사례를 검토해 보자. 간지는 천간天干과 지지地支로 구분되며 십간十干과 십이지十二支 또는 간干과 지支를 조합한 것을 이르는 말이다.

자10(子) 명《민》

①십이지(十二支)의 첫째. 쥐를 상징한다.

②=자방02(子方).

③=자시03(子時)〔1〕.

④=자시03〔2〕.

축05(丑) 명《민》

①십이지(十二支)의 둘째. 소를 상징한다.

②=축방01(丑方).

③=축시01(丑時)〔1〕.

④=축시01〔2〕.

인13(寅) 명《민》

①십이지의 셋째. 범을 상징한다.

②=인방02(寅方).

③=인시04(寅時)〔2〕.

묘01(卯) 명《민》

①십이지의 넷째. 토끼를 상징한다.

②=묘방01.

③=묘시01(卯時)〔1〕.

④=묘시01〔2〕.

진04(辰) 명《민》

①=진시01(辰時)〔1〕.

②=진시01〔2〕.

③=진방01(辰方).

사06(巳) 명《민》

①십이지의 여섯째. 뱀을 상징한다.

②=사방02(巳方).

③=사시02(巳時)〔1〕.

④=사시02〔2〕.

오05(午) 명《민》

①십이지의 일곱째.

②=오방03(午方).

③=오시04(午時)〔1〕.

④=오시04〔2〕.

미09(未) 명《민》

①십이지의 여덟째. 양을 상징한다.

②=미방.

③=미시02(未時)〔1〕.

④=미시02〔2〕.

신04(申) 명《민》

①십이지의 아홉째. 원숭이를 상징한다.

②=신방01.

③=신시01〔1〕.

④=신시01〔2〕.

유03(酉) 명《민》

①십이지(十二支)의 열째.

②=유방02(酉方).

③=유시03(酉時)〔1〕.

④=유시03(酉時)〔2〕.

술08(戌) 명《민》

①십이지의 열한째. 개를 상징한다.

②=술방.

③=술시〔1〕.

④=술시〔2〕.

해09(亥) 명《민》

①십이지의 열두째. 돼지를 상징한다.

②=해방01(亥方).

③=해시01(亥時)〔1〕.

④=해시01〔2〕.

'자-축-인-묘-진-사-오-미-신-유-술-해'의 열두 간지는 일종의 계열적 순환관계의 말무리이다. 이들 주의Primary meaning 뜻풀이는 '십이지의 00째. 0를 상징한다.'라는 방식으로 이루어져 있다. 그러나 '진'의 경우 '①=진시01(辰時)〔1〕'로 처리하여 순환적 뜻풀이를 하였으며, '오'와 '유'는 '십이지의 00째. 0를 상징한다.'에서 '0를 상징한다.'는 빠져 있어 전체 계열어의 다른 말무리와 달리 뜻풀이의 체계적 균형을 잃은 모습이다.

이처럼 사전의 구조를 미시적으로 관찰하면 상당한 문제점이 발견된다. 이러한 이유는 올림말을 서로 다른 사람이 개별적으로 집필하여 함께 모으는 수작업의 방식에서 기인된 결과로 어쩌면 피치 못할 일이라고도 할 수 있다.

08 | 동음어 뜻풀의 실태

동음어의 관계에 있는 말을 소리는 같으나 뜻이 다른 동음이의어同音異義語로 처리하여 사전 편찬 기술상의 차이를 보여주기도 한다. 사전 편찬의 기준에 따라 별개의 올림말로 다루거나 혹은 한 개의 올림말에 다의어로 처리하기도 한다.

특히 일반어로도 사용되는 전문용어로서 동음이의어인 '핵'이라는 말을 몇몇 사전에서 그 뜻풀이 방식이 차이가 난다.

『표준국어대사전』

핵覈〔핵만[행-]〕 명①사물이나 현상의 중심. ¶{핵으로} 삼다/사원들은 사장을 {핵으로} 똘똘 뭉쳤다.§ ②『군』=핵무기. ¶{핵} 개발/{핵} 공격/{핵} 확산.§ ③『물』=원자핵(原子覈). ④『생』생물 세포의 중심에 있는 공 모양의 소체(小體). 핵막으로 싸여 있으며, 그 속에 가득 찬 핵액에는 염색사(染色絲)와 인(仁)이 들어 있다. 세포 작용의 중추가 되며, 세포 분열에 관계한다. ≒세포핵. ⑤『식』과실의 종자를 보호하고 있는 단단한 부분. 과실의 내과피가 굳어진 것으로 매실, 복숭아 따위에 있다. ⑥『지1』지구의 중심핵. 지표(地表)에서부터 깊이가 약 2,900km 이상인 부분으로, 외핵(外覈)과 내핵(內覈)으로 나뉜다. ≒코어01(core) 〔3〕. ⑦『화』유기 화합물을 구성하는 고리. 벤젠핵 따위가 있다. #참환11(環).

『조선말 대사전』

핵「명」① 사물의 중심이 되는 알맹이. ‖ 기계공업을 ~으로 하는 중공업. §(=) 핵심①. ② “어떤 사물현상의 중심이 되고 가장 본질적인 측면을 이루며 다른것들의 존재, 발전을 규정하는 역할을 하는것”을 비겨 이르는 말. ǀ 로동계급의 계급의식은 공산주의사상에서 핵을 이룬다. § ③ “사람들을 조직의 두리에 묶어세우고 이끌고나가는 중추적역할을 하는 존재”를 비겨 이르는 말. ④『생물』굳은씨열매의 속껍질. ⑤ = 세포핵. ⑥ = 원자핵. ‖ 열~. ~무기. ~전쟁. § ⑦『수학』f(x)를 f(x,y) f(y)dy로 보내는 적분 변환에서의 함수 k(x, y). 【185】核

『우리말 큰사전』

핵核(이) ⟨1⟩사물의 중심이 되는 알맹이. ⟨2⟩⟨생⟩ 세포의 중심에 있는 공꼴의 작은 몸으로서 생활기능의 으뜸이 되는 물건. ⟨3⟩⟨식⟩ 열매의 속의 씨를 보호하는 속껍데기. ⟨4⟩⟨물⟩ ‘원자핵’의 준말. ⟨5⟩‘핵무기’의 준말.

『금성 국어 대사전』

핵核명 ① 사물의 중심. ②【cell nucleus】⟨생⟩ 생물 세포의 중심에 있는 소체(小體). 핵막(核膜)으로 싸여 있으며, 내부에 가득 찬 핵액(核液) 중에는 염색사(染色絲)와, 한 개 또는 여러 개의 인(仁)이 있음. 핵

분열로 증가하며 분열시에는 여러 가지의 형태를 취함. 세포의 생활 기능의 중추이며 유전에 관계됨. 세포핵. ③ 〈식〉 어떤 종류의 과실의 종자를 보호하고 있는 단단한 부분. 과실의 내과피(內果皮)가 경화(硬化)한 것임. 매실·복숭아 등의 종자 따위. ④ 〈물〉 '원자핵'의 준말. ‖ ~ 폭발. ⑤ 〈지〉 지구의 중심핵. 지구 내부의 약 2,900㎞ 이상 깊은 부분으로, 외핵(外核)과 내핵(內核)으로 나뉨. ⑥ = 핵무기. ‖ ~ 폐기.

『조선말대사전』에서는 '핵'을 일반어로서의 뜻풀이를 3가지로 구분하여 남쪽에선 나온 사전 3종 보다 더 충실한 뜻풀이를 하여 차이를 보여준다. 그리고 전문용어로서의 뜻풀이에서도 서전별로 큰 차이를 보여준다. 『표준국어대사전』에서는 〈화〉분양의 전문어로, 『조선말대사전』에서는 〈수〉분야의 전문어로서의 뜻풀이가 들어가 있어 체계적인 차이를 보여주고 있다. 『표준국어대사전』에서는 '② 『군』=핵무기. ¶{핵} 개발/{핵} 공격/{핵} 확산.§ ③ 『물』=원자핵(原子覈).'과 같이 〈군〉 군사 전문용어와 〈물〉 물리 전문용어로서의 개념을 달리하여 뜻풀이를 하였으나 『조선말대사전』에서는 같은 개념으로 뜻풀이를 하여 차이를 보인다.

09 | 상위어와 하위어의 뜻풀이의 사례

말의 어휘소의 의미관계가 상하의 계층적 구조로 되어 있는 것을 상하관계Hyponymy라 하고 보다 특수한 의미를 지닌 어휘소가이 더 일반적인 어휘소에 포함되는데 일반적인 어휘를 상위어Hyperonym라 하고 특수한 어휘소를 하위어Hyponym라 한다. 『표준국어대사전』에서는 '상위어'와 '하위어'가 올림말에도 없다.

'참새'는 23개 문으로 분류되는 동물의 두 분류 가운데 '동물'에 속한다. 그 가운데 날짐승인 '새'에 속하며 이는 '참샛과'인데 이는 다시 '참새목'의 한 과이다. 그런데 아래의 연관된 올림말을 아무리 살펴보아도 이들의 '종-속-과-목-아-강'의 분류체계에 맞는 뜻풀이라고 볼 수 없다. 특히 올림말 '참샛과'의 뜻풀이에서 사용되는 '참새목'은 올림말로 올라와 있지도 않다. 사전이 이처럼 누더기와 같은 모습이다.

> 동물(動物) 명① 《생》 생물계의 두 갈래 가운데 하나. 현재 100만~120만 종이 알려져 있고 그 가운데 약 80%는 곤충이 차지한다. 원생동물부터 척추동물까지 23개 문(門)으로 분류된다. 주로 유기물을 영양분으로 섭취하며, 운동, 감각, 신경 따위의 기능이 발달하였다. 소화, 배설, 호흡, 순환, 생식 따위의 기관이 분화되어 있다. ②사람을 제외한 길짐승, 날짐승, 물짐승 따위를 통틀어 이르는 말. 「참」 식물02.
>
> 새03 명 《동》 ①몸에 깃털이 있고 다리가 둘이며, 하늘을 자유로이 날 수 있는 짐승을 통틀어 이르는 말. ②=참새01. [새<용가>]
>
> 참샛-과(--科) 명 《동》 조강 참새목의 한 과. 대체로 부리가 짧고 뾰족하며 숲, 들, 인가 부근에 살면서 주로 식물질을 먹으나 번식기에는 곤충 같은 동물질도 먹으며 번식기 이외에는 대체로 무리 생활을 한다. 오스트레일리아를 제외한 전 세계에 1천여 종이 분포한다. 참새, 섬참새 따위가 있다.(Passeridae)
>
> 참-새01 명 《동》 참샛과의 새. 몸은 다갈색이고 부리는 검으며 배는 잿빛을 띤 백색이다. 가을에는 농작물을 해치나 여름에는 해충을 잡

아먹는 텃새이다. 인가 근처에 사는데 한국, 일본, 중국, 대만 등지에 분포한다. ≒빈작(賓雀)˙새03 〔2〕˙와작02(瓦雀)˙의인작(依人雀)˙황작(黃雀) 〔1〕.(Passer montanus) [<촘새<번소>←촘+새]

다음으로는 '진달래'라는 꽃은 '종자식물'이면서 '속씨식물'이고 또 '쌍떡잎식물'이며 '철쭉과'에 속하는 '낙엽 활엽 관목'이다. 그러나 '진달래'와 관련되는 올림말의 뜻풀이를 아무리 살펴보아도 이러한 상하위 관계를 파악할 수 있는 적절한 정보가 부족하다.

종자-식물(種子植物) 명 《식》 생식 기관인 꽃이 있고 열매를 맺으며, 씨로 번식하는 고등 식물. 겉씨식물과 속씨식물로 나눈다. 세계에 약 25만 종이 분포한다. ≒관정유배식물˙꽃식물˙씨앗식물˙현화식물. 「참」 유관 유배 식물. 「참」 포자식물.(Spermatophyta)

속씨-식물(--植物) 명 《식》 꽃식물 가운데 밑씨가 씨방 안에 싸여 있는 식물. 쌍떡잎식물과 외떡잎식물로 크게 나누는데, 감나무˙버드나무˙벚나무˙밤나무˙진달래˙국화˙벼˙난초˙백합 따위 대부분의 종자식물이 이에 해당한다. ≒피자식물.

쌍떡잎-식물(雙--植物) 명 《식》 속씨식물의 한 아강(亞綱). 떡잎이 한 개 있는 외떡잎식물에 대응되는 말로, 마주 붙어 난 두 개의 떡잎이 있고 줄기가 비대하며 잎맥은 그물 모양이다. 국화, 도라지 따위가 있으며 약 16만 5000종으로 구성된다. ≒쌍자엽식물. 「참」 뭇떡잎식물.(Dicotyledoneae)

철쭉-과(--科) [--꽈] 명 《식》 쌍떡잎식물 통꽃류의 한 과. 관목 또는 소교목이며 전 세계에 1,900여 종이 분포한다. 우리나라에는 들쭉나무, 진달래, 산철쭉, 철쭉나무 따위의 30여 종이 자란다.(Ericaceae)

진달래 명《식》 철쭉과의 낙엽 활엽 관목. 높이는 2~3미터이며 잎은 어긋나고 긴 타원형 또는 거꾸로 된 피침 모양이다. 4월에 분홍색 꽃이 잎보다 먼저 가지 끝에 피고 열매는 삭과(蒴果)로 10월에 익는다. 정원수˙관상용이고 산간 양지에서 자라는데 한국, 일본, 중국, 몽골 등지에 분포한다. ≒두견(杜鵑)②˙두견화(杜鵑花)˙산척촉(山躑躅) ②˙진달래꽃01˙진달래나무.(Rhododendron mucronulatum) {<진ᄃᆞᆯ릐 <진ᄃᆞᆯ외<백련>{←진{<眞}+ᄃᆞᆯ외}/진ᄃᆞᆯ위<훈몽>{←진{<眞}+ᄃᆞᆯ위}}

10 | 유의 반복의 순환 정의의 문제

임지룡(2006)은 '화'와 관련된 어휘를 '골, 노여움, 부아, 분, 분노, 성, 약, 역정, 짜증'으로 구분하고 있다. 이들 어휘의 『표준국어대사전』의 뜻풀이를 비교해 보면 매우 재미있는 현상을 발견할 수 있다.

ㄱ. 골01 명비위에 거슬리거나 언짢은 일을 당하여 벌컥 내는 화.

ㄴ. 노여움 명분하고 섭섭하여 화가 치미는 감정. ≒노혐(怒嫌).

ㄷ. 부아 명①노엽거나 분한 마음.

ㄹ. 분13(憤/忿) 명억울하고 원통한 마음. ≒분심02(憤心).

ㅁ. 분노(憤怒) 명분개하여 몹시 성을 냄. 또는 그렇게 내는 성. ≒분에(憤恚).

ㅂ. 성01 명노엽거나 언짢게 여겨 일어나는 불쾌한 감정.

ㅅ. 역정03(逆情) 명몹시 언짢거나 못마땅하여서 내는 성. ≒역증02(逆症).

ㅈ. 짜증 명마음에 꼭 맞지 아니하여 발칵 역정을 내는 짓. 또는 그런 성미.

ㅊ. 화06(火) 명몹시 못마땅하거나 언짢아서 나는 성.

'화'와 관련된 유의어는 9개인데 이들 뜻풀이를 대비해 보면 '골, 노여움'은 '화'로 풀이하고 있으며, '화, 분노, 역정'은 '성'으로 풀이하고 있다. 또한 '성'과 '부아'는 '노엽다'를 바탕으로 '노엽다'는 '분'과 '화'를 바탕으로 풀이하고 있다. '화'와 관련된 뜻풀이는 유의 반복의 순환 정의로 이루어져 있어 사전 뜻풀이의 한계를 들어내고 있다.

11 | 사전의 체계적 균형을 보완하는 방안

2000년대 한국 사회는 일종의 정보기술 강국으로 가는 기적적인 일이 진행되었다. 소위 초고속정보망이 전 국토를 연결하는 사업이 진행되었다. 전 세계에서 가장 앞서는 정보기술의 강국으로 가는 정보고속도로가 구축되었다. 초고속정보망구축 사업은 IY, CT, NT, AT 등 다양한 정보기술의 발전을 앞당기는 견인차 역할을 해왔다. 그 이후 다양한 동영상콘텐츠를 비롯하여 용량이 많은 데이타가 다량 생산되어 유통됨으로써 초고속정보망으로는 소통의 어려움이 있는 상황이다.

이제 한국어의 자산이 다순한 의사소통의 한 방식으로만 연구될 것이 아니라 자연언어로서 특성을 기계적으로 처리하여 언어 관련 분야의 연구의 다양한 기술 창출과 학문 발전을 기대할 수 있는 자원으로서 다루어야 한다. 사전이란 인간의 언어자산을 처리하는 전통적인 방식이라고 할 수 있다. 수작업 단계를 지나 주석말뭉치, 어휘분류, 시소러스, 어휘망, 온톨로지 등의 정보화 기술의 협업으로 사전편찬 사업이 더욱 고도의 기술이 요하는 쪽으로 방법론적 기술의 진화가 이루어지고 있는 시점이다.

주석말뭉치 구축은 자연언어 처리를 위한 기초작업이라고 할 수 있는데 21세기 세종계획을 중심으로 형태, 구문, 의미 분석이 가능한 태그를 부착한 말뭉치를 구축하여 이를 사전편찬에 실제로 이용하고 있는 단계이다.

앞에서 살펴본 바와 같이 사전 사업이 수작업으로 진행될 경우 수십만이나 되는 올림말의 선정에서부터 이들에 대한 뜻풀이를 한 개인이 할 수도 없고 설사 한 개인이 하더라도 이들에 대한 체계적 균형을 맞추기란 거의 불가능한 일이다. 정도의 차이만 있을 뿐 종래의 수작업으로 이루어진 모든 사전은 이러한 체계적 불균형이라는 근본적인 문제점 모두 안고 있다.

그러나 최근 정보화 기술의 발달로 인해 이러한 체계적 불균형을 어느 정도 극복할 수 있는 방안이 바로 시소러스나 어휘망 연구가 진행되고 있다. 일본 국립국어연구소의 경우 일찍부터 시소러스 연구를 기반으로 하여 사전 편찬 기술의 체계적 균형을 맞추는 노력을 해왔으나 우리나라의 경우 『표준국어대사전』 간행 사업 이후 사전 편찬 기술의 향상을 위한 노력이 거의 없었다고 할 수 있다. 최근 남북이 공동으로 추진하고 있는 『겨레말큰사전』 편찬 사업을 위해서도 그리고 『표준국어대사전』의 보완 작업을 위해서도 사전 편찬 기술의 향상을 위한 노력이 불가피한 상황이다.

먼저 어휘망 연구는 왜 필요한 것인지 살펴보자. 앞에서 '밀물'과

‘썰물’의 뜻풀이가 전혀 체계적인 균형에서 벗어나 있다는 점을 살펴보았다.

한국 어문 규정은 〈한글 맞춤법〉, 〈표준어 규정〉, 〈외래어 표기법〉, 〈국어의 로마자 표기법〉 4가지이다. 이들 규범은 각각 시차를 두고 만들어졌기 때문에 ‘맞춤법’, ‘규정’, ‘표기법’과 같은 용어로 되어 있어 그 이름부터도 일관성이 없다. 〈한글 맞춤법〉의 ‘맞춤법’은 『표준국어대사전』에서 ‘어떤 문자로써 한 언어를 표기하는 규칙’으로 풀이하고 있는데 ‘표준어 규정’의 ‘규정’은 ‘규칙으로 정함. 또는 그 정하여 놓은 것’으로 〈외래어 표기법〉의 ‘표기법’은 ‘부호나 문자로써 한 언어를 표기하는 규칙’으로 각각 뜻풀이를 하고 있다. 그런데 〈한글 맞춤법〉에 ‘문장 부호’ 규정이 있으므로 ‘표기법’이라는 용어가 더 적절한 것같다. 다시 말하자면 표기 규정은 〈한글 맞춤법〉, 〈외래어 표기법〉, 〈국어의 로마자 표기법〉이 있고 ‘표준어 규정’은 표기법과 발음법을 모두 포함하는 규정이다. 현행 맞춤법은 총칙 3항, 총칙을 포함한 본문 6장 57항과 부록(문장 부호)로 구성되어 있다.

제1장 총칙 : 제1항~3항

1933년에 제정된 『한글맞춤법통일안』과 현행 〈한글 맞춤법〉의 근본 원리는 큰 변화는 없다. 제1장 총칙은 제1항은 한글 맞춤법의 대상 언어를 ‘표준어’로 한정하고 어원적 어간을 밝혀서 적는 형태음소론적 표기를 기준으로 하고 음성적 표기를 부차적으로 인정하는 표기법의 원리를 밝혀두고 있다.

제1항은 맞춤법의 대상인 국어의 범주와 그 표기 원리를 밝히고 있다.

> 제1항 한글 맞춤법은 표준어를 소리대로 적되, 어법에 맞도록 함을 원칙으로 한다.

'한글 맞춤법은 표준어를' 맞춤법의 대상인 '한글'은 '표준어'를 그 범주로 삼는다는 원칙이다. 물론 제3항에서 '외래어는 '외래어' 표기법'에 따라 적는다.'라는 규정을 고려한다면 '표준어'와 '외래어'만 한글 표기법의 대상이 된다는 말이다.

여기서 아주 중대한 문제점이 있다는 말이다. '방언, 외래어, 다듬은 말(순화어), 개인어' 등은 표준어가 아니므로 〈한글 맞춤법〉의 대상이 되지 않는다는 말이다. 물론 『표준국어대사전』에서는 〈한글 맞춤법〉의 제1항 기준을 무시하고 '방언, 외래어, 다듬은 말(순화어), 개인어' 뿐만 아니라 '지명, 인명, 전문용어'들을 대량으로 올림말에 등재해 두었다. 표준국어의 대사전에 실린 어휘는 모두 표준어이어야 한다는 가정이 전제되어 있는데 국어심의회와 같은 형식적인 어떤 절차도 거치지 않고 비표준어가 표준어로 둔갑을 하여 사전에 실리게 된 것이다.

표기 방식은 표준어를 어법에 맞도록 하는 표의주의를 1차 원칙으로 표음주의인 소리나는 대로 적는 것을 2차 원칙으로 삼고 있다.

제2항은 '문장의 각 단어는 띄어 씀을 원칙으로 한다'는 띄어쓰기 규정이다. 옛날에는 띄어쓰기를 하지 않았으나 한글 맞춤법이 공포된 이후부터 단어 단위로 띄어쓰기를 하고 있다. 띄어쓰기 이외에 모아쓰기를 할 것인지 풀어쓰기를 할 것인지에 대한 세부 규정이나 가로쓰기와 세로쓰기 방식에 대한 세부 규정이 없다.

제3항은 '외래어는 〈외래어 표기법〉에 따라 적는다'로 규정되어

있는데 '외래어'도 맞춤법 규정에 따른 표기법이 고려된다는 뜻이다. '외래어 사정' 원칙은 표준어 규정의 사정원칙 제1장 총칙 제2항에 '외래어는 따로 사정한다'라는 조항만 있을뿐 어디까지 외래어로 인정할 것인지 알 수가 없다. 곧 외래어의 개념을 규정하는 전제가 없이 그냥 표기법만 만들었기 때문에 이론적으로는 적어도 전 세계 모든 국가의 언어 숫자와 동일한 숫자의 외래어 규정이 만들어야 할 형편이다. 그리고 외래어의 발음법은 전혀 고려하고 있지 않다.

제2장 자모 : 제4항과 〈붙임1〉, 〈붙임2〉

제4항은 한글의 자모의 수와 배열순서 그리고 이름에 대한 규정이다. 그런데 예문에는 제4항에는 단일자모 〈붙임1〉에는 복합자모의 이름을 〈붙임2〉에서는 자모의 순서에 대한 예를 제시하였다. 그런데 규정에는 '한글 자모의 수는 스물넉 자로 하고 그 순서와 이름은 다음과 같이 정한다'로 규정하고 있으나 예문의 배열 방식과 같이 '한글 자모의 수는 스물넉 자로 하고 그 이름과 순서는 다음과 같이 정한다'로 '이름'과 '순서'의 배열을 바꾸어야 한다.

단일 자모 24자와 복합자모 16자로 하여 도합 40자로 규정하고 있는데 그 자모의 이름은 『훈몽자회』의 방식으로 규정하고 있으나 대부분 자모 명칭이 'ㅣ-ㅡ'의 형식이기 때문에 'ㄱ(기역)-〉기윽, ㄷ(디귿)-〉티읕, ㅅ(시옷)-시읏'으로 통일하는 방식도 고려해 볼 필요가 있다.

여러 사전에서 특히 자모 배열 순서는 다소간의 차이를 보여준다. 특히 남북 간의 자모 배열의 순서가 차이가 남으로써 사전의 올림말의 배열 방식이 차이를 보이기도 한다.

제3장 소리에 관한 것 : 제5항~제13항

제3장은 소리에 관한 규정으로 모두 9항으로 구성되어 있다. 제5항의 규정은 된소리 표기에 관한 것으로 2. 'ㄴ, ㄹ, ㅁ, ㅇ'받침 뒤에서 나는 된소리 표기 규정과 예를 들고 있는데, '김밥'의 경우 상당수의 사람들이 '김빱'으로 발음하고 있다. 이러한 예들이 늘어날 경우 이를 어떻게 표기할 것인지 문제가 생겨날 수 있다. 2항의 〈다만〉 규정이 문제가 된다. 'ㄱ, ㅂ 받침 뒤에서 나는 된소리는, 같은 음절이나 비슷한 음절이 겹쳐 나는 경우가 아니면 된소리로 적지 아니한다'라고 하고 '국수, 깍두기, 색시, 싹둑, 법석, 갑자기, 몹시'와 같은 예를 들고 있다. 그러나 많은 의성어에서는 이 규정과 달리 '철썩, 펄떡, 철꺽' 등 대한 예와 설명의 일관성을 유지하기 힘든다.

제10항~제12항은 두음법칙에 관한 규정이다. 제10항의 〈붙임1〉에는 '남녀, 당뇨, 결뉴, 은닉'과 같이 비어두음절에서 본음대로 적는다는 규정인데 어두음절에서도 두음법칙에 적용되지 않는 '녀석, 년, 님, 닢'을 처리하는 조항이 있어야 할 것이다. 제11항에서는 '미립자, 수류탄, 파렴치'는 예외로 인정하면서 '과린산(과인산), 사륙신(사육신)'은 인정하는 불균성을 보인다.

제11항 〈붙임2〉에서 '외자로 된 이름을 성에 붙여 쓸 경우에도 본음대로 적을 수 있다'라고 규정하고 있다. '신 립, 최 린, 채 륜, 하 륜'에서는 한자음대로 쓰도록 하면서 어두에 나오는 성의 경우 이를 인정하지 않아 많은 논란거리가 된다. '리씨/이씨, 류씨/유씨, 라씨/나씨' 등 두음법칙을 인정하지 않으려는 주장이 곳곳에서 대두되고 있다. 〈붙임 2〉에서 '외자로 된

12 | 표준국어대사전, 발전 방향

『표준국어대사전』은 우리말을 집대성한 사전이다. 8년에 걸친 대 작업으로 완성되어 국가적으로는 처음으로 편찬, 발간한 사전이지만 적잖은 문제점을 드러내 부실 편찬이란 질타를 받는 등 말도 많았고 탈도 많았다. 그러나 지난 결과를 비판하는 데만 머물러 있어서는 안 된다는 판단으로 국립국어원에서는 『표준국어대사전』의 보완 및 정비 작업을 지속적으로 추진하여 이제 그 중간성과를 웹기반 사전으로 공개하기에 이르렀다. 그러나 이 사업은 여기에서 머물러 있어서는 안 되고 언어정보 처리의 기술력의 확보와 함께 지속적으로 사전 내용을 세계적인 수준으로 발전시켜야 한다.

『표준국어대사전』의 편찬과 개정 작업을 진행하기 위해서는 수요자 층을 충분히 고려해야 한다. 곧 중고교 및 대학생 층의 학습자용으로 그리고 필요하다면 한국어를 배우고자하는 학습자 층을 지원하는 국가 규범사전이다. 교육과학부와의 업무 협정으로 각종 교과서를 검증하는 잣대의 역할을 제대로 할 수 있도록 각종 교과서에 실린 낱말이라도 하나도 빠짐없이 수록해야 한다. 또 나아가서는 외국인의 한국어 학습자 수요를 고려하여 다국어판을 만들어 웹기반 사전으로 발전시켜나가야 한다. 사전 편찬의 목적과 동기가 불명료함으로 사전 편찬의 철학과 기조가 끊임없이 흔들려서는 안 된다. 국민의 지식 기반을 강화할 수 있는 규범사전으로의 끊임없는 진화가 이루어지길 기대해 본다.

1)『표준국어대사전』이 담당할 수 있는 지식 지원은 이미 포화 상태

최근에는 온라인 소통의 시대, 빠르게 발달하는 정보 기술에 따라 외국으로부터 유입되는 각종 신지식이 급격하게 증가하는 추세를 보이고 있어 대부분의 나라들이 이 새로운 사전 지식의 언어를 어떻게 처리할까 고민이 많다. 각 지역의 문화와 전통적 특성이 강조되는 시대적 흐름에 따라 지역어에 대한 인식이 확대되자 지역어나 생활 직업어를 사전 지식의 범주 안으로 끌어 들여야 한다는 주장도 늘어나고 있다. 그리고 어느 때보다 활발하게 대학의 연구실이나 연구소를 통한 연구 성과들이 넘쳐나고 있으며, 각종 고전 국역 사업의 확대에 따라 새로운 어휘도 대폭 늘어나고 있다. 또 창작자들의 창작물이 대량으로 쏟아져 나오면서 국가 사전에 실리지 않은 어휘가 엄청나게 늘어나고 있다. 특히 전문 분야가 세분화되면서 분야별 전문용어가 정제되지 않은 채로 외래어표기법에 따른 한글 표기로 넘쳐나고 있다. 특히 최근에는 일반인들의 일상생활과 밀접한 정보통신IT 산업 분야나 금융과 관련되는 외국 전문용어나 약어가 무질서하게 사용되고 있다. 이처럼 사전에 정제해서 실어야 할 사전 지식은 급속도로 늘어남에도 불구하고, 이를 총체적으로 관리할 국가적 임무를 수행할 곳은 정해져 있지 않을 뿐만 아니라 이러한 임무를 수행해야 할 당위성마저도 인식하는 사람이 거의 없다는 것이 큰 문제이다. 국가사업으로 진행해 온『표준국어대사전』이 담당할 수 있는 지식 지원은 이미 포화 상태에 도달했다. 각종 중고등학교 교과서에 실린 어휘에 대한 정보도 제대로 제공하지 못할 정도로 정밀한 지적 통제 없이 관리되고 있다. 선택의 협소함으로 이루어진 낡은 언어로는 진화하는 언어 지식을 온전히 담아낼 수 없다. 따라서 새로이 생산되는 지식 영역의 대중화를 위해서는 가장 먼저 사전 지식의 기준을 새로 설정하고 또 그 자료의 생산과 관리를 강화해야 한다. 이러한 일은 어느 개인이 주도할 수 없다. 사전은 한 국가의 지식을 모아서 체계적으로 분류하고 기술한 말과 글의 정갈한 둥지이다. 따라서 향후 『표준국어대사전』은 규범사전으로써 온전한 기능을 할 수 있도록 발전시켜 나가야 할 것이다. 국가가 참여하고 다중이 협업하는 방식으로 지식 능력을 고도화하는 일이야말로 비물질적 생산성이 국가 경쟁력을 좌우하는 21세기에 적응할 기반을 마련하는 지름길이다. 기존의 『표준국어대사전』이 안고 있는 여러 가지 문제들을 집중적으로 제기하고 체계적 불균형을 극복할 수 있는 대안을 제시해야 한다.

2) 규범과 국어기본법 시행령을 철저하게 실현하는 사전으로

규범을 어떻게 사전에 반영하는가라는 문제는 규범용 사전 편찬에 있어서 매우 중요한 관건이다. 먼저 이들 개별 규범은 만들어진 시기가 각기 다르고, 개정 과정도 달라서 명칭부터 무척 혼란스럽다. 『표준국어대사전』에서 '맞춤법'은 "어떤 문자로써 한 언어를 표기하는 규칙"이라고 정의하고 있고, '표기법'은 "부호나 문자로써 한 언어를 표기하는 규칙"으로 정의하고 있다. 그런데 '맞춤법'에도 문장부호에 관한 내용이 포함되어 있으니 차라리 '맞춤법'보다 '표기법'이라는 용어가 더 적합할 것 같다. 그런데 '표준어 규정'의 구체적 내용을 찬찬히 살펴보면 '맞춤법'이나 '표기법'과 내용상 무엇이 다른 것인지 분명하지 않다. 앞에서 말한 바와 같이 각종 어문 규범이 제정된 시기가 다르다 보니 전체적인 통일을 시도하지 않은 결과다.

또 다른 문제점은 〈한글 맞춤법〉의 제3항의 외래어 규정과 〈표준어 규정〉의 제1장 총칙 제2항의 규정이 서로 상충되고 있다는 점이다. 곧 〈한글 맞춤법〉의 제3항의 외래어에 대한 규정은 '표준어'와 같은 범주를 정하는 것이 아니고 별도의 표기법을 마련하는 근거만을 제시하고 있다. 그러나 〈표준어 규정〉의 제1장 총칙 제2항의 '외래어'의 범주는 "외래어는 따로 사정한다."라고 규정하였으나 어디에서도 사정 원칙과 범주를 표시한 규정이 없다.

우리말의 전통적인 조어 양식은 두 낱말이 결합하여 새로운 한 낱말을 만드는 복합 방식이나 한 낱말에 곁가지가 붙어서 새로운 낱말이 합성되는 방식이 주종을 이룬다. 또 시인이나 소설가 등 문학 작가들이 새로운 단어를 만들어 사용하다가 사회 전반으로 확대되는 방식도 있을 수 있다. 또 최근에는 인터넷의 누리꾼이나 언어 정책 기관이나 언론사에서 새로운 낱말을 인위적으로 만든 신조어나, 외국어를 자국어로 편입시켜 사용하는 차용의 방식 등이 있다. 언중들이 스스로 다양한 말을 만들어 내는 신조어의 생산력이 증대될 때, 그 언어는 생존성이 보장된다고 할 수 있다. 최근에는 외국어가 대량으로 밀려들어 오면서 일반 국민이 새로운 말을 만드는 자생력이 떨어지고 있을 뿐만 아니라 지나친 규범의 통제 때문에 고유한 우리 낱말을 만들어내는 기력이 쇠잔해진 감이 없지 않다.

열린책들 편집부에서 엮은 『열린책들 편집 매뉴얼』(열린책들, 2008)에는 어문 규범 해설을 상세하게 해놓았는데, 특히 띄어쓰기의 예외 규정과 사례를 눈 여겨 볼 필요가 있다. 우리말로 된 순색의 빛깔 이름은 주로 붙여 쓰고, 외래어나 순색이 아닌 것은 띄어

쓰는 것을 기본으로 한다는 규정은 '치자색, 바다색, 복숭앗빛'은 붙여 쓰지만 '치자 빛, 바다 빛, 복숭아 색, 살구 색, 살구 빛'은 띄어 쓰도록 하고 있다. 어느 누가, 왜 이런 규정을 만들어 놓았는지 의아하게 생각할 것이다. 물론 의미 단위로 붙여 쓰기를 하면 사전의 올림말이 넘쳐난다는 문제점이 없지 않지만 이를 어문 규범으로 해설을 하자니 밑도 끝도 없이 복잡한 설명이 필요한 것이다. 사전의 올림말에서 의미 단위로 굳어진 어휘는 과감하게 붙여 써야 할 것이다. '붙여 쓰기'는 띄어 쓰고 '띄어쓰기'는 붙여 쓰도록 규정할 정도로 띄어쓰기의 혼란 상 때문에 우리말 조어 생산력이 현저하게 저하되고 있다는 언급은 앞에서도 강조한 바 있다.

국어 규범이 언어를 절멸의 위기로 몰아넣는 언어 재앙의 원인이 되어서는 안 된다. 국어 규범을 관리하는 집단은 언어 생태에 대한 깊은 성찰과 사려 깊은 철학적 사유가 필요하다는 사실은 아무리 강조해도 지나침이 없다. 생태학에서도 단일 재배는 부득이 멸종으로 이어질 수밖에 없다고 예고하고 있다. 그런데도 인간은 자연의 다양성을 파괴하고 식량의 원천이 되는 생물의 종을 표준화하거나 생산량이 많은 쪽으로만 육종하는 데 혈안이 되어 있다. 기술적으로 고도의 무장을 하고 있는 인간들은 엄청난 종족의 절멸과 그 언어의 절멸을 아무렇지도 않게 바라만 보고 있다. 사전은 국어의 참 모습을 비추어 주는 거울이 되어야 한다. 사전이 앞장서서 국어의 생태계를 파괴해서는 안 된다.

3) 표준어 둥지 밖의 언어 자산 관리

각종 지식과 정보를 구조화하고 언어 정보 기술로 통합하기 위해서는 사전 기술에 대한 새로운 발상이 필요하다. '표준어'라고 하는 매우 제한된 대상 언어로서는 폭증하는 지식을 설명하기에 부족하다. 언어 통일성을 유지하기 위한 전략으로 '표준어'라는 범주는 유용하지만 국가 지식 체계를 통합 관리하기 위해서는 '표준어'의 둥지 밖에 방치되어 있는 전문용어, 신어, 한자어, 민속 생활 어휘, 지역어, 인문 사회 과학의 각종 전문 학술 용어 등을 규범에 맞도록 재정비하면서 표준어 대상의 외연을 넓혀야 한다. 또한 어문 규범과 국어사전 간의 규범 집행과 관리의 모순을 개선해야 국민으로부터 신뢰를 받을 수 있다.

70년대 이후 산업화와 도시화의 과정에서 급팽창한 '서울' 지역의 외연外延과 그 속에 유동하며 살아가고 있는 '교양인'이라는 정체를 규정하기가 어렵게 되었다는 점도 문제이다. 따라서 '표준어 사정 원칙'의 총칙 제1항의 규정은 사문화된 규정이나 다름이 없다. 우리 어문 정책의 틀은 결국 우리 민족의 언어 자산을 한정된 '서울' 지역과 '교양인'으로 묶어 버림으로써, 상대적으로 풍부하고 다양한 방언은 표준어에 비해 열등한 것으로 비하되었고 또 공익성이 없는 것으로 여겨져 결국 절멸의 길로 들어서게 되었다. 표준어를 쓰는 서울 사람들에 의해 형성된 서울 중심 문화의 대중화는 지방 사람들로 하여금 자신들이 태어나고 성장한 고장의 방언을 부정하거나 지역 문화의 우수성까지도 무시하도록 한다는 점에서 신중히 재고되어야 한다. 언어에 대한 왜곡 현상은 학습자 개인의 언어 습관의 문제에 국한되지 않고, 그들이 살아온 지역 문화에 대한 정체성 내지 자긍심 형성에도 영향을 미친다. 이것이야말로 문화적 폭력이라고 하지 않을 수 없다.

김중순 교수는 〈문화 창조의 동력 한국어〉(『우리말 사랑 큰잔치』

발표문, 2008)에서 “어휘 수는 인간의 경쟁력을 가늠한다. 사용할 수 있는 어휘수를 많이 가진 사람은 전장에서 총탄을 많이 가진 군인처럼 유리하다. 인간의 모든 활동, 군사적, 외교적, 정치적, 경제적, 사회적, 문화적 활동은 말로써 이뤄진다. 말은 생존경쟁의 가장 중요한 무기이다. 그 무기가 풍부한 사람은 경쟁에서 이긴다. 그것이 인류문명에 적극적으로 창조적 기여를 할 수 있는 길이다.”라고 강조하듯 국어의 어휘 범주를 확대하는 일은 매우 중요한 과제이다. 규범이 국어의 어휘를 늘리는 것을 억제하는 역기능으로 역할해서는 안 된다.

4) 언어정보 처리 기술력의 강화

IMD의 08년 국가 경쟁력 평가에서 한국은 31위이다. 특히 우리나라는 교육비가 GDP의 8%나 차지하고 있지만 세계적인 지식 경쟁력은 40위이고 교육 경쟁력은 세계 80위 수준에 머물러 있다. 미래지향적 선진국으로써 경쟁력을 강화하기 위해서는 지식 기반 인프라 구축이 시급하다. 신지식기반 SOC를 구축하는 일은 생산된 고급 지식 정보를 다중들에게 공급할 수 있을 뿐만 아니라 미래 다중 지식 역량을 함양하는 기반이 된다. 새로운 부가가치를 창출할 수 있는 미래지향적 지식 기반 구축을 위해 필수적인 부분이 국어 정보화 기반이다. 1차 ‘세종계획’과 같은 국가 정보와 지식 관리를 위한 국어 정보화의 기획이 필요한 상황이다. 학문 지식 간의 융합을 통해 지식 기반의 통합화를 이루어내야 한다. 대학 연구자 중심으로 생산된 지식이나 정보가 통합되지 않은 채 뿔뿔이 흩어져 있으면 개인의 능력으로는 효율적으로 활용하는 데 엄청난 중간 관리비용이 들 수밖에 없다. 지식 정보를 체계화하고 또 그것을 공유하고 또 지식과 지식을 융합함으로써 보다 탄력적인 다중 지식 기반을 조성해야 하는 일은 이 시대의 국가 경쟁력을 강화하는 데 가장 우선해야 할 과제이다.

국가 지식과 정보의 기반을 강화하는 일은 일반 다중들의 지식 능력을 고도화할 수 있을 뿐만 아니라 지식과 정보 능력이 고도화가 된 다중들로부터 지식 생산과 관리를 다시 협업할 수 있는 뛰어난 순환적 지식 환경을 만들 수 있다. 또한 기초 지식을 정교하게 정리해서 담은 사전 지식의 중요성을 강조하는 이유도 여기에 있다. 물론 전문가뿐만 아니라 일반 다중들의 지식 기반을 끌어올리는 일도 모두 이 일과 관련이 있다. 정부가 인터넷 알바들의 언어폭력을 탓하여 이를 규제하려고만 해서는 안 된다. 이들 알바들의 품격을 올리기 위해서는 다중 지식 기반이 선진화시키는 일이 규제 법안을 만드는 일보다 더욱 중요하다.

앞으로 인터넷을 활용한 유비쿼터스 학습 방식을 통해 스스로 지식을 축적하고, 추론을 통해 스스로 새로운 지식을 창출하며, 이를 사람과 기계 간, 기계와 기계 간 적절히 이용할 수 있는 자연언어 처리 기술력으로 고도화해야 한다.

세상에는 다양한 사물로 가득 차 있다. 이들 사물의 존재를 효율적으로 인식시키는 인간 지성의 성찰 방식을 컴퓨터로 활용하는 방식에 대해 많은 연구들이 진행되고 있다. 온톨로지는 그리스어로 '존재론'을 뜻한다. 다양하게 분산되어 있는 사물의 존재를 체계적으로 분석하여 이들의 연결고리를 의미적으로 묶음을 만드는 이론을 온톨로지라고 할 수 있다. 이 온톨로지를 구현하는 방식으로는 어휘망연구, 웹시맨틱스 등이 있다.

규범 중심의 사전으로서 웹기반 다국어 지원 사전으로 그리고 자동 규범 검색 시스템을 개발하여 국내 사용자뿐만 아니라 다문화 사회의 국내 노동자나 외국인과 국제결혼여성들과 외국에서 한국어를 배우려는 이들을 위해 지원할 수 있는 품격 높은 국어 정보의 융합 처리가 가능한 웹기반 규범사전으로 발전시켜 나가야 할 것이다. 2차 세종계획은 다양한 언어 정보 처리 기술력을 고도화하는 동시에 융합 언어 정보 처리기를 만들어 소비자에게 제공해 주어야 한다. 규범 검색, 전자 사전 지원, 전문용어 검색, e-books, e-학습기기, GPS지리정보검색기, DVD, 게임기 등 다양한 기기를 융합하여 실용화할 수 있기를 기대한다.

5) 사전의 계열적 체계의 균형

규범 관리를 반영하는 사전으로서는 사전의 올림말이나 뜻풀이의 체계적 균형이 반듯하게 잡혀야 한다. 아울러 회전문식 뜻풀이나 옥수수 알 빠지듯 올림말의 계열적 균형이 무너진 모습으로는 절대로 세계적인 수준의 사전이 될 수가 없다. 어휘들 간의 의미 관계는 동의(유의)어, 반의어, 다의어, 동음어, 하위어 등으로 구분되는데 이들 의미적 관련성이 있는 어휘들을 클러스터로 연결해서 뜻풀이의 계열적 균형성이 맞는지 또는 적합한지 충분한 점검을 거칠 때 보다 수준 높은 사전이 될 수 있다. 어휘 간의 의미 관계는 한 어휘의 성질에 따라 결정되는 것이 아니라 고도로 문맥 의존적이다. 현재의 사전은 올림말과 그 뜻풀이를 중심으로 지식 체계를 구축한 것이라면 이들 올림말과 올림말의 의미적 상호 관계나 뜻풀이와의 관계를 다양한 검색이 가능하도록 하는 한편 이들 어휘

의미적 계열 관계를 체계적으로 재구성하는 방안이 넓은 의미에서 사전적 온톨로지라고 할 수 있다. 이 사전적 온톨로지는 일종의 지식 지도knowledge map다. 현재의 종이 사전은 단순한 기록document 자료인 텍스트이다. 이것을 다양한 정보로서의 활용도를 높이기 위해 정보 알고리듬으로 처리한 데이터를 정보 데이터information data라고 할 수 있다. 다시 말하자면 평면적인 사전 자료는 자모 순서로 배열한 선상적 자료에 불과하지만 정보 데이터는 올림말과 올림말의 관계나 풀이말과 풀이말의 관계, 또 올림말과 풀이말의 관계를 계열적인 관계로 재구성한 계층적 자료다. 정보 데이터는 고정된 것이지만 사용자의 인식의 관계를 고려하여 지식 알고리듬으로 재구성한다면 추론이나 판정 등의 자연언어 처리 기술로 발전시킬 수 있다. 현재의 기록 지식으로서의 종이 사전을 이용자의 편의를 위해 디지털 지식 지도로 전환하면 보다 유용하게 지식의 생성이나 관리가 가능해진다. 텍스트로 구성된 선형적 사전 지식 정보를 비선형적인 의미구조화를 꾀한 디지털 데이터로 구축해야 한다.

6) 사전 관리의 협력 방안

넘쳐나는 각종 사전 지식 정보를 어떻게 통합 관리할 것인지에 대한 현실적 대안이 무엇일까? 우리나라의 현실에서 고급 사전 지식의 생산 통로는 역시 대학과 각종 연구소와 정부 기관이라고 할 수 있다. 중요한 사전 지식 생산의 결과물이 주로 논문이나 책자 형식으로 보급되고 있기 때문에 주요 출판사들과의 다중 협력을 위한 체계를 구축하는 일이 가장 시급한 과제이다. 물론 원저자와 출판사 간의 저작권 문제의 해결이 중요한 문제 해결을 위한 관건이

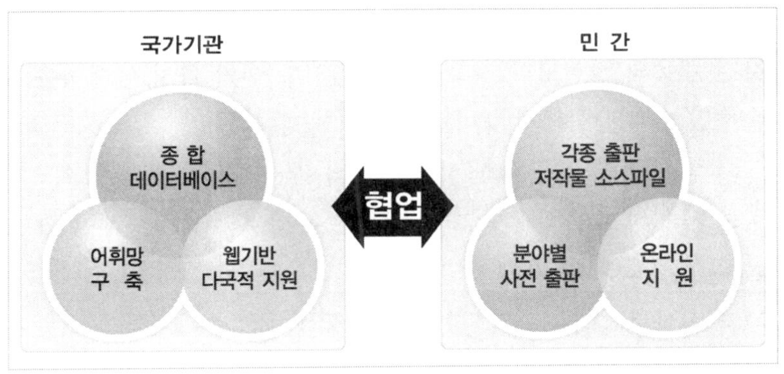

〈그림 8〉 국가 사전 지식 생산관리 협업 모형

지만 이들 간의 포괄적인 다중 협업의 방식으로 사진 지식의 소스를 국가 기관에서 비영리적 목적으로 관리할 필요가 있다.

국가 사전 지식의 관리 기관인 국립국어원은 출판사들로부터 각종 저작물 소스를 공급받아 이를 말뭉치로 구축한 다음, 사전 미등재 어휘나 용례를 데이터베이스로 구축하고 이를 다시 사전 관리 기술을 활용하여 사전 지식을 종합 관리하는 동시에 국내외 사용자들에게 웹상에서 지원할 수 있는 기반을 구축해야 한다. 이와 동시에 사전 지식 기반을 다시 민간 출판사에 순환시켜 각종 다양한 사전을 편찬하도록 하여 사용자들에게 공급하도록 해야 한다. 이처럼 국가와 민간 간의 협업체계를 구성한 후 제기될 수 있는 지적 저작권 문제는 출판사와 개인 창작자와 국가가 공동으로 합의하는 방식으로 국가 사전 지식의 생산과 관리 체계를 〈그림 8〉처럼 구축함으로써 국가 간의 지식 경쟁력을 강화할 수 있게 된다.

이러한 제안을 하는 이유는 그동안 국가가 생산하고 관리하는 사전이 정체되어 있고 역동적인 지식 생산을 통합 관리하는 역량이 현저하게 떨어져 있기 때문이다. 국가 사전 편찬 기관에서 만든 사전 내용의 정밀도나 정확성에 있어서도 여러 가지 문제점을 노출하였기 때문에 체제 정비가 시급한 과제이다.

〈그림 8〉처럼 국가 사전 지식 생산과 관리 협업 모형처럼 지식과 정보 자원의 효율적 관리를 위해서는 무엇보다도 선행해야 할 일은 언어 정보 처리 기술 기반을 구축하고 또한 그 기술력을 지속적으로 발전시키는 일이다. 지난 시대 지식 생산 종사자들은 소수 정예의 엘리트 계층이 담당하였지만 이젠 다중이 직접 가담하는 지식 기반 구축의 협업 방식을 발전시킴으로써 중간 관리비를 최소화하면서도 국가 지식 경쟁력을 증대시킬 수 있다.

국가는 사전 지식 정보의 데이터 관리만 담당하고 출판사나 대학연구소가 사전을 출판하는 협업의 관계를 유지하며 상호 지식 정보를 공유하는 윈-윈전략이 필요하다. 표준어의 둥지 바깥에 서성이는 전문용어의 순화 사업을 강화하고 또 우리말을 폭넓게 수집하여 국어사전에 담아내야 한다. 또 미시적으로 세분화된 다양한 사전은 민간에서 출간하도록 정부와 학계, 민간이 협업할 수 있는 에스프리를 그려내어야 한다.

7) 창조적 문화 기반 강화와 사전

국민 편의와 한국어를 배우고자 하는 많은 외국인을 생각하며, 국어사전의 외연을 넓히고 규범의 기계화 시대를 열어내는 실용 국어의 시대를 열어야 한다. 정보화, 세계화의 물결이 우리의 일상으로 스며들고 있으니 다문화 사회라는 말이 더는 낯설지 않다. 한국어는 이제 우리만의 언어가 아니다. 모어의 전통에 깊숙이 뿌리를 내리면서도 변화하는 언어 환경에 능동적으로 대응하는 새로운 국어의 상을 정립할 때임을 절감한다. 우리말과 글의 규범을 올바르게 반영한 사전 편찬이야말로 우리 스스로가 우리말과 글의 주인 역할을 할 수 있게 해 줄 것이다. 지난 여러 세기 동안 쌓아온 인류의 지적인 노력이 유익하게 다음 세기로 이어갈 수 있어야 한다. 인류 지식과 문화를 집대성하는 일은 다중들의 관심과 전문 실무자의 지속적인 노력과 국가의 경제적인 후원에 힘입어 가능하다.

문화 예술의 창의력을 키우기 위해서는 단순한 의사소통을 위한 국어가 아니라 국가 지식 산업의 일부로 국가 선진화에 기여하는 새로운 국어 시대를 열어가야 한다. 그러기 위해서는 정부와 국어 단체 그리고 학계가 서로 정보를 공유하고 협업하는 시대를 열어가야 한다. 국민의 국어 능력 향상, 국어 정보화, 국어사전 지식 강화의 기반을 마련하고, 한국어와 한글을 세계 사람과 함께 나누는 넉넉한 새 시대를 우리 함께 열어갈 것을 호소하고 싶다.

8) 종합대사전을 향한 기반 마련

다중의 지식 평준화는 선진 국가로 향하는 지름길이라고 할 수 있다. 다중의 지식을 고도화하는 가장 기초적인 일은 바로 반듯한 국어사전을 편찬하고 이를 웹기반에서 공유함으로써 가능하다. 그러기 위한 다중의 지식과 정보 수합 능력을 인터넷을 통해 협업함으로써 국가 지식 생산을 고도화하는 방안을 검토해야 한다. 즉 종이 사전과 웹사전을 공유하는 사전 지식의 제공 방식을 더욱 고도화하여야 한다.

국가나 기업의 경영 방식을 조롱이라도 하듯 평범한 네티즌들은 자발적으로 관리자의 통제 없이 세계 200여 개 국어가 지원되는 위키백과사전을 만들어 내는 기적을 연출하고 있다. 지금이야말로 엄청난 변화의 시대이다. 동시 다발적으로 연결되고 끌리고 쏠리고 들끓는, 조직 없이 연결된 다중들이 위력적인 집단행동과 조직화의 능력을 발휘하고 있다. 현재는 아무리 사소한 일일지라도 다중이 합의를 한다면 '광우병 촛불 시위'와 같이 사회적 문제로 떠오를 수 있는 격변기이다. 국가 조직이나 기업 조직을 비롯한 국가 지식의 생산과 관리를 위한 조직화의 새로운 방향을 모색하지 않으면 어떤 폭풍우를 만날지 아무도 예측하지 못하는 시대로 진입해 있다.

향후 국가 지식 경쟁력을 강화하기 위해서는 국어 어문 정책을 구현하는 규범사전인 『표준국어대사전』 이외에 국어 지식을 총괄하는 종합대사전을 설계하기 위한 전략적 방안이 마련되어야 한다. 엘리트층에서 생산한 고급 지식을 다중에게 실용화할 수 있도록 재구성하는 일은 체계적인 종합대사전 지식의 생산으로 가능하다. 국가 선진화는 다중의 지식 기반이 열악한 상황에서는 도저히 불가능하다. 다중들의 폭넓은 지식 기반 강화를 위해서는 도서출판을 통해 생산되는 모든 지식을 총체화하는 사전 지식 관리 기반을 마련하는 일이 무엇보다도 시급하다.

쏟아져 나오는 도서들, 박제화한 도서들을 가지런한 서가에 꽂아놓는 도서관을 경쟁적으로 짓고 심지어 작은 도서관 만들기 운동으로 만든 도서관마다 장식물처럼 도서를 관리한들 무슨 소용이 있을까? 각종 자료를 디지털화한다고 숱한 예산을 투입하지만 디지털 자료를 가공하여 책갈피 속에 들어 있는 고급 정보를 활용할 수 있도록 하지 않는다면 아무 소용이 없다. 책 속에 들어 있는 순도 높은 지식 정보들의 내용을 확인하고 활용할 수 있는 제대로 된 사전(웹기반 사전 포함) 한 권 없는 현실이다. 생산되는 도서 속에 들어 앉은 사전 지식 정보를 마냥 내버려 둘 일인가? 새로운 지식의 튼튼한 사다리를 만들어야 한다. 각종 도서에 실린 새로운 지식을 가장 기초적인 사전 작업으로 전환하기 위해서는 도서의 텍스트를 대량 말뭉치로 구축하고 올림말 검색 시스템을 활용하여 사전에 실리지 않은 올림말을 대량으로 추출하여 국가 지식 기반으로 활용하도록 제공해야 한다. 그리고 종합대사전 뿐만 아니라 외국 인명지명사전, 전문용어사전, 반의어사전, 유의어사전, 상하위어사전 및 각종 주제별 사전을 다양하게 개발하여 다시 이를 통합하는 방식으로 종합대사전이 만들어질 수 있도록 국가나 출판사 그리고 대학 연구기관에서 지속적인 투자와 함께 이를 통합 관리하는 체계를 구축해야 한다.

인문 지식·정보의 미래

▌참고문헌▌

간노 히로오미, 〈외국인 편찬 한국어 대역 사전의 현황과 문제점〉, 『새국어생활』, 국립국어연구원, 서울, 1992.

강신항, 『오늘날의 한국어생활』, 박이정, 2007.

고마고메 다케시, 오성철·이명실·권경희 옮김, 『식민제국 일본의 문화통합』, 역사비평사, 2008.

마르크 페로, 고선일 옮김, 『식민주의 흑서』, 소나무, 2008.

곤 A. 워커·사라 채플린, 임산 옮김, 『비주얼 컬처』, 루비박스, 2007.

국립국어연구소, 『公共媒體の外來語』, 일본 국립국어연구소, 2008.

국립국어원 조사보고서, 『절멸위기 생태계 언어조사』, 국립국어원, 2008.

국립국어원, 『세종학당』(운영메뉴얼), 2008.

국립국어원, 『외래어 표기 용례집』, 국립국어연구원, 1988.

국립국어원, 『전문용어 연구』, 태학사, 2006.

권기헌, 『미래예측학』, 법문사, 2008.

권미경, 『다문화주의와 평생교육』, 한국학술정보[주], 2009.

권종성, 『조선어정보론』, 사회과학출판사, 평양, 2005.

金子亨, 『先主民族言語のために』, 草風館, 1999.

김게르만, 『한인 이주의 역사』, 박영사, 2005.

김구진, 〈여말선초 두만강 유역의 여진분포〉, 『백산학보』 제15호, 1973.

김구진, 〈초기 모린 올량합 연구〉, 『백산학보』 제17호, 1974.
김기봉, 〈다문화 사회 한국인 정체성과 한국사 다시 쓰기〉, 『다문화 사회와 국제이해교육』, 유네스코 아시아·태평양 국제이해교육원 엮음, 동녘, 2009.
김기종, 〈중국 조선어 규범사전에서의 표제어의 수록 원칙과 표제어의 성격〉, 『새국어생활』 제2권 4호, 국립국어연구원. 1992.
김동소, 〈용비어천가의 여진 낱말 연구〉, 『한국어교육연구』 9, 1977.
김미경, 『대한민국 대표 브랜드 한글』, 자우출판사, 2006.
김미경, 『한국어의 힘』, 소명출판사, 2011.
김민수, 『필로디자인』, 그린비, 2007.
김민수, 『필로디자인』, 그린비, 2007.
발레리 케네디, 김상률 옮김, 『오리엔탈리즘과 어드워드 사이드』, 갈무리, 2011.
김수경, 〈새로운 조선말 사전 편찬을 위한 몇 가지 문제〉, 『조선 어학』 제4호, 평양, 1965.
김언종 옮김, 『자학』, 푸른역사, 2008, 141쪽.
김영욱, 『한글』, 루데스, 2007.
김완진, 『언어와 문자』.
김우창 외, 『국가의 품격』, 한길사, 2010.
김인희, 『1,300년 디아스포라, 고구려 유민』, 푸른역사, 2011.
김정섭, 〈한국어와 표준어와 외래어〉, 『외솔회지』 제8집, 외솔회, 2007.
김주원, 〈알타이언어 현지 조사의 의의와 방법〉, 국립국어원 언어정책 토론회, 2006.
김중섭, 『한국어 교육의 이해』, 한국문화사, 2006.
김진해, 〈신어와 언어 '밖'〉, 『새국어생활』 제16권 제4호, 2006.
김찬호, 〈우리의 언어세계 가다듬기, 삶의 경외감 회복하기〉, 『국가의 품격』, 한길사, 2010. 136쪽.
김한배, 『우리말을 좀 먹는 우리말 속의 일본어』, 동언미디어, 2006.
김형수, 〈변두리가 중심을 구할 것이다〉, 『한국어의 규범성과 다양성』, 태학사, 2008.
니 길러스 에번스, 김기혁·호은성 옮김, 『아무도 모르는 사이에 죽다』, 글항아리, 2012.
다니엘 네틀·수잔 로메인, 김정화 옮김, 『사라져 가는 목소리(Vanishingvoices)』, EJB, 2003.
데이비드 아널드, 서미석 옮김, 『인간과 환경의 문명사』, 한길사, 2006.
데이비드 크리스털, 권루시안 옮김, 『언어의 죽음(Language Death)』, 이론과 실천, 2005.
데이비드 크리스털, 이주희·박선우 옮김, 『문자 메시지는 언어의 재앙일까? 진화일까』, 알마, 2011.
데이비드 크리스털, 권루시안 옮김, 『언어의 죽음』, 이론과 실천, 2005.
데이빗 삭스, 이건수 옮김, 『알파벳』, 2007, 신아사.
로버트 레인 그린, 김한영 옮김, 『모든 언어를 꽃 피게 하라』, 모멘토, 2013.
롤랑 바르트, 김주환·한은경 옮김, 『기호의 제국』, 산책자, 2008.
루이-장 칼베, 김병욱 옮김, 『언어와 식민주의』, 유로서적, 2004.
리거 브러스나한, 신예니·나금실 옮김, 『우리말과 영어의 제스처』, 예영커뮤니케이션, 2009.
마르크 페로, 고선일 옮김, 『식민주의 흑서』, 소나무, 2008.
문교부, 『외래어 표기 용례, 일반 외래어』(편수자료 2-1), 1987.
문교부, 『외래어 표기 용례, 지명, 인명』(편수자료 2-2), 1987.
문화체육관광부, 『한글고문서를 통해 본 조선 사람들의 삶』, 2011.
문화체육관광부, 『한글고문서를 통해본 조선 사람들의 삶』, 2011.
미우라노부타카·가스야 게이스케 엮음, 이연숙·고영진 옮김, 『언어 제국주의란 무엇인가』, 돌베개, 2005.
민현식, 『한국어 정서법 연구』, 태학사, 1999.
박병천, 『한글 판본체 연구』, 일지사, 1998.
박지향, 『슬픈 아일랜드』, 새물결, 2002.
박지향, 『제국주의 -신화와 현실』, 서울대학교출판부, 2000.
박홍순, 〈이주민의 정체성과 포스트콜로니얼 대안〉, 『다문화 사회와 국제이해교육』, 동녘, 2010.
발레리 케네디, 김상률 옮김, 『오리엔탈리즘과 어드워드 사이드』, 갈무리, 2011.
배은한, 〈중국어 한글표기법 개선안 재고〉, 『제79회 중국어문학연구회 정기 학술발표대회 논문집』, 2008.
三浦信孝, 『多言語主義とは何か』, 藤原書店, 1997.
서경석, 김혜신 옮김, 『디아스포라 기행-추방당한 자의 시선』, 돌베개, 2006.
서경석, 이록 옮김, 『소년의 눈물』, 돌베개, 2004.
서경식, 임성모·이규수 옮김, 『난민과 국민 사이』, 돌베개, 2006.
서울대학교 미국학연구소, 『세계화의 역사와 패권경쟁』, 서울대학교출판부, 2004.
서재극, 『국어어형론고』, 계명대학교 출판부, 대구, 1990.
石塚晴通, 〈漢字字体規範データベース漢字字体規範データベース〉, 편찬위원회.
성백인·김주원·고동호·권재일, 『중국의 다구르어와 어웡키어의 문법·낱말연구』, 아카넷, 2010.
손수호, 『문화의 풍경』, 열화당, 2010.
손진기, 임동석 옮김, 『동북민족원류』, 동문선, 1992.
수아드 아미리 외, 오수연 엮음, 『팔레스타인의 눈물』, 도서출판 아시아, 2006.
아시아/아프리카 문학페스티벌 조직위원회, 〈2007 아시아 아프리카 문학패스티벌〉, 2007.
안영민, 『시멘틱? Text meaning, Ontology, Data meaning? 현 검색 시장에서 이용어들의 의미는』, 3th Search Thechonology Summit, 2010.
안정효, 『가짜 영어사전』, 현암사, 2006.
안토니 파그덴, 한은경 옮김, 『민족과 제국』, 을유문화사, 2003.
앤드류 달비, 오영나 옮김, 『언어의 종말』, 작가정신, 2008.
앨프리드 W. 크로스비, 안효상·정범진이 옮김, 『생태 제국주의』, 지식의풍경, 2002.
야마무로 신이찌, 임성모 옮김, 『여럿이며 하나인 아시아』, 창비, 2003.
양계초, 안명철·송엽휘 역주, 『역주 월남망국사』, 태학사, 2007.
에드워드 사이드, 박홍규 옮김 『오리엔탈리즘』, 교보문고, 2007.
엘리 코헨, 〈세계화와 문화 다양성(Globalization and Cultural DiversityConflict and Pluralism)〉,World Culture Report 2000.－(UNESCO Publishing, 2000).
엘리스, 안소연 옮김, 『멸종의 역사(no turning back)』, 아고라, 2006.
오경석 외, 『한국에서의 다문화주의』, 한울, 2007.
오다니 나카오 지음, 민혜웅 옮김, 『대월지』, 아이필드, 2008.
옥철영, 〈낱말망과 한국어사전의 체계적 구성〉, 『한국어 낱말망 구축과 사전 편찬 학술회의』, 국립국어원, 2007.
왕 후이 지음·이욱연 외 옮김, 『새로운 아시아를 상상한다』, 창비, 2003.
우메다 히로유키, 〈일본에서의 〈한글〉 연구〉, 『세계 속의 한글』, 박이정, 2008.
원정, 『더불어 사는 세상 배우기』, 아시아태평양국제이해교육원, 2001.
유네스코 한국위원회, 〈지구의언어, 문화, 생물 다양성 이해하기(Sharing a World of Difference the Earth' linguistic, cultural and the Earth' linguistic, cultural and biologica)〉, 유네스코 한국위원회, 2006.
유네스코 한국위원회, 〈지구의언어, 문화, 생물 다양성 이해하기(Sharing a World of Difference the Earth' linguistic, cultural and the Earth' linguistic, cultural and biologica)〉, 유네스코 한국위원회, 2006.
윤병석, 『간도 역사의 연구』, 국학자료원, 2003.
윤수연, 『문화간 의사소통의 이해』, 한국문화사, 2008.

이광규, 『신민족주의의 세기』, 서울대학교출판부, 2006.

이민홍, 『언어민족주의와 언어사대주의의 갈등』, 성균관대학교 출판부, 2002.

이병근, 『최초의 국어사전 〈말모이〉(고본). 언어』 제2권 제1호, 서울대학교, 1977.

이병근, 『국어 사전 편찬의 역사. 국어생활』, 국어연구소, 서울, 1986.

이병근, 조선광문회 편 『〈말모이〉(사전). 한국문화』 7. 서울대학교 한국문화연구, 1986.

이상규, 『국제사회 이해교육과 커뮤니게이션』, 대구광역시 교육청, 2011.

이상규, 『둥지 밖의 언어』, 생각과나무, 2008.

이상규, 『방언의 미학』, 살림, 2006.

이상규, 『위반의 주술, 시와 방언』, 경북대학교출판부, 2005.

이상규, 『한국어 교육 현황과 전망』, 한국어교육학회 겨울 학술대회, 2007.

이상규, 〈〈국어기본법〉에 근거한 〈외래어 표기법〉 분석〉, 『국어국문학』 161호, 한국어국문학회, 2011.

이상규, 〈디지털 시대의 한글의 미래〉, 『우리말연구』 25호, 우리말연구학회, 2009.

이상규, 〈방언 자료의 처리와 언어지도〉, 『방언학』 창간호, 한국방언학회, 2004.

이상규, 〈방언지도 제작기를 활용한 방언 지도 제작〉, 『방언학』 2, 한국방언학회, 2005.

이상규, 〈생태적 관점에서의 한국어 정책의 현안과 과제〉, 『한국어사전학회』 제13호, 2009.

이상규, 〈언어의 다양성과 공통성〉, 제18차 세계언어학자대회 추진위원회, 2007.

이상규, 〈언어횡단으로서 한국어 교육〉, 한국어교육학회 2007년 겨울 학술대회 주제발표 논문, 2007.

이상규, 〈여성결혼이주 여성 한국어 교육의 과제〉, 『어문론총』, 한국문학언어학회, 2007.

이상규, 〈인문 지식·정보의 미래〉, 『미래가 보인다』, 국제미래학회, 박영사, 2013.

이상규, 〈절멸위기의 언어〉분과 발표, 제18차 세계언어학자대회, 2008.

이상규, 〈한·중·일의 외래어 수용 정책〉, 일본 북해도대학교 동아시아 언어·문화의 비교 국제학술 심포지움 발표 논문, 2009.2.13~2009.2.17.

이상규, 〈한국어 세계화 어디까지 왔나 -다문화 시대의 한국어 세계화와 한글의 세계화〉, 『문학사상』 10월호, 2007.

이상규, 〈한국어학습사전과 낱말 교육의 늪〉, 동남아시아 교사협의회, 발제강의, 말레이시아. 2010.
이상규, 〈훈민정음 영인 이본의 권점 분석〉, 『어문학』 100호, 2008.
이상규 · 조태린 외, 『한국어의 규범성과 다양성』, 태학사, 2008.
이상현, 〈손글씨가 만들어 가는 한글세상〉, 윤디자인 연구실, 온한글, 2009.
이시 히로유키·야시다 뇨시노리·유아사 다케오, 이한준 옮김, 『환경은 세계사를 어떻게 바꾸었는가』, 경당, 2003.
이옥순, 『우리 안의 오리엔탈리즘』, 푸른역사, 2005.
이윤옥, 『오염된 국어사전-표준국어대사전을 비판한다』, 인물과 사상사, 2013.
이윤재, 〈사정한 조선어 표준말 모음의 내용〉, 『한글』 제4권 제11호, 1936.
이진호·이이다 사오리 역주, 『언어의 구조』, 제이앤씨, 2009.
이해영, 『한국어 학습자의 중간언어 연구』(한국어교육연구총서 1), 커뮤니케이션북스, 2005.
이홍규, 『한국인의 기원』, 우리역사연구재단, 2010.
일본 국립국어연구소 외래어위원회 편, 『分かりやすく傳える外來語言い換え手引き』, 2006.
임홍빈, 〈외래어의 개념과 범위의 문제〉, 『새한국어생활』 제18권 제4호, 2008.
장원순, 〈다문화 사회의 이해〉, 『다문화가정 학생 멘토링 매뉴얼』, 초등교원 양성대학 다문화가정 학생 멘토링 매뉴얼 연구 개발팀, 레인보우북스, 2009.
잭골드스미스, 송연석 옮김, 『인터넷 권력 전쟁』, NEWRUN, 2006.
전숙자·박은아·최윤정, 『다문화 사회의 새로운 이해』, 그린, 2009.
정긍식, 〈조선어학회 사건 애심종결판결문 분석〉, 『애산학보』 32, 2006.
정두용·신은숙·정득진, 『세계시민교육을 위한 국제이해교육』, 정민사, 2000.
정병규, 〈훈민정음과 한글 타이포그래피의 원리〉, 세종대왕 탄신 611돌 기념 심포지엄 발표문, 2008, 7쪽.
정재환, 『한글의 시대를 열다』, 경인문화사, 2013.
정하성, 『다문화 청소년개론』, 이담, 2010.
정호성, 〈한국어 교육의 현황과 전망〉, 일본국립한국어연구소, 2006.
제레드 다이아몬드, 강주헌 옮김, 『문명의 붕괴』, 김영사, 2005.
제레드 다이아몬드, 김진중 옮김, 『총, 균, 쇠』, 문학사상사, 2010.
제임스 포사이스, 정재겸 옮김, 『시베리아 원주민의 역사』, 솔, 2009.
조규태, 〈용비어천가 주해 속에 한글로 표기된 외국어 낱말에 대하여〉, 『어문학』 제90호.
조너선 색스, 임재서 옮김, 『차이의 존중』, 말글빛냄, 2007.
조동일, 〈어문생활사로 나아가는 열린 시야〉, 2003년 11월 4일 강연 원고.

조영달 외, 『다문화가정의 자녀 교육 실태 조사』, 교육인적자원부 정책연구과제 2006-이슈-3
조재수, 〈국어 사전 편찬론〉, 과학사, 서울, 1984.
조재수, 〈북한의 말과 글-사전 편찬을 중심으로〉, 한글 학회, 서울, 1986.
조재수, 〈북한의 사전 편찬에 대한 고찰〉, 『한글』 213호, 한글 학회, 서울, 1991.
조정아 외, 『새터민의 문화갈등과 문화적 통합방안』, 한국여성개발원, 2007.
조항록, 『한국어 교육 정책론』, 한국문화사, 2010.
존 벨라미 포스터, 추선영 옮김, 『생태계의 파괴자, 자본주의』, 책갈피, 2007.
질리언 비어, 남경태 옮김, 『다윈의 플롯』, 유머니스트, 2008.
찰스 다윈, 권혜련 외 옮김, 『비글호항해기』, 샘터, 2006.
천꽝싱, 백지운 외 옮김, 『제국의 눈』, 창비, 2003.
최경봉, 『우리말의 탄생』, 책과 함게, 2005.
최경봉, 『한글민주주의』, 책과 함께, 2012.
최경봉·시정곤·박영준, 『한글에 대하여 알아야 할 모든 것』, 책과 함께, 2010.
최기선, 〈전문용어의 표준화〉, 『새한국어생활』 제17권 제1호, 2007.
최병수, 『조선어 글자공학』, 사회과학원출판사, 2005.
최현덕, 〈세계화, 이주, 문화 다양성〉, 『다문화 사회와 국제이해교육』, 유네스코 아시아 · 태평양 국제이해교육원 엮음, 동녘, 2009.
캐롤린 머천트, 전규찬 옮김, 『자연의 죽음』, 미토, 2002.
프란츠 M. 부케티츠, 두행숙 옮김, 『멸종, 종과 민족 그리고 언어 사라진 것들』, 들녘, 2005.
피드우드, 김진석 옮김, 『다양성 -오해와 편견의 역사』, 해바라기, 2005.
하성수, 『교부학 인명·지명 용례집』, 분도출판사, 2008.
하시모토 만타로, 하영삼 옮김, 『언어지리유형론』, 제일출판사, 1990.
한국사전학회, 〈외국인을 위한 한국어 사전의 현황과 전망〉, 제15차 전국학술대회 자료집, 2009년.
한국가족학회, 〈한국사회와 글로칼(glocal) 가족정책〉, 창립 30주년 기념 학술대회, 2007.
한국교육과정평가원, 〈다문화교육을 위한 사회과 교수·학습 프로그램 및 활용 안내〉, 2008.
한국교육네트워크 총서기팀장, 『핀란드 교육혁명』, 살림터, 2010.
한국사회학회, 〈이주자와 국민 대상 다문화 사회 시민교육제도의 정책제안〉, 법무부, 2008.
한국어 국외보급사업 협의회, '2006년 한국어 국외보급사업 추진 계획', 한국어 국외보급사업협의회 제3차 회의 자료, 2006.1.26.

한국어연구소, 『외래어 표기 용례집(일반용어)』, 1988.
한국어연구소, 『외래어 표기 용례집(지명·인명)』, 1988.
한국어연구소, 『표준국어대사전』, 1999.
한국외국어교육학회, 『한국 외국어교육의 현황과 바람직한 발전방향』, 한국어 교육학회 2007년 겨울 학술대회, 2007.
한상복, 『배려』, 위즈덤하우스, 2006.
한스 위르겐 헤링어, 최명원 옮김, 『언어, 문화 그리고 커뮤니케이션』, 유로, 2009.
한인섭, 『식민지 법정에서 독립을 변론하다』, 경인문화사, 2012.
한인섭, 〈이인 변호사의 항일 변론 투쟁과 수난〉, 애산 이인 선생 추모 강연회, 한글학회·대구광역시 공동주최, 2013.5.3.
漢字字体規範データベース漢字字体規範データベース編纂委員会(代表 石塚晴通)
한재준, 〈곱고 바른 한글꼴 개발의 필요성 연구〉, 국립국어원 연구과제, 2007
함규진, 『108가지 결정, 한국인의 운명을 바꾼 역사적 선택』, 페이퍼로드, 2008, 406쪽.
행정자치부(2007). 2007년 8월 2일 보도자료: 외국인주민 1년 동안 35% 증가.
허경무, 『한글 서체의 원형과 미학』, 묵가, 2008.
홍성호, 『진짜 경쟁력은 한국어 실력이다』, 예담, 2008.
홍윤표, 〈어문생활사〉, 『세계 속의 한글』, 박이정, 2008.
홍인표, 『중국의 언어정책』, 한국학술정보, 2008.
홍종선, 〈한글과 한글 문화〉, 『세계 속의 한글』, 박이정, 2008.
황대권, 『빠꾸와 오라이』, 도솔오두막, 2007.

A. W. Crosby, Ecological Imperialism: The Biological Expansion of Europe, 900-1900. Canbridge, Cambridge University Press. 1994.
Aaker, D.A. & Joachimsthaler, E. 2000. Brand leadership. New York: Free press.
Aaker, D.A. 1991. Managing brand equity: capitalizing on the value of a brand name. New York: Free press.
Anholt, S. 2003. Brand New Justice: The upside of global branding. Oxford: Butterworth-Heinemann.
Banks, J. & Banks, C.(2007). Multicultural Education: Issues and Perspectives (6th ed). Wiley.
Banks, J.A. & Banks, C.A..(Ed.)(2004). Handbook of Research on Multicultural Education. Jossey-Bass.
Banks, J.A.(2002). An Introduction to Multicultural Education, 3rd ed. Allyn and

Bacon.

Bloom, A.(1987). The Closing of the American Mind. New York: Simon & Schuster.

D Klaus,(in press). 『The Use of Indigenous Languages in Early Basic Education in Papua New Guinea; A Model for Elsewhere?』 Language and Education.

E. Williams, 『Investigation Bilingual Literacy: Evidence from Malawi and Zambia.』, Education Research London, Department for International Development, No. 24. 1998.

FutureBrand. 2010. 2010 Country Brand Index: Executive summary(PDF file). FutureBrand.

G. 레이코프·M. 존슨·임지룡 외 옮김, 『몸의 철학』, 박이정, 2003.

H. Simon, The Sciences of the Artificial, S.161f.

Hirsch, E.D., Jr.(1987). Cultural literacy: What every American needs to know. Boston: Houghton Mifflin

J. Cummins, 『Language, Power, and Pedagogy: Bilingual Children in the Crossfire, Clevedon, UK, Multilingual Matters, and T. Skutnabb-Kangas, Linguistic Genocide in Education- or Worldwide Diversith and Human Righs?』 New Jersey, Lawrence Erlbaum Associates, 2000. 참조.

keller, 『Interkulturelle Kommunikation』, 1994. 104쪽.

Keller, K.L. .1993. Conceptualizing, measuring and managing customer-based equity. Journal of Marketing 57(1), 1-22.

Keller, K.L. 2008. Strategic brand management: building, measuring and managing brand equity. Upper Saddle River, NJ: Pearson Prentice Hall.

Kotler, Ph. & Armstrong, G. 2006. Principles of marketing(11th edition). Upper Saddle River, NJ: Pearson Prentice Hall.

Lee Sang Gyu, 『Gyeoremalkeunsajeon: An Alternative to Inter-Korean Communication』, 『ASIA』Vol, 2, No 3.

Lee Sang Gyu, 〈Hangeul, The Greatest Letters〉, 『Koreana』 Vol. 21 No. 3. 2007.

Louis Jean Calvet저 김윤경 · 김영서 옮김, 『언어전쟁』, 한국문화사, 2001.

Lyons, J. 『Introduction to theoretical Linguistics』, Cambridge Univ. Press. 1968.

National Association for Multicultural Education, http://www.nameorg.org/resolutions/definition. html. 2007년 7월.

National Council for Accreditation of Teacher Education(2006). Professional Standards for the Accreditation of Schools, Colleges, and Departments of Education(Revised Edition). Washington, DC: Author.

Nieto, S.(2004). Affirming diversity: the sociopolitical context of multicultural education(4th ed.). Boston: Allyn and Bacon.

Pae, Y. S., Engilsh loanwords in Korean, Univ. of Texas at Austin Dr. dissertation.

Pang, V. O.(2005). Multicultural Education: A Caring-centered, Reflective Approach, 2nd ed. New York: McGraw Hill.

Pang, V.O., Gay, G., & Stanley, W.B.(1995). Expanding conceptions of community and civic competence for a multicultural society. Theory and Research in Social Education. Vol. 23, No. 4. pp. 302-331.

Pyles, T. 〈The origins and development of the English language〉, Hacourt Brace Jovanovich, Inc. 1971.

Schlesinger, A.M., Jr.(1998). The Disuniting of American: Reflections on a Multicultural Society. New York: Norton & Co.

Seung Mi Cheon, 『Loanwords in Korea』, 한국학술정보주, 2008.

Skutnabb-Kangas, 『Field notes, information from Satu Moshnikoff』, Ulla Aikio-Puoskari. 2000.

Sleeter, C.E. & Grant, C.A.(2003). Making choices for multicultural education: five approaches to race, class, and gender(4th ed.). Wiley & Sons.

Umrgaku, M. 『일본어의 외래어 연구』, 대만, 청년통신사출판부. 1963.

United Nations(2001). Replacement Migration: Is It a Solution to declining and Ageing Populations? New York, NY: Author.

V.I. 베르비쯔끼지음·국립민속박물관, 『알타이의 민족들』, 국립민속박물관, 2006.

Werner Sasse, Chinesisch Zeichen erfunden in Korea, Asiaatische Studien 34(2), 1980.